天地始まりの聖地
長崎外海の潜伏・かくれキリシタンの世界

松川隆治　大石一久　小林義孝
長崎・外海キリシタン研究会＝編

批評社

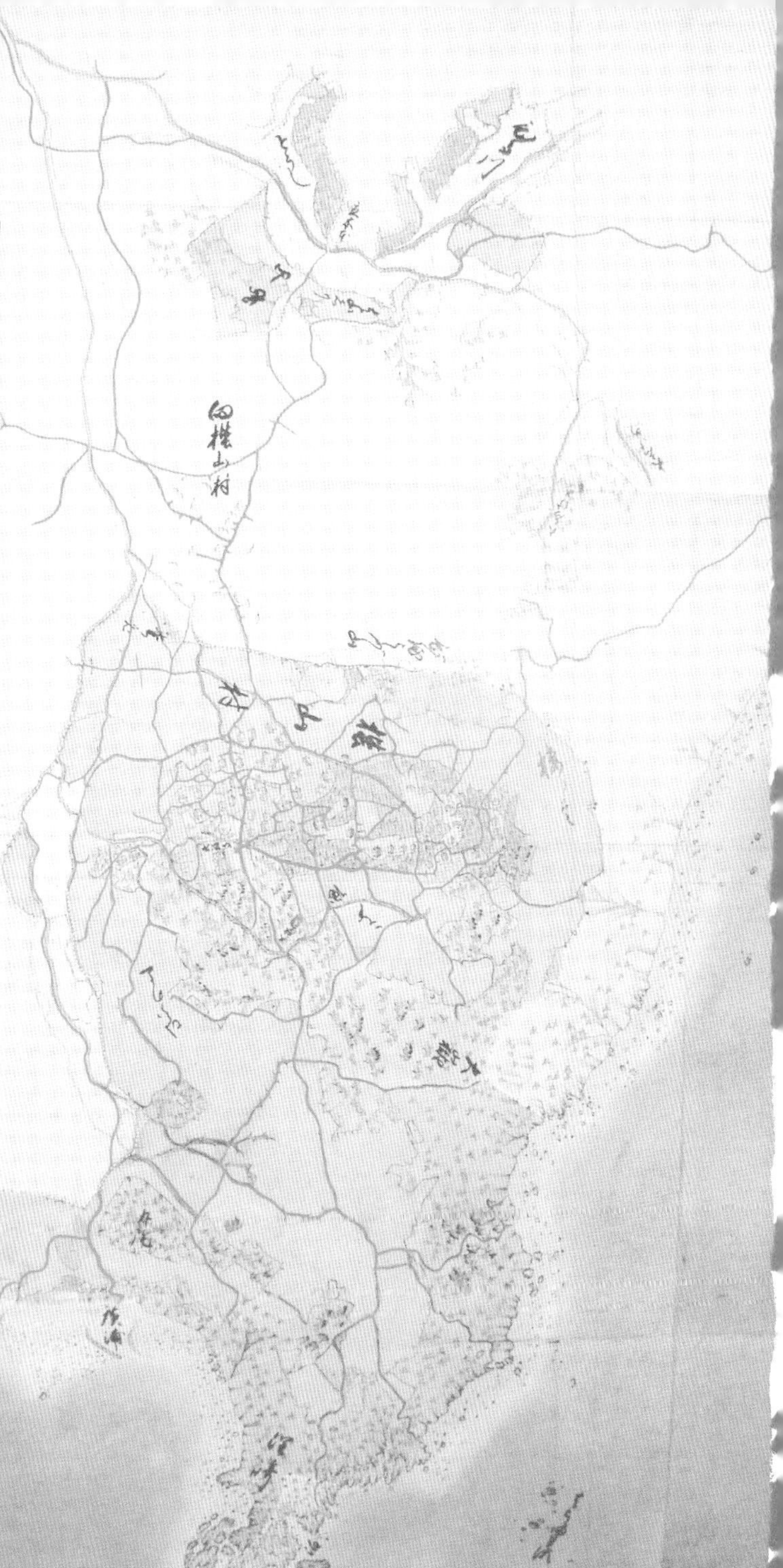
文久二年壬戌夏仕立「彼杵郡三重 賤津村、黒崎村、永田村図」（長崎歴史文化博物館蔵）

垣内墓地

長崎市外海地区（出津集落）

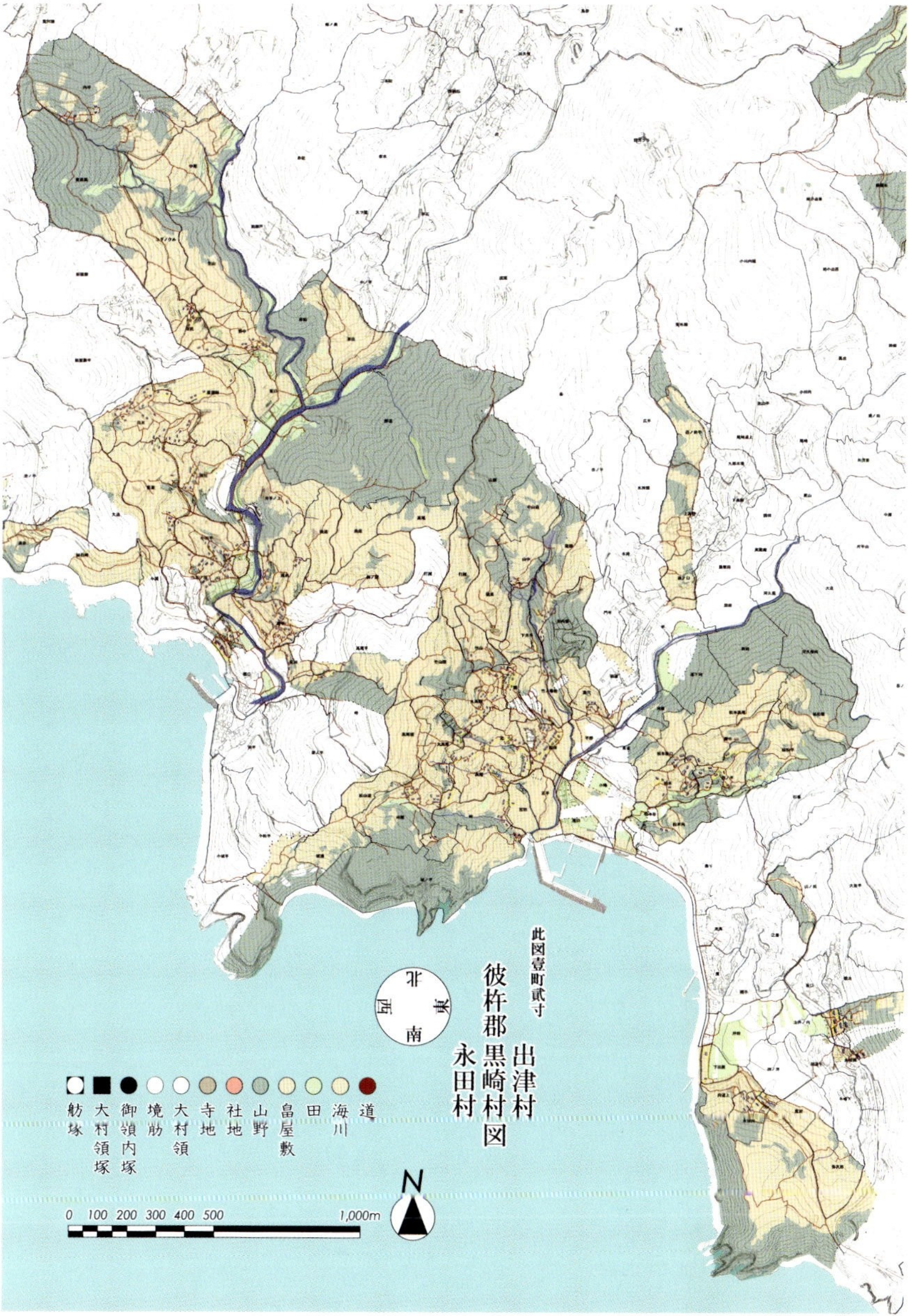

「彼杵郡三重 賤津村、黒崎村、永田村図（文久2年）」と現況の重ね図
（長崎市世界遺産推進室提供）

《雪のサンタマリア》像
16 ～ 17世紀頃 © 日本二十六聖人記念館

はじめに——天地始まりの聖地・外海

大石一久

長崎県の西彼杵《にしそのぎ》半島は、急峻な山岳が東シナ海の荒海にそのまま突っ込む外海《そとめ》と大村湾の穏やかな波間にとけ込む内海《うちめ》からなり、同じ半島とはいえ、その地勢は対照的である。ただ、ともに後背地に乏しく、かつては「陸の孤島」とまでいわれ、人々の往来には厳しい環境をなしていた。

この「陸の孤島」の表現は、移動や物流の主体が陸上の道（街道）に取って代わった近世以降の喩えであり、それ以前の中世までの主なルートは海上であった。今でいう高速道路も海の道であり、人々の往来はいうまでもなく、多くの物流も海の道を通して行われた。しかも陸上の道に終点があるのとは違い、海の道はいわばエンドレスの道であり、遠い異国の地とも結ばれた。幸いにも外海がもつ深い入り江は天然の良港として外航船の出入りを容易にし、ある時にはサービスエリアとしての機能も果たした。『日本史』の著作で有名な宣教師ルイス・フロイスが日本への第一歩を踏んだのも、半島北部の横瀬浦であった。

また、当半島は、その独特の変成岩帯から採石した石製品において国内向けの一大生産地であった。滑石《かっせき》という石材からは石鍋が大量に製品化され、北海道を除く日本列島のほぼ全域に販路を拡大させて西海の名を一躍全国に知らしめた。まさに西彼杵半島が生んだ中世のブランド商品である。

この滑石は、外海の潜伏キリシタンが伝えた「天地始之事」の中にも登場する。「まさん」（リンゴ）を食して神の国から追放された際、下界にあたる自分らの住む土地を「ごうじゃくの地」として神によって選ばれた聖地と見立てている。この「ごうじゃく」（合石）とは温石（おんじゃく）を指しており、地元名産の滑石のことである。それだけ滑石はシンボリックな石として地元民に親しまれていた。

外海は、遠藤周作の『沈黙』の舞台となったことでも有名である。遠藤は、禁教下の外海に架空の集落トモギ村を設定し、日本に潜伏したセバスチャン・ロドリゴ神父を集落の信徒たちが山中の炭小屋に匿う。神父は、昼間は蚤が這い回る藁の中で身を隠し、朝がた山を登ってくる二人の信徒の告悔をききオラショ（祈り）をあげる。万一官憲に見つかれば死罪、それでもなお村人は神父を匿う。いかなる弾圧にも屈しない神への篤い信仰とパライソへの希求、この最大の関心事に信徒と宣教師が一体となって結びついているシーン、それがこの外海で展開されている。

ところで、本書で扱う潜伏キリシタン集落は外海南部の一エリアに限定されており、正確には外海南部の潜伏キリシタンである。地勢的に半島北部とはやや異なり深い入り江の良港にはあまり恵まれていないが、半島南部にも北部同様に海を意識した勢力がいたことは中世石塔の存在から裏付けられる。

近世に入ると半島全域は大村藩領に属していたが、外海南部の潜伏キリシタン集落で核をなす集落といえば佐賀藩深堀領の飛び地六カ村であり、その周囲に点在する大村藩領の数カ村が潜伏集落として含まれているというのが実体である。深堀領飛び地六カ村には、先述した外海版創世記ともいうべき「天地始之事」や「雪のサンタマリア」、「十五玄義図」などの聖画が伝わり、近世を通じて御禁制のキリシタン長墓が築かれていたのも深堀領飛び地の集落であった。その背景には絵踏みをも実施しない佐賀藩深堀領の緩やかな禁教策にあったわけで、大村藩の厳しい弾圧とは対照的である。

外海南部の潜伏キリシタンについては、これまで幾多の先学により調査研究がなされ多くの貴重な学術成果が報告されているが、佐賀藩深堀領飛び地集落と大村藩領集落との区別化が希薄であり、一括りに外海キリシタンとして扱われる傾向が強かった。その中にあって最初に深堀領飛び地に注目したのは、『昭和時代の潜伏キリシタン』の著者・田北耕也であった。田北は、「外海地方にキリシタンを保存したのは、主として佐賀藩であった」とした上で、佐賀藩深堀領飛び地における緩やかな禁教対策が外海南部に潜伏キリシタンを温存せしめた最大の理由であり、周辺に散在する大村藩領の潜伏組織維持にも大きく影響したとしている。ただ、絵図や遺構に基づいた実証的な藩境の区別化は不十分であり、その後の研究者も、総体として深堀領飛び地の存在を指摘する程度に留まっていた。

これまで支配領域の違いにあまり注目が及ばなかったことには、いくつか理由が挙げられる。その中で最大の理由は藩境の複雑さにあると思われる。その複雑さのために実証的な調査研究が進まず、両地を一括りにして扱わざるをえなかったものと思われる。

この煩雑な問題に取り組んだのが地元在住の松川隆治であり、それを地図に落として視覚化したのが長瀬雅彦である。両氏の地道な調査研究の成果は大変に貴重で、これにより、今後より実体に即した研究が進み、深堀領飛び地六カ村がもつ潜伏キリシタンとしての独自の宗教世界が、大村領の潜伏集落との比較の中で、一層解明されていくものと思われる。とくに松川の業績には計り知れないものがあり、その論考は本書作成の契機をなした労作である。

本書では民俗学、文献史、美術史、宗教学、考古学、石造学など各領域からの貴重な論考を収録することができ、編集者の一人として深く感謝している。しかも各領域からのアプローチとはいえ相互に関連しており、新しい視点から多面的学際的に外海南部の潜伏キリシタン世界を描いている。

本巻では外海南部の潜伏キリシタンを特集し、その冒頭には谷川健一の「かくれキリシタン紀行」を再録させていただき、巻末には『昭和時代の潜伏キリシタン』の著者田北耕也とオラショ研究でも著名な音楽家皆川達夫の対談も再録した。また、岡美穂子、浅野ひとみ、児島康子、中園成生、柳沢礼子の各氏には、それぞれの専門分野から貴重な玉稿を賜り、外海南部の潜伏キリシタンをより多角的に展開していただいた。大石の拙稿も、対象が外海南部の潜伏墓地であるために本巻に収録した。西田奈都、松尾潤の両氏にも貴重な原稿をいただき、本書をより膨らみを持たせた内容にしていただいた。

外海南部の潜伏キリシタン世界は、「天地始之事」で聖地・外海の空間を設定し、バスチャンの「日繰り」

で時間軸を規定、「オラショ」で日常の信仰生活を示しながら御禁制のキリシタン長墓で信仰の完結と共同体への帰属が示されている。しかも、そこに日本伝統の習俗との共存が並行して流れており、極めて特異な信仰世界が垣間見れる。それだけ外海南部のキリシタン世界には公認期、潜伏期、かくれ期の各時代を通じて宗教がもつ時空を越えた深層性が保持されており、本書がその深層性にどこまで迫れたかは読者の皆さまの判断による。各位のご教示を仰ぎたいと思う。

末筆ながら、本書作成にあたり、公私にわたりご協力いただいた関係者各位及び各機関に心からお礼を申し上げたい。

なお、本書では、「潜伏キリシタン時代」を一六一四（慶長一九）年の全国禁教令から高札が撤去された一八七三（明治六）年までとするが、明治六年以降も潜伏時代の信仰を守り通したキリシタンについては、各著者の意向を尊重して「カクレ」「かくれ」「隠れ」で表記し、統一した表記を避けていることを断っておく。

＊本書を、二〇一五年六月に急逝された故・松崎武氏の霊前に捧げたい。氏は、生前中、垣内集落の墓地や信仰組織の調査にご協力いただき、調査のたびにご自宅にお招きいただき貴重なお話をうかがうことができた。そこにはいつも心温まるご馳走が用意されており、「遠慮するな、はよう食べろ」が口癖であった。本書作成の話が持ち上がった時には原稿も書くよという約束までしていただいたが、それも叶わぬままとなった。本当にふる里を愛し、父の代で途絶えたかくれ信仰に自らの責任を重ねていたように思われた。何事にもひたむきで屈託のない真摯な松崎さんに出会えていなかったら、本書はできなかったものと思っている。心からご冥福をお祈りすると同時に、感謝を込めて本書を捧げます。

大石一久

天地始まりの聖地——
長崎外海の潜伏・
かくれキリシタンの世界

◉目次

はじめに――天地始まりの聖地・外海（大石一久）……1
特別再録　かくれキリシタン紀行……谷川　健一……10
1　天地始まりの聖地・長崎外海――潜伏キリシタンとその時代……松川　隆治……22
コラム1　松川隆治先生と外海潜伏かくれキリシタン……西田　奈都……45
コラム2　「枯松」と墓標……大石　一久……50
2　外海のキリシタン世界――「天地始之事」、「バスチャン暦」にみる一考察……児島　康子……53
コラム3　なぜ「天地始之事」は伝えられたのか……西田　奈都……77
3　かくれキリシタン信仰の地域差について……中園　成生……93
4　大村藩と深堀領飛び地の境界……松川　隆治……109
5　「元和八年三月大村ロザリオ組中連判書付」の地名と人名の図（解説）……長瀬　雅彦……122
6　外海地方のキリスト教関連遺物……浅野ひとみ……125

7　野中騒動と聖画……岡　美穂子……145
8　外海の文化的景観とその価値……柳澤　礼子……167
9　外海の潜伏キリシタン墓
――佐賀藩深堀領飛び地六カ村と大村藩領の潜伏キリシタン墓の比較……大石　一久……182
コラム4　松崎武さんのこと……松尾　潤……227
10　新天地を求めて
――外海から五島、そして新田原へ……大石　一久……230
特別再録　隠れキリシタン発見余聞……皆川　達夫・田北　耕也……248
あとがきにかえて――長崎と河内をつなぐキリシタン世界……（小林義孝）……270
執筆者略歴……277

天地始まりの聖地

——長崎外海の潜伏・かくれキリシタンの世界

特別再録

かくれキリシタン紀行

谷川健一

私は昭和五五（一九八〇）年の四月上旬、長崎県下の生月《いきつき》島や西彼杵《にしそのぎ》半島の外海《そとめ》地方をまわった。これらの地帯は、五島や平戸島とともに、かくれキリシタンの信徒の住んでいる風土である。私は前にもこれらの地方をおとずれたことがあった。それ以来十年ぶりの旅であった。

生月島にかよう船は平戸島の薄香《うすか》から出る。薄香湾は前には鯨がよく迷いこんできた所である。それも遠い昔の話となった。しかし菜の花は湾にのぞむ段々畠に、一面に咲いていた。「菜の花や鯨もよらず海暮れぬ」という蕪村の句そのままの波おだやかな薄香をうしろに私は生月島に向かった。

生月島の館浦につく手前に中江ノ島が見える。海中から岩がつっ立った無人の小島である。この中江ノ島は殉教者の聖地として生月の信徒たちの尊敬をあつめている。

中江ノ島についてはレオン・バジェスの『日本切支丹宗門史』の一六二二（元和八）年のくだりに記載されている。それによると、ヨハネ坂本左衛門とダミヤン出口の二人は中江ノ島に連行されて斬首された。中江ノ島に向かう小舟の中で、ダミヤン出口は賛美歌を歌いながら、みずから櫂をとって舟を漕いだという。なめらかな水を切る櫂の音と聖歌だけがひびく夕暮れの海を私は想像する。そのときも平戸島にそびえる安満岳《やすまんだけ》は彼らの小舟を見守っていたに違いない。

中江ノ島で殉教したのは二人だけではなかった。彼らの処刑からひと月もたたないときに、生月の人ヨハネ次郎左衛門が中江ノ島で殺された。彼は島に近づく小舟の上で、「ここから天国はそう遠くない」

と叫んだ。ヨハネ・ポルトガル音はジョアンで、それを九州ではジュワンとなまっている。したがって、中江ノ島に名をとどめたこれら殉教者は生月の人びとにはジュワンの名で親しまれてきた。

中江ノ島は岩だらけの島で、中腹から頂上にかけては篠竹に蔽われている。岩は縦に裂ける柱状節理を持っている。島のほぼ中央の岩の隙間からしたたり落ちる水を、生月島のかくれキリシタンはサンジュワンさまと呼んで、洗礼の水をはじめさまざまな行事につかう。平戸島のかくれキリシタンも中江ノ島の水を聖水としている。それればかりでない。西彼杵半島の三重（今は長崎市に属する）の東樫山のかくれキリシタンの信者たちも、わざわざ中江ノ島に行って聖水を持ちかえり、それを東樫山の井戸に種水《たねみず》として入れたという話を聞いた。

私は以前に中江ノ島に渡ったことがあった。小舟から島の岩の上に飛び降りたが、靴をぬぎ、靴下のまま歩きまわっているとき、するどい岩かどに足の小指をひっかけて骨折するという小さな受難の思い出を残した。

そこでこんども生月島についたあくる日、また小舟を出してもらった。館浦の港から今は十五分で中江ノ島に着く。しかし船着き場はない。折よく満潮時で舟は島に近づくことができたが、波が高いので接岸できずに引き返した。以前は見かけなかった新しい祠が海ぎわに立っていた。聞くと、三体の地蔵をまつってあるという。サンジュワンさまのサンを三体と考え、ジュワンを地蔵に見立てたもので、生月島の有志が建立したものだという。

私が平戸島から生月島に渡った四月一日は、陰暦の三月十六日に当たっていた。それから数日間、私は生月島に滞在したが、生月島の漁民は、陰暦の十三日から十九日までの七日間を白月《しらつき》と呼んで毎月その期間は漁を休む。十五夜の前後は月の光が強烈で魚がとれないという。それは漁師の骨休みになる期間でもあった。長崎県の外海《そとめ》地方では、白月のことを月夜間《つきよま》と呼んでやはり海には行かない。

夜、館浦港の近くにある姫神社の鎮座する丘に立つと、東の海から十六夜の月があがり、中江ノ島を照らし出した。月明かりを頼りに人目をしのんであつまったかくれキリシタンの信徒たちも見た中江ノ島であった。

私がこんど生月島をおとずれたのは「お直り」の行事を参観するためであった。生月のかくれキリシタンの信者はイエスやマリアの聖画像やメダイユを納戸神としておがむ。その納戸神をあずかっている信者の家から、別の信者の家に、五年に一度納戸神を移す行事を「お直り」と呼んでいる。

生月島は、一部《いちぶ》浦を中心とした上方《かみがた》と館浦を中心とした下方《しもがた》に分かれる。その下方の山田、正和、日草にはそれぞれ一人ずつ「じいさま」と呼ばれる役がある。このじいさま役は最高の指導者で、洗礼をさずける役でもある。じいさま役の下に、山田に四人、正和に三人、日草に二人の御番役がいる。この御番役は納戸神の番をする役で、御番役が納戸神をまつる宿をツモトという。納戸神の「お直り」は古いツモトから新しいツモトへ移る行事であるから重要な儀式である。生月島の知人の仲介で私はとくべつに参観することを許された。

四月三日、古いツモトの家には信者たちが羽織袴で威儀を正してあつまり、納戸神を棚からおろした。そこの家では納戸神は画像でなくメダイユであった。このメダイユをかくす道具として大小二つのカメ、またかつて画像をかくしたと思われる中空になった大きな竹の筒、ほそい縄を束ねて邪気払いにつかうオテンペンシャ、それに中江ノ島のサンジュワンさまのお水をいれた三つの水徳利がはこび出され、小型の運搬車につみこまれた。これらの聖具をのせた車は新しいツモトの家に向かって出発した。

それを見送った信者たちは、御番役を先頭にして一列にすすんだ。御番役は白い水徳利にさしこんだイズッポと呼ぶ棒を時折とり出しては、眼に見えぬ悪魔にイズッポの先の水滴を振りかける動作をくりかえした。他の信者たちは納戸神を入れた箱や水徳利を持って御番役のあとにしたがい、おもむろに歩みをすすめた。大きな道があるのにもかかわらず、そこを通らず、田のあぜ道や小道をえらんで歩くのは、きびしい監視の眼をかすめるための心づかいをあらわしているのだった。それはきわめて古風な聖体行列を思わせた。
こうして一行が新しく御番役となるツモトの家に着くと、そこの家族や親戚の出迎えをうけた。納戸神その他の聖具は新しくもうけられた棚に安置された。信者たちは納戸神の前に、横一列に正座して、オラショを唱え始めた。それが終わると「サンジュワンさまの歌」が歌われた。この歌は山田部落の信者たちの集まりにかぎって歌われる。

前はなあ　前は泉水やな
うしろはなあ　高き山石なるやなあ
前もうしろも　潮であかするやなあ

中江ノ島のまわりには、まんまんたる海の潮がおしよせている。「潮であかする」は「潮で飽かする」の意であろう。

この春は　この春はなあ
桜花かや　散るぢるやなあ
また来る春はな
つぼむ　開くる花であるぞやなあ

私が生月島を歩きまわった日々は、島の岬の小道に海のほとりに桜花が咲いていた、彼ら潜伏信徒は自分たちの信仰が公然とみとめられる時代を、桜花に託して待望した。

参ろやなあ　参ろやなあ
パライゾの寺にぞ　参ろうやなあ
パライゾの寺とは　申するやなあ
広い寺とは　申するやなあ
広い狭いは　わが胸にあるぞやなあ

かくれキリシタンは現実の世界では存在をみとめられなかった。したがって、天国はそれを信ずる者の心の中にあるというありふれた言葉も、彼らの場合は特別の意味を持っていた。他界としての天国も彼らにはとおい距離にあるものではなかった。中江ノ島から天国への道のりはわずかであった。そのことが、サンジュワンさまの歌をものがなしくする。

「お直り」の儀式の席では「サンジュワンさまの歌」に続いて「しばた山」の歌が歌われた。

しばた山　しばた山なあ
今は涙の谷で　あるぞやなあ
先はたすかる道で　あろうぞやなあ

「しばた山」はしばたという木の生えた山であるという。そこにはジゴクの弥市兵衛とマリヤと、その子のジュワンの三人をまつるダンジク様の祠がある。三人は羅竹の中にかくれていたが、子のジュワンが泣いたので、船の上から捕吏に見つけられ殺された。ジゴクというのは生月島の南の海岸べりのダンジク様をまつってある土地の名であり、ダンジクは羅竹の方言である。

「サンジュワンさまの歌」にせよ「しばた山」の歌にせよ、その節まわしは独特のものがある。たくましく、野太く、しかももの悲しい旋律で、日本各地で歌われる民謡とは違っている。皆川達夫は、生月のかくれキリシタンがとなえるオラショ（祈禱文）は、言葉の上でもメロディの上でも転訛がいちじるしいにもかかわらず、ルネサンス期のヨーロッパの聖歌の姿をほぼ誤りなく伝えている、しかも聖歌の中には、今日もはやヨーロッパでは歌われなくなった曲がふくまれていることを指摘している。

ここに文化伝統の息のながさを物語る具体例がある。歴史家は五年や十年で文化が変容するように考えがちだ。だがそれは歴史家が陥りやすい時間意識の陥穽《かんせい》である。中江ノ島でジュワンの霊名を持つ二人の信徒が殉教してから十五年目の寛永十四（一六三七）年に島原の乱が勃発した。この乱は幕府がキリシタンの徹底した取り締まりを断行する引き金となったものであるが、その年からかぞえて今日まで三七〇年近い歳月が経過している。それにもかかわらず、生月のかくれキリシタンの歌オラショに、彼らのとおい先祖がならいおぼえた当時の言葉とメロディがみとめられるということは、伝統文化の持続とは何かという問題をあらためて考え直させずにはおかない。

「お直り」の行事のあと、にぎやかな宴となった。四月三日は生月島のひなまつりの日であった。ひと月おくれのひなまつりは桜花の咲く四月初めにふさわしい。納戸神を新しくまつるツモトでは、その日は「お直り」とひなまつりのお祝いが重なった。

私は宴会が終わったあとダンジク様をまつる場所に行ってみることにした。山田という集落から更に山奥に入り、神ノ川《こうのかわ》のダムに沿った山道をたどり、その道のつきたところから、海岸の絶壁に近い急傾斜を降りた。踏みあやまれば転落するほかない、けわしい断崖につけられた小道を海ぎわまでたどっていくと、ダンジク様は人気ない海岸にまつられていた。祠のかたわらにはダンジク大明神と記された漁夫たちの奉納の赤い旗が幾本もたてかけてあった。私はこうした隔絶した場所に、息を殺して身をひそめていた信徒たちを思い浮かべた。ここではジュワンは聞き分けのない子どもであった。

館浦から舟で潮見岬をまわってダンジク様におまいりするほうが便利であるが、そうするとかならず海が荒れるといい、今もかくれキリシタンの信者たちは不便な陸路をたどって参詣する。捕吏が海から近づいてかくれている信者を発見したということから、信者がおなじように舟でやってきては、ダンジク様に申し訳ないという。

それにしても先にかかげた「しばた山」の歌はダンジク様のまつられている荒涼とした場所の雰囲気をよく伝えている。「ジゴク」という地名からの連想も働いて、何かそこは賽の河原のように、現世と他界の境界のような気がする。かくれキリシタンの信仰には、意識するとしないとにかかわらず、日本古来の民間信仰が濃厚に影を落としている。

私は生月島を去ったのち、西彼杵半島の外海地方をおとずれた。その海ぎわに沿う道路は十年前よりはいくらかましになったが、それでもなお悪路にかぞえてよいであろう。しかしこうした辺鄙な場所だからこそ、かくれキリシタンの信仰は残ったともいえる。そこは大村湾にのぞむ内海と違って、東シナ海の荒い波にあらわれる海岸地帯である。外海町の黒崎に残るかくれキリシタンの手作りの聖書『天地始之事』は万華鏡をのぞくときのように奇異な夢にいろどられた書物であるが、まずしい風土と、かくれキリシタンの描いた多彩な物語の世界との取りあわせはあざやかな対比を見せている。

生月島とおなじように外海地方でもジュワンはかくれキリシタンの信徒の間で大きな役割を占めている。ジュワンをまつる枯松神社が外海町の黒崎の山の頂上近くに今も鎮座していた。枯松神社は、ジュワンと呼ばれる外国人の宣教師の墓地とみなされ、外海地方のかくれキリシタンの崇敬をあつめている。神社のわきにはかくれキリシタンの墓が点々とある。外海特有の片岩をつみあげた長方形の墓である。またこの近くにある大岩のかげでは、「かなしみ節」（四旬節）の夜にあつまって、かくれキリシタンがオラショをまなんだという。

ところがジュワンには別の伝承がまつわっている。ジュワンはバスチャンという弟子を連れて外海地方を伝道してまわっていたが、外海町の神浦《こうのうら》の落人《おちうど》の水という所まできたとき、別れを告げて帰国したとされている。ジュワンは弟子のバスチャンに暦のくり方を教えたともいう。外海町の出津《しゅつつ》にいるかくれキリシタンの中山正男から私が開いた話では、ジュワンは下駄をはいて海の上を歩いて五島に行ったそうである。

ところが外海町からさらに南の海岸沿いにある三重の東樫山には、神浦から船出して姿を消したはずのジュワンの伝承が残っている。それによると、ジュワンは海上で遭難し、両手ではいながら東樫山の赤岳に登り、一本松の下の石に腰かけて休息したという。こうなると、ジュワンは神出鬼没である。

中山正男は、デウスにたのむとき、おん母サンタマリアとサンジュワンに取り次ぎ役をお願いすることにしていると言い、ジュワンさまは取り次ぎ役のかしらであると説明した。外海ではジュワンは天子さまのような人だと考えている信者もいる。これらの言葉から、ジュワンは人間ではあるが、神に近い存在であることが類推される。といえば誰しもイエスを想像しかねないが、事実、かくれキリシタンの信仰ではイエスの役割はジュワンに取ってかわられている。

一神教というよりは多神教に近い信仰を持つかくれキリシタンは、イエスのきびしさよりも、マリアのやさしさを求め、それにふさわしい男性像として、ジュワンを創造していったのではあるまいか。多神教に近いから三位一体の教義を理解することもとぼしくなったと思われる。もちろん、外海のかくれキリシタンは「天のご三品《さんぴん》さま」を拝む。また「生月の十一カ条」と呼ばれるオラショの第二条には三位一体の説明がある。しかしそれは棒暗記に近いものではなかったかと私は思う。

かくれキリシタンがジュワン信仰を重んじたことはイエスに洗礼をさずけるサンジワンという人物が『天地始之事』に出てくることでもわかる。「生月の十一カ条」には「バオツル島」という言葉が見られる。バオツルはポルトガル語のバプチスモ（洗礼）のなまったものだが、それは洗礼の霊水を求める中江ノ島を連想しているのであると田北耕也は言う。もちろん、その背後には、中江ノ島で殉教したジュワンの霊名を持つ二人の信徒がいることは明らかである。

このようにしてジュワンはバプテスマのヨハネの役割とイエスの役割をあわせ持つことになった。文化二（一八〇五）年に天草の高浜村で潜伏キリシタンが発見されて拷問をうけたが、女の信者一一五名はすべて霊名がマリアであり、男一四〇名のうち一一九名がジュワンの霊名を持っていた。これはかくれキリシタンのジュワンに対する心情の傾斜を示すものである。

外海地方のかくれキリシタンは生月の信者が持たない『天地始之事』という手作りの聖書を伝えている。それにはクリスマスの夜のことを次のように述べている。

マリアは大雪の夜、旅さきの家畜小屋に宿を借り産気づく。寒中のことなので、牛と馬が左右から息を吹きかけて、生まれたばかりのイエスをこごえないようにしてやった。夜が明けると、家主の女房が出てきて、哀れに思い、自分の家につれていったが、薪がないので、大切にしていたはた織りの道具を折って、マリアとイエスの身体をあたためてやった。ご馳走にソバ飯をこしらえて差し出すと、イエスは母のふところから手を出して、それをいただいた。

この箇所は『天地始之事』の中でも、もっとも感動的な場面の一つである。この書物はのちに書き写されて伝えられたものであるが、もともとは語りつがれてきた。戸外には見張りを置き、ともしびは暗くし、かすかな物音にも聞き耳を立て、この場面を語る人びとを想像する。彼らかくれキリシタンは例外なく農夫か漁民であった。労働のために日やけした顔には、大地を受けつぐべき柔和さがあふれていた。

そうして聖書にも見あたらない、かぎりないやさしさをもって「御身《おんみ》」であるイエスの誕生を祝おうとしたことは、長崎の家野《いえの》のかくれキリシタンがおこなってきたクリスマスの前夜の行事を見れば誰しも否定できない。彼らはその夜は牛小屋をきれいに掃除し、牛にはいつもよりご馳走をうんと食べさせる。牛がその吐息で「御身」をあたためてくれたからである。また牛のはみ桶には、イエスの初湯にと、きれいな湯をなみなみと入れ、子どもたちにはそれでお湯をつかわせたという。

また外海地方では「なたら」の夜は、信者たちは帳方《ちょうかた》の家にあつまり、イエスが夜中に生まれたというので、夜中過ぎると「ベレンの国にて馬小屋にお生まれなさった御若君さま、今はいずこに在《おわ》しますや、ほめたっとみたまえ、ほめたっとまれたまえ」とベレンのオラショを一八〇遍となえた、と片岡弥吉はその著『かくれキリシタン』の中で述べている。ベレンはベトレヘムのなまりである。

クリスマスは生月では「霜月の御誕生」、外海地方では「御身のなたる」とか「なたら」と呼ばれている。「御身のなたる」と呼ぶほうが、日本語の実感があふれている。「なたる」「なたら」は御誕生のことである。「御身」はイエスのこと。「なたる」「なたら」は御誕生のことである。復活祭を「春のあがり」とか「あがり」と呼ぶのも季節感がこめられている。四旬節を「かなしみ節」といい、また「枝の日曜日」を「花」と呼ぶのも私は好きである。私は以前に三重の東樫山の老人から「花」のときには魚の刺し身に酒をそそいで祝ったという話を聞いたことがある。パンとブドウ酒がなかったからそうしたのだといえばそれまでだが、そこに日本化した儀式の切実な風景を見るのである。魚にはキリストの意味がこめられているのかもしれない。

今度の旅でもその三重の東樫山の老人をたずねてみたが、すっかり頽齢化《たいれいか》し、記憶はおぼろであった。その日はかくれキリシタンの信徒の檀那寺である天福寺の本堂の落成式で、村をあげてにぎわっていた。私はそれをさけて赤岳のふもとを歩いた。そこは海上で遭難したジュワンがやっとのぼり休息したといわれている場所で、畑の中に神社が建っている。今しも甘夏みかんがたわわになり、桜が満開であった。

この東樫山の赤岳はかくれキリシタンの聖地であり、浦上《うらがみ》の潜伏信徒は、浦上の西の岩屋山からこの樫山を望んで祈ったものであるという。「三度岩屋山におまいりすれば、一度樫山に参詣したことになる。三度樫山におまいりすれば、一度ローマのサンタ・エケレジア（聖なる教会）におまいりしたことになる」と信じていたと、片岡は述べている。

私が東樫山をおとずれた日は、天気は荒れ模様で海岸には高い波がおしよせていた。その海の彼方には「ローマにもっとも近い」五島列島があるはずであった。私はかくれキリシタンがはるかなまなざしを持ち得たということは、どうしてであろうかと考えた。

私がかくれキリシタンに関心をよせる第一の理由は、思想の日本化、もしくは土着化の貴重な実験例を彼らの信仰の中に見ることができるからである。長崎県下には平地がとぼしい。海が迫り、大地は急傾斜する。そうした山ひだにかくれるようにして、かくれキリシタンが住んでいる。「涙の谷」とはたんなる形容ではなかった。彼らは涙の谷に、幾百年と耐えぬいてきた信徒の末裔にほかならなかった。あらゆる思想は、それを受け入れる風土に「受肉」されてはじめて、思想の名に値する実をむすぶことができる。さて昔から今にいたるまで日本にやってきた外来思想のうち、どれだけが「受肉」されたであろうかと考えるとき、かくれキリシタンの信仰に見られる土着化と変容を私は笑う気にはなれない。

かくれキリシタンの信仰には明確な空間がある。生月島、平戸島、度島《たくしま》、大島にかこまれて、その中心に聖地としての中江ノ島がある。そこはガリラヤの海と見られてきたに違いない。

外海地方と五島列島のあいだの海も、そうであったろう。だからこそ、ガリラヤの海を歩くキリストに似たジュワンの伝承を作り出したのだろう。浦上の近くの岩屋山にせよ、東樫山の赤岳にせよ、かくれキリシタンが信仰する聖地としての山への信仰は日本古来の民間信仰とつながっている。そうした民間信仰を基礎としたかくれキリシタンの信仰が明治以降に輸入されたキリスト教と違うのは確固とした聖地観が見られる点である。

かくれキリシタンはカトリック教会から「はなれ」と呼ばれることをきらう。生月島の総戸数二二九六戸のうち半分以上がかくれキリシタンの信者である。それにくらべてカトリック信者の家庭はわずかに六三戸である。カトリック教会に「帰正《きせい》」した生月島の人たちの数のいちじるしく少ないのは、かくれキリシタンの信仰共同体から仲間はずしにされるという社会的な理由も大きい。生月島のように隔離された島では、信仰を異にすることは、日常的にたえず緊張した社会関係を強いられることになる。しかし、そればかりでないと思う。そこはやはり、迫害と弾圧の幾百年間を耐えぬいてきた誇りが、たやすくカトリック教会にもどろうとしない心情をつちかったと見なければならない。

かくれキリシタンの宗教をシンクレチズム（混合宗教）と規定することになんら異論があるわけではない。彼らは仏壇も神棚もまた民俗神をまつる小祠も一緒におがんでいる。しかしそれをもって雑炊のような信仰を思い浮かべることは、彼らの信仰の本質を見あやまることになろう。

教義の内容はどんなに変容していようとも、彼らは自分たちの信仰は潜伏時代から一貫していると信じている。彼らはケレンド（信仰箇条）の解釈の違いを問題にする前に、眼に見えない白刃が迫ってくることをたえず意識しながら、かすかな咳ばらい、目くばせ、額にのせた指、自分の胸をゆびさす動作で、自分たちの信仰がおなじであることを知らせなければならなかった。そうした中で、勇魚《いさな》（鯨）をとる生月の漁民も五島や天草の農夫も、自らの信仰を守りついでいった。文化二（一八〇五）年、天草大江村のかくれキリシタンの信者が発見され、吟味を受けたとき信者の一人は、「かなしみ節」に入るときは、百人のうち五〇人までは絶食すると申し述べている。

かくれキリシタンは「小さな者」である。彼らの信仰内容や伝承がカトリックの正統思想から見ていちじるしく歪曲しているために取るに足らないとする見方がある。私はそうした考えには与しない。しかしそれでもなお私がかくれキリシタンに示す偏愛をあやしむ人たちがいるかもしれない。それに対して、私は自分が九州西海岸の魚くさい町で、東シナ海の波のひとしずくから誕生した人間だからである、と答える。

初出『東京新聞』一九八〇年六月三〜五日、一〇〜一一日（夕刊）　原題「かくれキリシタン紀行
——生月・外海」（『谷川健一全集』第一一巻、冨山房インターナショナル、二〇〇九年より）

1 天地始まりの聖地・長崎外海

――潜伏キリシタンとその時代

松川隆治

1．外海の潜伏キリシタン

長崎から北西に突出した半島がある。それが西彼杵《にしそのぎ》半島であり、中央部を南北に走る山地の東側即ち大村湾沿いを内海、西側の五島灘に面した地方を外海という。

この半島にキリスト教をもたらしたのは、一五六二（永禄五）年、横瀬浦を開港した大村純忠だった。純忠は翌年家臣らと共にキリスト教の洗礼を受け、日本最初のキリシタン大名となった。しかし、この年大村領内の内乱によって横瀬浦は焼かれ、貿易港は福田、長崎へと移る。その後、外海地方を布教したのは一五七一（元亀二）年、フィゲィレドとガブラル神父であった。福田から出発し、手熊、式見、三重を布教、最後は神浦へ行った。「神浦の殿は信者ではなかったが今、奥方、二人の叔父、息子等と一緒に洗礼を受けた」（パチェコ・ディエゴ『西彼杵《にしそのぎ》半島のキリシタン史』）とあり、洗礼を受けた殿は神浦正信で息子は正房だった。このように殿の一族が揃って洗礼を授かったので住民達もことごとく改宗したものと推測される。

一五七八年のイエズス会年報には「大村領民全部キリシタン」と報告され、大村領では「寺社は全て焼き払われた」との記録もある。また、大村郷村記神浦村には「古寺蹟之事」に玉鳥寺、寺屋鋪、堂の本、寺畠の記載があり、「今は畠となる」と記されている。多分キリシタン布教と関係があるのではないだろうか。その後神浦は外海地方のキリスト教活動の中心地となった。一五八六(天正一四)年にレジデンシア(支部修道院)が造られ、ジュニオ・ピニア神父と修道士ガスパル佐田松の二人が常駐して四〇〇〇～五〇〇〇人のキリスト教徒の司牧に当たっていた(写真1)。

ところが、一五八七(天正一五)年五月、五五歳で大村純忠がこの世を去り大村領は長男喜前が継承、喜前もドン・サンチョの洗礼名を持つキリシタンだった。純忠の死後一か月後に、秀吉は「伴天連追放令」を発し、キリスト教を禁止する動きが始まり、長崎も秀吉が直接支配する直轄地となった。喜前は一六〇六(慶長一一)年キリシタン禁止へと流れる世相を察知し、自領内からパードレを追放、自ら棄教し、仲の良かった熊本領主加藤清正の忠告もあり日蓮宗に改宗した。これにより神浦のレジデンシア、教会はなくなり、イエズス会の名簿からもその名は消された。以後外海の信者たちの世話に当たったパードレ・バルトロメ・フイゲラ、イルマン・ジュリオ・古賀達は長崎から当地に出向くことを余儀なくされた。

写真1　布教期に伝来した聖骨箱

2. 迫害・殉教から潜伏へ

一六一四(慶長一九)年の禁教令以降隠れていた宣教師たちは、しばしば西彼杵半島を廻り信者を世話していたが、次々に捕えられ処刑された。中でも一六二九(寛永六)年外海地方の信者を司牧していたカルヴァリョとへススの両神父が三重と雪の浦で捕えられ雲仙の熱湯責め後、長崎で焚刑に処せられた。この逮捕を機に外海地方全域に激しい迫害が起こり、多くの信者が捕えられ、大村或は自分たちの村で処刑された。池島、出津、黒崎、永田、樫山、三重、手熊、小江と殉教者が出たが三重が最も多かったという。

その後一六三五（寛永一二）年、次兵衛神父が戸根の山中（写真2）に隠れているとの密告があり、長崎奉行は佐賀、平戸、島原、大村の四藩に命じて、山狩りを行った。山狩りには各藩毎に一定の標識を付けた。佐賀藩は腰に藁の注連縄《しめなわ》、平戸藩は大小刀に白紙の三つ巻、島原藩は左袖に白布、大村藩は背中の縫目に隈取紙をつけて一見してわかるようにした。四藩の兵は郷民を道案内にして、半島の突端、横瀬浦から蟻の這い出る隙もないほどの厳重さで捜索したが次兵衛神父を捕えることはできなかった。しかし翌年長崎で捕えられ処刑された。

一六五七（明暦三）年大村領で起こった「郡崩れ」は、六〇八人のキリシタンが捕縛され、うち四一一人が斬首されるという大規模のものだった。以降、五人組制度、寺請制度、絵踏みなど取り締まりが強化され、キリシタンは取り締まりの目を逃れるため各地で潜伏し密かに信仰を守るようになった。

写真２ 次兵衛岩

3．大村藩住民五島へ移住

郡崩れ以後キリシタン詮索は特に厳しくなり、外海地区の住民は信仰の安住地を求めて五島へ移住した。青方文書の一七七六（安永五）年の人別日記に「柏村淵の元へ大村御領百姓ども明和九（一七七二）年辰年七月二七日居付き相成り、大勢妻子等召連相越、願之候付、時之代官真弓弥五兵衛方より御蔵元へ相達、於御役所御評議之上御免被成則大村ゟ外し証文受取罷越、右両村百姓仲間に入致渡世候故此節人附帳面にも相記候付、相改候処、家数拾六軒、人数男女にて七拾人罷在候」という、三井楽周辺に居付いた大村百姓の記録である。百姓らは「外し証文」を持参していたので居付が許可された。

一七九七（寛政九）年に、五島藩主五島盛運《もりゆき》は大村藩主大村純鎮《すみやす》に「五島は土地が広く、人が少ない。未開墾の土地が多いから、農民を移住させてほしい」と頼んだ。大村藩では急斜面の狭い段々畑を耕作し、多くの人々が生活していた外海地区の農民を移住させることにした。同年大村藩の家老片山波江の指揮で黒崎、三重の両村から一〇八人が出帆し、福江の北六方の浜に上陸した（公譜別録拾遺）。この人たちは正式移民で御用百姓と呼ばれ藩からいくらかの土地をいただき、奥浦村平蔵、大浜村黒蔵、岐宿村楠原などに住み着いた。

ところが、一七九八（寛政一〇）年一二月一五日、大村領神浦村の橋口紋右衛門、三重村の岩中鋼右衛門の両役人が福江の町乙名才津九兵衛方を訪れ、大村領からの移住が相談通りの百姓数を都合できないと申し入れた。中断状態にあった移住の完了を受けて、一七九九（寛政一一）年五月一五日、長崎勤番牟田五平次が長崎の大村御屋敷を訪問「先頃被及御相談候百姓此方へ引移候者共、追々被差越、忝存候、右御挨拶御使者相務候様被仰付」と協定に伴う移住が、完了することを告げている。理由は不明であるが、五島編年史には最初受け入れた一〇八名は「多くは所謂潜伏切支丹ノ徒ニシテ……」の記載があるように「潜伏切支丹」だったようだ。大村藩としても藩同士の移住協定にキリシタンの疑いのある者を御用百姓として正式に移住させるわけにはいかなくなり、中断になったのではないか。

しかし、五島移住者からの情報では五島が潜伏キリシタンにとっては安住の地に見えたようだ。「郷村記」黒崎村に村役附田畠並俵渡之事に「出津・牧野百姓三人欠落跡引上土地天保六年未年ゟ作所ニ渡依而俵渡米三俵同年ゟ引ル」とある。このころの外海の歌に「五島へ五島へとみな行きたがる。五島は優しや土地迄も」という俗謡がある。結果的に移住者は三千人にも達したといわれている。この数字は「走り百姓」が沢山いたことを想像させる。歌の最後は「五島は極楽来てみりゃ地獄二度と行くまい五島の島へ」で終わる。安住地と思って移住した五島には住む土地はなく、彼らは再び移住先を求め平戸南部、黒島へと移動、居付者と差別されながら、一八七三（明治六）年の高札撤去まで細々と生活し、復活を迎えたのである。

4．外海に潜伏キリシタンが存在した理由

このような厳しい状況の中で、外海地区の潜伏キリシタンが信仰を守ることが出来たのはどうしてだろうか。

第一に地形的な要因である。西彼杵半島の中央部を南北に走る山地の西側斜面に位置し、山腹は急斜面が海岸まで迫り、人々は中・小河川の河口付近に僅かに形成された沖積平野周辺に生活している。近年まで「陸の孤島」と言われ、陸上交通は未発達で専ら海上交通が主体であった。そのため大村城下より遠く、交通不便なために藩の監視も行き届かなかった（図1）。

第二に農漁業の立地条件が悪く生活の貧しさが却ってキリシタンの信仰心を強くした。西彼杵郡黒崎村郷土誌には「明治初年頃までは住家が概して練塀をもって造作し、殆ど雨戸の備えなく、菰席《こむろ》を以て之に替え雨風を凌ぐ有様なりき、畳の如きも板を以て代用するもの多く、…住家は概し

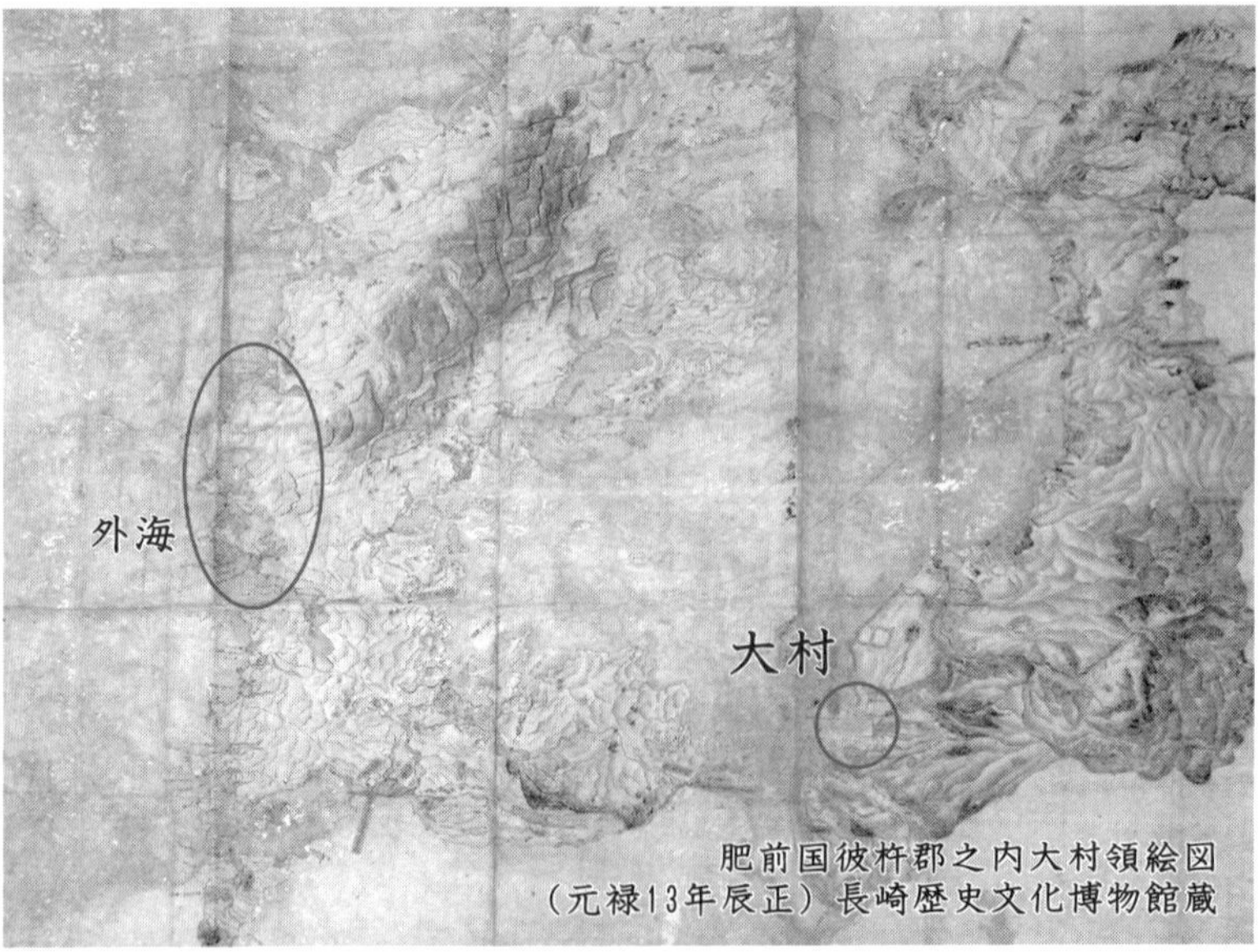

図1 肥前国彼杵郡之内大村領絵図（元禄十三年辰正）

て且狭小なるを常とせり、職業は往古より半農半漁にして能く粗食に耐え、衣服等も至って粗雑なるものを用いたり。…、芋・切芋等を常食とするもの少なからず」と生活の苦しさが記されている。よって、人間存在の価値を物質的なものより精神的なものへ求めたとも考えられる。

第三に宣教師が殉教し、村々に指導者がいなくなった頃、この地方にバスチャンという優れた日本人伝道者の活躍があった。バスチャンは師ジワンの指導により一六三四（寛永一一）年の教会暦（太陽暦）をもとに、日本語による教会祝日表（太陰暦）を編纂した。これが後バスチャン暦（写真3）と呼ばれ、迫害の中で潜伏を余儀なくされたキリシタン達の信仰生活の規範となったものである。今日なおかくれキリシタンの中で外海・五島に継承されている。

第四に潜伏キリシタンの組織が確立していた。キリシタンの信仰を密かに続けるにしても継続されなければならない。そのためには役割を分担し、その教えを伝え広める人が必要である。外海地区には地区によって多少の呼称は異なるが、帳方、水方、触役の三役を置き指導体制が確立していた。帳方は総括的指導者で法事・葬式を司り、毎週「日繰り」を繰り、「差し合いの日」を知らせる。水方は洗礼を授ける。触役は「差し合いの日」を信者に連絡すると共に、水方の洗礼時の助手もしていた。

第五にこの地域に佐賀藩の飛び地があった（図2）。

佐賀藩はキリシタンに対し寛容で、キリシタン達は内面でキリスト教を守り、表面は禅宗（曹洞宗）天福寺の信徒を装った。天福寺では毎年深堀から宗門奉行の役人が出張し、いろいろ尋問したが寺僧はキリシタンに何の面倒もかけなかった。そのため樫山、黒崎及び西出津（図3）は庄屋以下全員潜伏キリシタンとの記録もある。

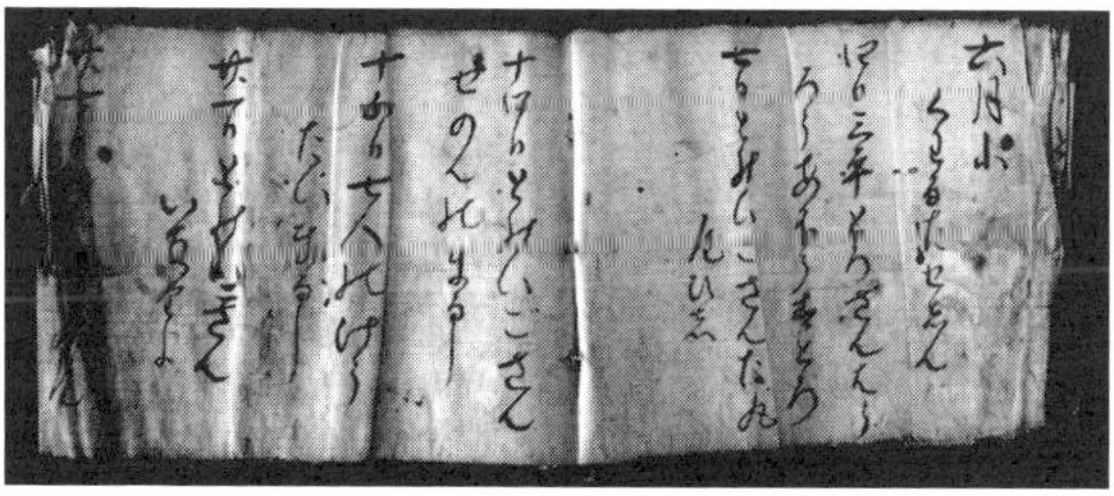

写真3 バスチャン暦

図2 旧佐嘉藩深堀領飛び地を明らかにする図

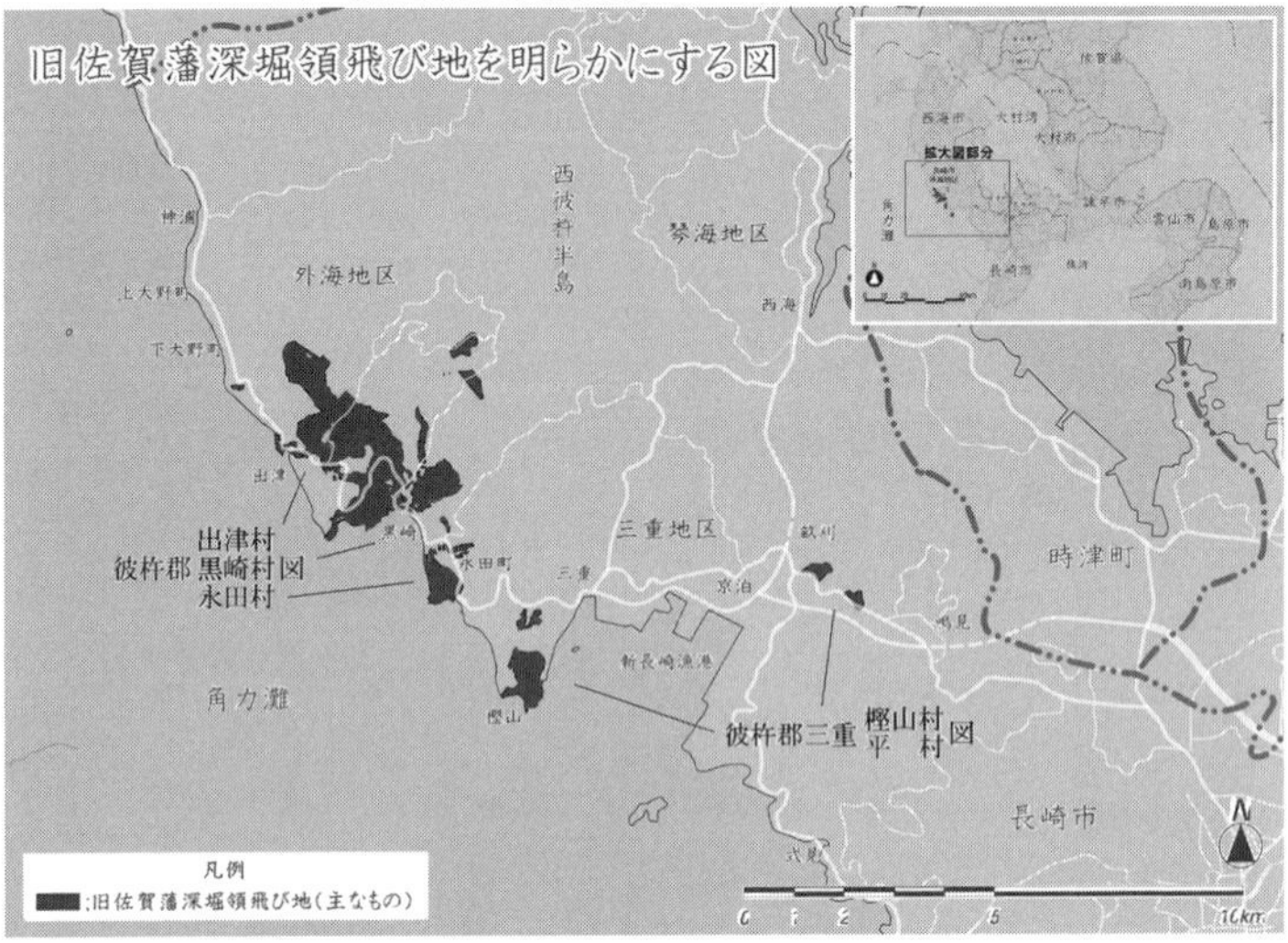

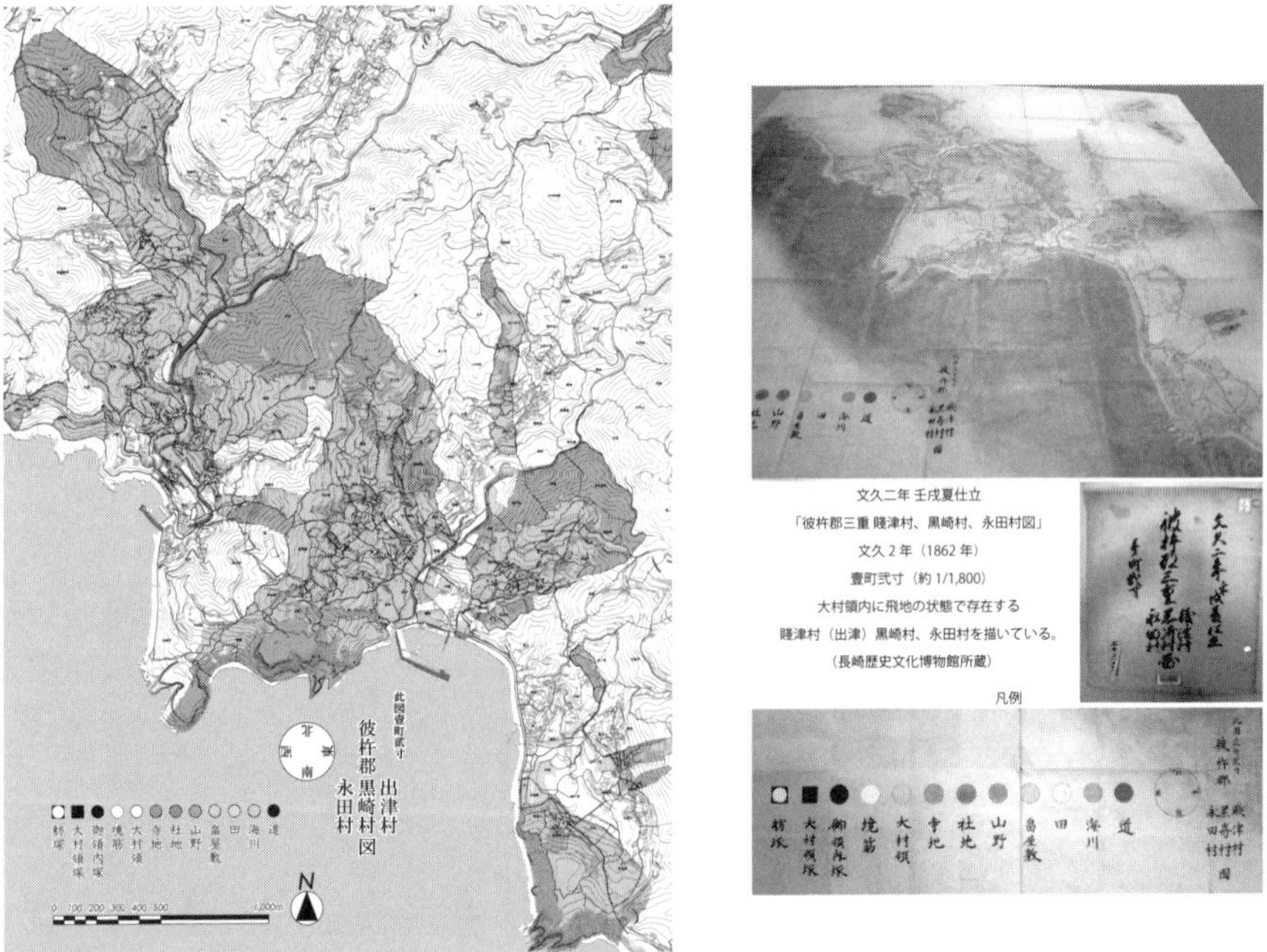

図3 文久二年 壬戌夏仕立「彼杵郡三重 賤津村、黒崎村、永田村図」（うち賤津村、黒崎村部分）

5. プチジャン神父の出津訪問

一八六五（慶応元）年三月の信徒発見後、長崎に天主堂が建設され宣教師がいるという話は各地に伝わり、これまで潜伏していたキリシタン達が各地から駆けつけていった。黒崎（出津）からは二人の男が一八六五（慶応元）年五月に訪れ、プチジャン神父にキリシタンであることを告白した。神父がどこから来たかと尋ねると「ここから八～一〇里の所に住んでいます。役人の目をさけて遠回りしてきました。私達の村には一五〇〇人位のキリシタンがいます」と告白している。プチジャン神父は同年九月十三日から二日間、神ノ島の忠吉の案内で出津を訪問している。パリ神学校宛の書簡に「夜になると靴のミゲルは、日本人を装った私を港の取締り番所の近くで我々を待っている船に案内し、航海も上陸も全て無事に行われた。夜八時に出発し、十一時半に到着（写真4）しました。この間七人の頑強な漕ぎ手が七里の海上を運んでくれました。

私が隠れ家となる山頂の小さな家（写真5）に着くと三〇人以上の人が集まっていました。その夜と十四日は信仰について話をして過ごしました。この村は少なくとも戸数三百はあり、各戸に六～七人の家族がいます。洗礼を授かっていないものは一人もいません。役人達もキリシタンです」と報告している。住民達は神父を見るなり大声を上げて喜び頭を下げてお辞儀をした。「ロ

写真4 小浜の浜（プチジャン神父が上陸した海岸）

写真5 プチジャン神父訪問地の現在の状況

ーマのお頭様から遣わされたのですか」「お頭様の名前はなんと言いますか」など尋ねられ、一つ一つ丁重に答えたので皆安心して顔を見合わせ喜び合ったと言う。また、オラショや日繰りを見せ、御絵やメダイをもらって、ますます信仰の絆を深め活動して行った。

6. 野中騒動

プチジャン神父の訪問後、キリシタン達の信仰心はますます深まり、大浦天主堂や浦上に行って教理を学び、コンピサン（告白）・ヨウカリスチト（聖体拝領）のサカラメント（秘蹟）を授かり、信者に公然と指導するものも現れた。ここで心配したのが庄屋である。キリシタン禁制はまだ続いている。佐賀藩の態度は寛大であっても公然と活動し、キリシタンが発覚すれば大変だと村役の者を集め協議した結果、急進派の志気をそぐためには重蔵と治六が秘蔵し、集会等で祈りの対象にしていた先祖伝来の聖画を預かることが一番効果的ではないかと話は決まった。治六宅に行ってみると留守であり、村役人の何人かが「聖ミカエルの絵」（写真6）を持ち出し、重蔵宅では留守居の妻サトに重蔵に用事があるから呼んできてくれと頼み、その間に「十五玄義の絵」（写真7）を持ち出した。これに気づいた両人は驚き、今まで大切にして祀り、役人らにも嗅ぎ出されることなく、隠し持った宝物を盗まれたとなれば「アニマの助かり」にも関わる。このままにしておけないと急進派が集まり、協議の結果プチジャン司教に対策を尋ねに行かせた。「取られたものは放っておきなさい、堪忍して騒がぬ方がよい」との返事だったが間に合わなかった。その翌日、急進派で病床に臥していた里道の森蔵に庄屋派の八兵衛が何を勘違いしたか「喧嘩なら来いい、お上に盾突く気か、言い分があるなら野中の木村市之助の家に来い」と暴言を吐いたことから急進派と庄屋派との大変な騒ぎになってしまった。結局、その夜、庄屋方が聖絵を重蔵方に返したので騒ぎは収まったが、このしこりは後世にまで残った。

7. クザン神父の黒崎訪問

プチジャン神父の出津訪問後一八六七（慶応三）年になってジュル・アルフォンス・クザン神父によって黒崎河内の辻村三次郎方で初めてミサが行われた。その時の参加者は二五〇人に達し、記念として十字架、メダイ等を拝領（写真8）、大変喜んではいるが信仰を公表するものは一人もいなかった。その後、浦上から岩永又一・友吉親子が黒崎を訪れ伝道に尽力した結果、辻村三次郎以下一九名が神棚を取払って信仰を表明した。又、同じ頃神ノ島の忠吉も黒崎を訪れ、教えを説いている。忠吉は「禁教令は廃止されていない、時機が来るまで心の中で信仰し、表向きは仏壇・神棚はそのままでよい」と説いた。ここで「忠吉附」と「浦上附」の意見の合わないところがあり、感情的な対立も起きている。その後、ローケーニュ神父の指導で忠吉も神棚を取払ったた

写真6 聖ミカエル像

写真7 十五玄義

写真8 十字架（表）

め対立は解消しているが、松尾武七等何人かはそのままの状態であった。

黒崎でも信仰を公表するものが多くなってくると何時までも他村の世話になるのでなく、自分たちで伝道師をつくろうという話が出て、辻村亀市を天主堂へ派遣し教理を学ばせると共に数名を浦上に宿泊させ、教理を学ばせ、洗礼、悔悛、聖礼の秘蹟をも授けさせた。ところが山崎利右衛門・中尾庄右衛門の二人だけが遅れて六月十三日に悔悛の秘蹟を受け翌日、聖体を拝領することになっていたが、その夜浦上四番崩れの手入れがあり逮捕されてしまった。

これまで秘密組織の中で堅く守られてきたキリシタン信仰も、宣教師の訪問によって活動が表面化し、浦上四番崩れで逮捕者まで出ると、寛大な処置を執ってきた佐賀藩としても見過ごすわけにもいかなくなった。役人を派遣し、厳しい取り締まりが行われ、キリシタンの詮索、拷問、高島炭坑での強制労働等が行われた。特に一八七一（明治四）年の伊万里事件では賤津一四人、黒崎二〇人の中心人物が佐賀の評定所牢へ投獄され、黒崎での復活運動の中心人物であった辻村三次郎は獄死している。このように一八七三（明治六）年の禁教令立て札の撤去まで出津・黒崎の迫害は続けられた。

8. 信仰の自由後復帰しない理由

一八七三（明治六）年キリスト教禁止に対する高札が撤去され、キリスト教信仰が黙認されるようになると数多くの人々が教会に復帰するが外海地区では半数近くの人々がそのまま古い組織を維持し続けた。厳しい弾圧の中で自由にオラショが唱えられる日が来ることを確信し、守り続けてきたのに彼らはなぜ教会に復帰しなかったのか。次の事が考えられる。

（一）先祖は厳しい迫害時代、隠れ忍んで血みどろの苦難に耐え、この宗門を守ってきた。これを続けることが先祖への供養だ（位牌や仏壇まで捨てるのは先祖に申し訳ない）。

（二）天福寺のおかげで先祖からキリシタンを守ってこられた。世話になっているから直ちに神父につくことは恩知らずだ、ということで寺に残った（特に樫山地方が多い）。
（三）出津では野中騒動による感情的な対立があった。
（四）黒崎では「浦上附き」と「忠吉附き」の対立で忠吉附きの一部が復帰しなかった。

9. 枯松神社

黒崎教会前バス停から黒崎川を渡り左手に坂をのぼりつめた小高い森の奥にひっそりと枯松神社はある。

神社は徳川幕府の苛酷な宗教弾圧の中で外海キリシタンの信仰を支え、迫害にくじけない勇気と希望を与え続けた外国人宣教師ジワン様を祀るキリシタン神社として知られている。ジワンは外海地方の潜伏キリシタンに最も大きな影響を与えたバスチャンの師であり、バスチャンに「日繰り」の繰り方を伝授した神父である。この地方では石舟や芋洗川沿いの岩屋（オエン岩）に隠れ住みオエンという女性が食糧を運んでいた。ところがある年大雪が降り足跡がつくのを恐れたオエンは数日運ぶことができなかった。そのため神父は寒さと空腹のため息絶えていた。遺体は近くに埋葬しようとしたが、ジワン様は「わしが死んでも頼む者には目の届く限り安全を守る」といっていたので多くの人に目の届く枯松頂山頂に埋葬し聖地として大切に保存し、ことある毎に祈願に来ていた。また、漁師は出漁の時必ず海上から鉢巻をとり枯松様に向かって拝んでいたという。

最初は大きな松の木の間に墓石があり、その上に小さな祠があるのみだったが、一九三八年に現在の形の社殿が建設されている。当時のかくれキリシタン信者の寄付金で建てられている。当時の寄付者一覧表でかくれキリシタンの分布等が推察できる。集落別寄付者一覧表を作成すると寄付者合計四三〇戸内大野地区が一二一戸、樫山地区一一四戸で過半数を占めている。その他地元はもとより三重田、畝刈、木鉢、浦上の人たちも協力している。しかし、老朽化が進み崩壊寸前だったのを黒崎カトリック教会、旧キリシタン、枯松神社保存会が中心になり三者共通の信仰の遺産であり、町文化財（平成三年指定）でもあるので存続させようと町内外に募金活動を展開し、旧外海町の援助もあり、二〇〇三年改築した（写真９）。

神社周辺には、かくれキリシタン達の墓地（長墓）があったが、これは明治以降の禁教令解除後に造られたもので、墓地はこの地方に多い温石（結晶片岩）を積み上げその上に平たい自然石を置いたものだったが一九九一年一か所に集められている。参道入り口に軒先のように突き出た巨岩（写真10）がある。潜伏時代、悲しみの節（四旬節）の夜ここに集まり、厳冬の寒さをしのぎながらオラショを伝習したという。この習慣は禁教令解除後もかくれキリシタンの人たちによって昭和初期まで続けられていたという。

枯松神社では二〇〇〇年より黒崎カトリック教会、かくれキリシタン、枯松神社保存会共催による枯松神社祭が一一月三日に行われている。この神社祭は「ジワン様をはじめ厳しい弾圧の中で信仰を守り通した共通の指導者や先祖に感謝し、枯松神社を外海地方の精神的なよりどころにしよう」と黒崎教会下野千年主任神父の呼びかけで始まった。これまでカトリック、かくれキリシタン、寺離れ等何かと対立関係にあったものが、この神社祭を通して徐々に協力関係が確立しつつあることは地域にとっても好ましいことである。

写真9 枯松神社

写真10 祈りの岩

10. 樫山のかくれキリシタン

樫山は長崎市の北西、三重地区にあり五島灘に突き出た岬にある。岬の中央を南北に走る道路の左右に集落が発達している。右側の集落が西樫山で江戸時代大村藩に属し潜伏キリシタンも多くいたが現在ではキリシタンはわずかで、大部分は真宗（正林寺）に改宗している。左側の集落が東樫山で赤岳（写真11）という小さな山の麓に八〇戸あまりの集落があり、江戸時代佐賀藩深堀領の飛び地で潜伏キリシタンの集落であった。

一八七二（明治五）年の「耶蘇教諜者報告書」の長崎近郊のキリシタンの状況では次のように報告されている。

「長崎近郊諸島切支丹ノ蔓延ハ三重村ヲ根元トス、三重村ハ旧大村領旧佐嘉領犬牙相接シ、旧大村領ハ旧来宗門厳禁ナル故踏絵ノ期ニ至リ邪徒脱走シテ平戸・五島ニ逃ル所謂居付ト称スル者ナリ、当時平戸・五島ノ邪ヲ信ズルハ皆其ノ子孫ナリ、又佐嘉領ハ宗門厳禁ナキ故ナリ近郷ノ小島ニ移住シ、即大明寺村・大嶋・高嶋等今日邪徒アル処ハ大体三重ノ末孫ナリ、其他親類トナル処ニハ邪徒アリ……」

写真11 赤岳

これによると長崎近郊に住んでいるキリシタンは江戸時代長崎警備を任された佐賀藩に遠見番所や砲台築造のため移住していった人々と考えられる。大村藩領のキリシタンは取り締まりが厳重であったため、絵踏み等の折五島に逃れ「居付」となった。

西樫山地区は『長崎隠れキリシタン記』（正木慶文）によると「昭和四〇年頃戸数一六〇戸、そのうちキリシタン八戸、法華宗三戸、他はすべて先祖からのかくれキリシタン、表向きは三重村の真宗正林寺の寺がかり…」と記載されている。ところが、昭和四〇年ごろには組織は解散され、かくれキリシタンの内容を知っているのは「梅おんじ」（滝野梅次郎）くらい、年齢も九〇歳近くで宗教行事はできない。梅おんじは一三歳の時墓場に連れて行かれ、口移しでオラショを習ったという。「その頃春の入りから一か月間夜毎に集まってオラショを習っていたが、今の若者はほとんど知らない。従って隠れキリシタンの行事も行われていない」とのこと。

二〇一四年聞き取りを行ったが、以前はかくれキリシタンだったが現在は正林寺（真宗）の門徒になっている家庭ばかりだった。また、西樫山地区には小さな教会と神社があるのでその歴史について調査した。キリスト教に関しては一八九〇（明治二三）年黒崎小教区に赴任した岩永信平師は、早速樫山の人々の教会復帰に努めた。その布教と司牧を助ける目的で修道院が必要と考え「女部屋」を創立しようと浦上の十字会の岩永マキに修道女の派遣を願い、岩永マキは親戚の松尾サツを派遣した。こうして樫山修道院が一八九七（明治三〇）年四月、松尾サツを初代院長とする五名の共同体で設立された。この修道院のシスターたちの努力によって七戸改宗を得て、一九二四（大正一三）年ハルプ神父によって西樫山三〇五八番地に小さな聖堂が建築され、コンパス司教によって祝別され、樫山切支丹の崇敬しているセバスチャンにちなんで「聖バスチアノ」に献げられた。

地区の中央の小高い丘の上に道盛神社がある。大正の末年海岸に沿った丘にある青瀬という墓地から平道盛と刻まれた墓碑が発見され、これを山の上に移して氏神としてまつるようになった。毎年九月一九日が祭日で神官を呼んで祭祀を行っていたが、近年は地区体育祭のおり行っている。

東樫山のかくれキリシタンは、まず赤岳の理解から始めなくてはならない。この山は集落の後方に見えるなだらかな小高い山であるが、東側は赤い岩肌が海にむき出した断崖である。別名神山とも呼ばれるのは次の二つの理由からと考えられる。

（一）むかし神浦から船出したサンジワン様が遭難し、かろうじてこの地にたどり着いた。その折七人の弟子をなくした。サンジワン様はその霊を弔うため村民に塚を築くように頼み、「七つの塚」ができ、善人様の霊として弔われていた。その後キリシタンの詮索が厳しくなったので、迫害から逃れるため一か所に集めこれを隠蔽するため小祠を建て、天照皇大神宮を勧請し祀っていた。毎年旧暦九月一七日がその祭日で「くんち」といって大変賑わっていたが、今では九月の第三日曜日を中心に清掃を行い「くんち」の行事を公民館で行っている。

（二）バスチャンの椿　バスチャンが樫山で伝道していたころ、赤岳の麓にある一本の椿の木に指先で十字を記すと樹皮にはっきりと残った。それを地元の人たちは霊樹として大切にしていた。ところが一八五六（安政三）年浦上三番崩れが樫山に飛び火し茂重が逮捕され（茂重騒動）、役人が椿の木を切るとの噂が出てキリシタン達が汚れないうちにと椿を切り各戸に配布した。死者が出ると葬式の折、椿の木片を小さく削り（写真12）、白布に包み「お土産」として棺桶に入れおくった。この風習は西出津、樫山、垣内など広い範囲で一九七五（昭和五〇）年ごろまで残っていた。

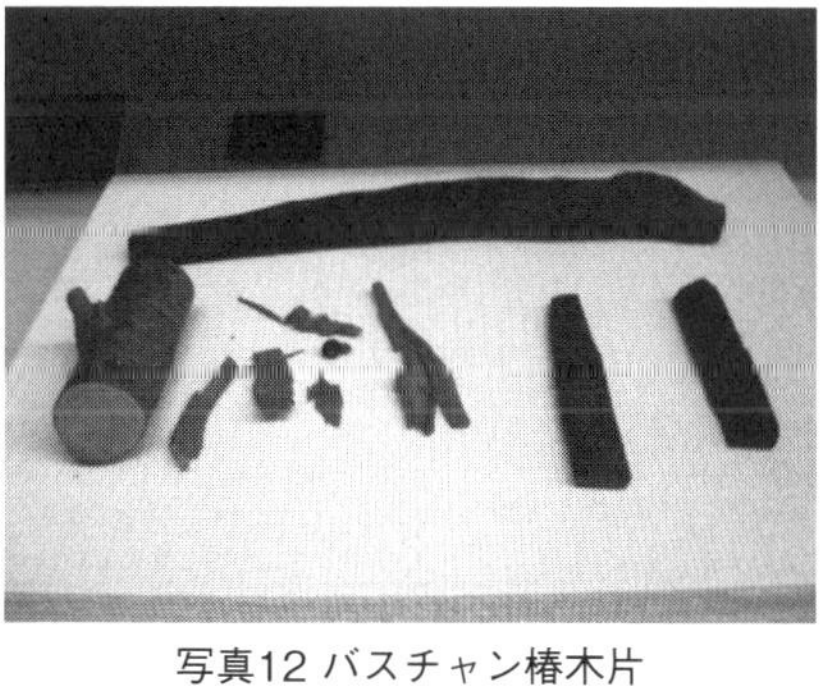
写真12 バスチャン椿木片

茂重の墓

一八五六（安政三）年浦上三番崩れが勃発した折、中野郷の聞役孫蔵は家の重宝として二体の聖像を秘蔵していたが、隠すのが困難と思い東樫山の帳方（最高責任者）茂重に預けた。ところが孫蔵は捕えられ厳しい拷問に耐えきれず茂重に預けたことを白状した。役人が孫蔵を連れて東樫山に行き、茂重の聖像を出せと迫ったが「そんなものは預かった覚えはない」と否定した。しかし、孫蔵の自白もあり、茂重も深堀役人に捕えられ身の毛もよだつほどの責め苦にかけられ牢死したという。その墓（写真13）が赤岳の麓の墓地にあり、黒崎教会の信徒たちによって毎年一月に慰霊祭が行われている。

天福寺のマリア観音像

木造で高さ五〇センチメートルほどの「勢至観音像」（写真14）である。この観音像には次のような伝承がある。浦上三番崩れの頃、浦上のキリシタンが摘発を逃れるために預けたものだという。江戸時代東樫山は佐賀藩の飛び地であり大村藩に比べ取り締まりも寛大であった。そのため秘蔵品を隠すには最良の場所だったのかもしれない。しかし樫山とていつ検束の嵐が襲来せぬとも限らないので「檀那寺に預けておけば摘発されることはない」と考えたのだろう。老人たちは「天福寺には自分たちの大事な仏様が祭ってあるからよくお参りしなければならない」と言い聞かされていたという。檀那寺は元来キリシタン監視の目的で建造されたものであるが、天福寺では表面は檀徒として帰依したふりをし、裏では密かにキリシタンを信仰する人たちが数多くいた。寺でも彼等のキリシタン信仰には一切触れず、暗に庇護してきたようにも考えられる。前記の茂重事件の聖像など考えるとあながち伝承だけではないのかもしれない。

写真13 茂重の墓

写真14 天福寺マリア観音

絵図について

一八六二（文久二）年作成の彼杵《そのぎ》郡三重樫山村・平村絵図（図4）によると東樫山地区の戸数は七〇戸あり現在の戸数と変化はない。畝刈の垣内地区が散村形態だったのに対し、この地区は赤岳の北西斜面に集村の形態をとっている。赤岳の南及び南西斜面の森林帯から畑作地域に変化する地点に墓地が確認できる。墓碑は長墓で海岸の自然石を積んだものが多いが、近年家族墓の造営によって破壊されている。早急に分布調査等が望まれる。

次に大村・佐賀領の藩境について、大村郷村記には「大岳下より小岳桜の首どうの前はさこ田代青瀬まで大塚拾壱内壱桜の首白眼、内壱傍爾石銘書左之通従是東北大村領西南佐嘉領辰巳ニ向式見山外レニ當、三重崎傍爾石壱銘左之通従是西北佐嘉領東南大村領卯辰ニ當大塚六ツ終の塚申の方ニ當」の記録がある。傍爾石《ぼうじいし》については、「大岳下

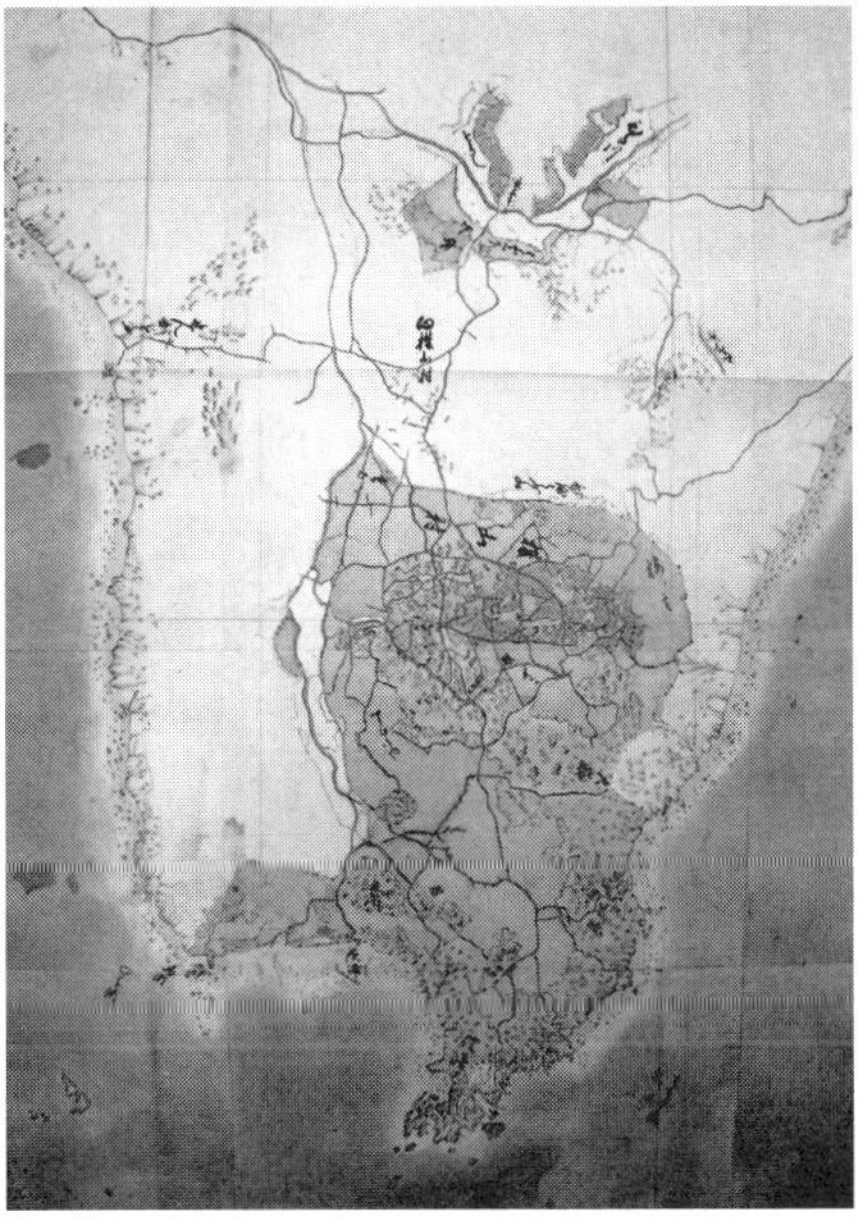

図4-1 文久二年 壬戌夏仕立
「彼杵郡三重 樫山村、平村図」（うち樫山村部分）

図4-2 彼杵郡三重樫山村図と
現在の地図の重ね合わせ

より小岳桜の首どう…」のものは天福寺山門前に立ててあるが説明板の設置が必要。三重崎のものは現在長崎市三重支所の前庭に立てられているが見えにくい。これも樫山への移設か現地で見やすいところに移し説明板が必要である。

垣内のかくれキリシタン

長崎から滑石トンネルを抜けると急に眼の前に峡谷が開けなだらかな西彼杵半島の山並みが迫ってくる。その峡谷を下り、そこから畝刈方面に約二百メートル先の右側傾斜面が垣内である。一面大きな灌木や竹藪に囲まれ密生した樹木の茂みの中に点々と家屋が見える。この小さな集落は明治以前佐賀藩深堀領（図5）であって、全戸が潜伏キリシタンであり、東樫山の天福寺が旦那寺であった。大村郷村記畝刈村には「佐嘉領内深堀の領地二箇所ありて一郷をなし、

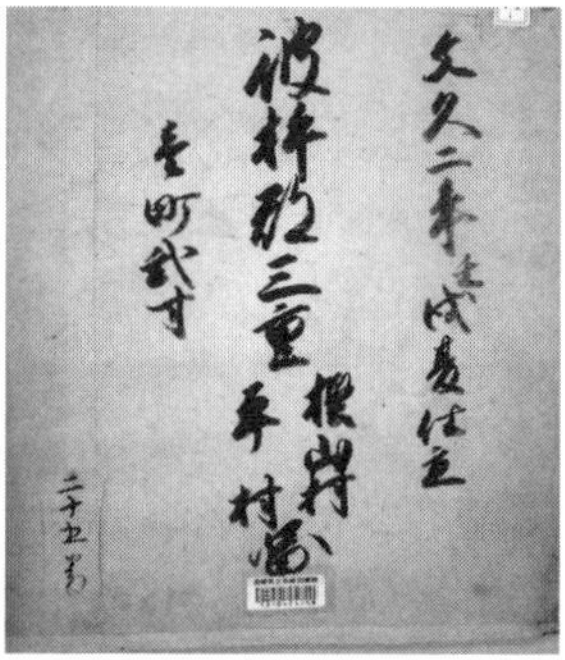

図5-1~3
文久二年 壬戌夏仕立「彼杵郡三重 樫山村、平村図」
文久2年（1862年）壹町弐寸（約1/1,800）
大村領内に飛地の状態で存在する樫山村、平村ほかを描いている。
（長崎歴史文化博物館所蔵）

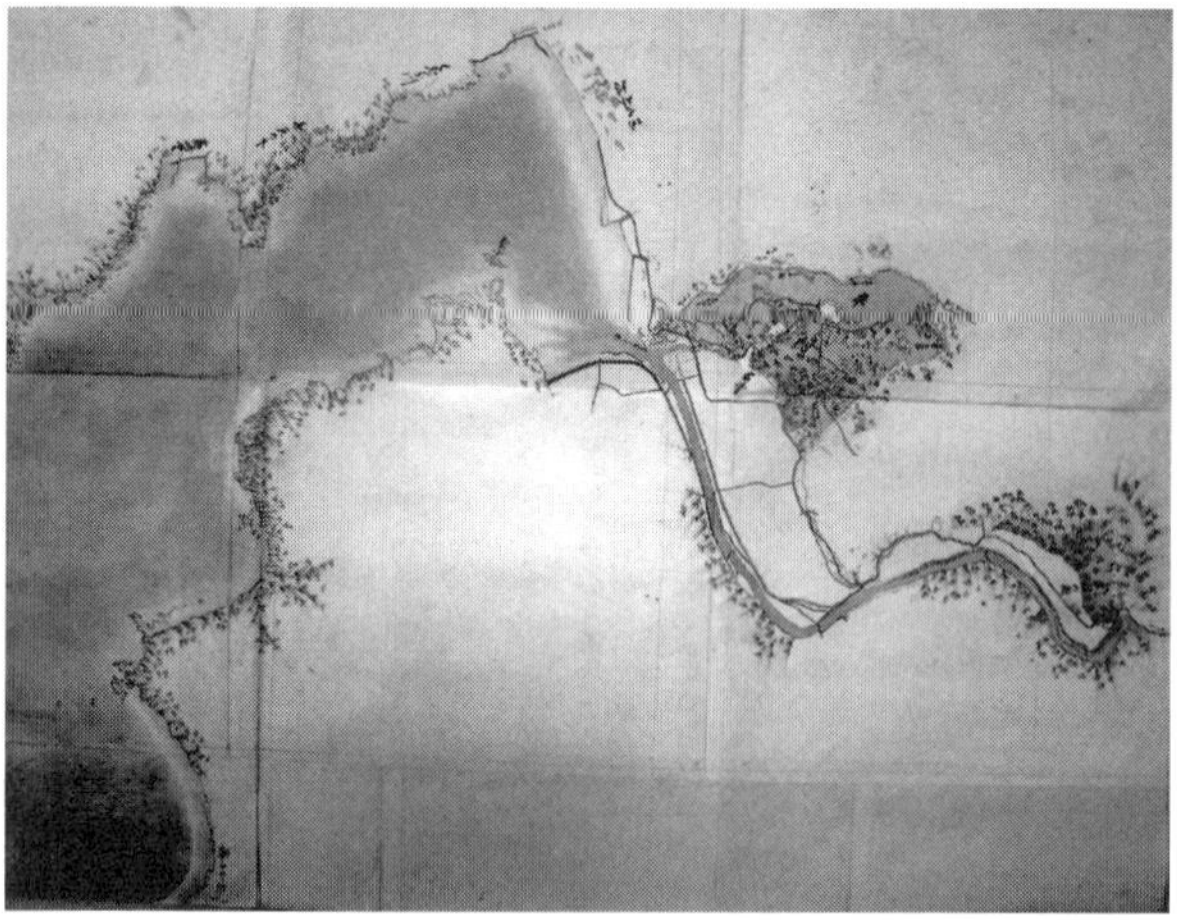

図5-1 文久二年 壬戌夏仕立
「彼杵郡三重 樫山村、平村図」（うち平村部分）

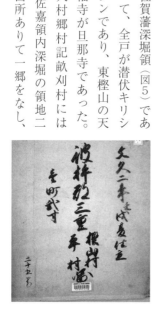

田、畠、山林続凡拾弐町程人家八軒あり、何れも溝、川、田畔境にて傍爾石、境塚数か所ありて境分明なり……」と記されている。また、古野清人著『隠れキリシタン』には文久生まれのドメゴス田畑老の話として「幼いころには田畑（三）、松崎（二）、村岡、方山、山中の八戸であった」と記されており、小さな集落であった。一八六五（慶応元）年の大浦天主堂での「神父発見」後には六月一五日に二人の青年が大浦天主堂を訪問し、聖人の遺物として保存していた一枚の皿（聖ドミニコに使われたもの）をプチジャン神父等に見せた記録はあるが、それ以後の記録には出てこない。また、集落内に当時配布されたメダイや十字架等が一枚も発見されていないのは、その後の接触はなかったものと考えられ、キリシタンに復活した人もいない。しかし、潜伏時代の遺物である白磁のマリア観音像（写真15）は大切に保存され守られている。

一八九四（明治二七）年の調査では、明治以後樫山から中村氏が、馬込から波崎氏が、高島から村下氏が移住し、外に小川氏（中村分家）、中尾

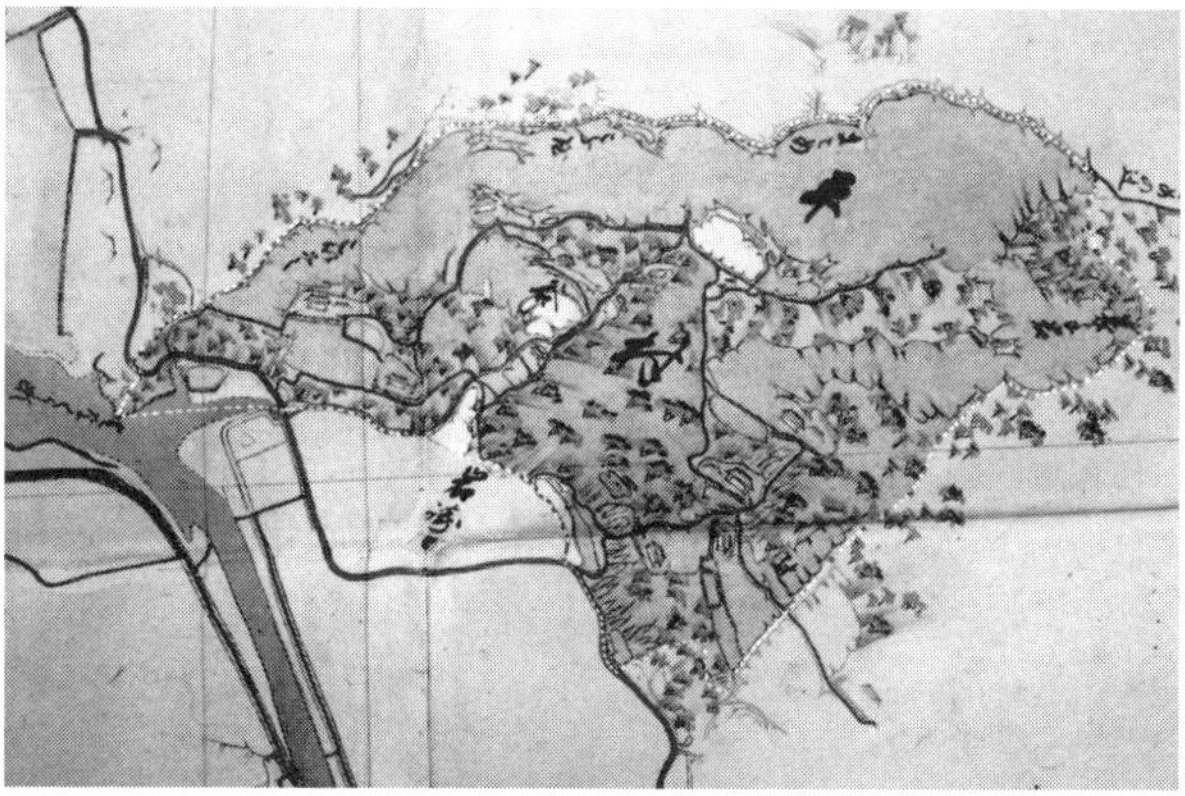

図5-2 文久二年 壬戌夏仕立
「彼杵郡三重 樫山村、平村図」（うち平村図部分拡大）

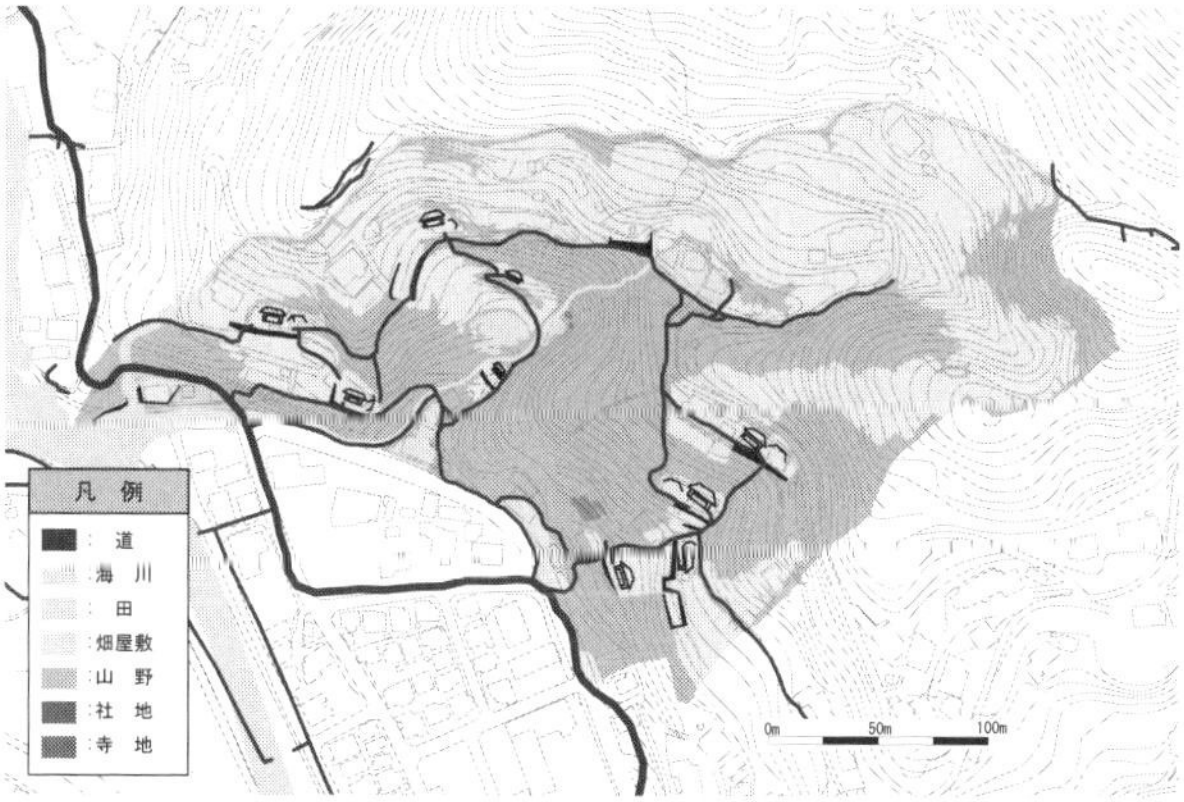

図5-3 彼杵郡三重平村図と現在の地図地形の重ね図

氏（山中分家）、河口氏（松崎分家）など集落内の分家もあり二二戸であったが現在は二〇戸程である。

垣内地区のかくれキリシタンの組織は松崎源右衛門の死によって後継者がいなくなり崩壊した。一部新興宗教に転宗した家もあるが大部分が天福寺の門徒になっている。また、個人的には先祖から伝えられた宗教を粗末にはできないと毎日神棚に初穂を上げ朝夕の務めを行っている家もあり、潜伏時代の遺物であるマリア観音像や焼き物のようなものもある。

垣内には四百年前のキリシタンの墓と伝えられる平たい温石で造られた長墓（写真16）も有り、地域の住民によって大切に保存されている。

三重畝刈垣内の松崎家の歴史について

これは松崎源右衛門氏が記した文書である。そのまま掲載する。

わが松崎家は先祖を鶴松と称し、この上隣の田畑家の祖、弥作と言う人の弟なりと聞く。然れども鶴松わが垣内の大将役御手面の御役を務め、功多かりしも早死に望み上隣の立平、仁助の兄弟に譲りたり、然れども鶴松長男常造生まれながら両親を失いたれ共、松崎

写真16 垣内墓地

写真15 マリア観音（垣内 村岡家所蔵）

友吉の妻キク、彼の実姉なり依ってこの者に育てられ成長し、樫山に師を求めて通い、仁助殿の御役を貰い受け父鶴松の役を継たり（左の都合により一時二役を務めし事あり）そのころ方山梅蔵の父辰造、御水の役を預かり居たりも常造と意見合せず、常造に顔あてに自分の娘の夫田畑三次郎に御手面の御役を持たせんと樫山に使わし習わしめたれ共如何にせん受け継ぐこと出来ざりしかば辰造は恥をかき、頭を下げて常造に謝し以前のごとく常造の命令を聞くに至れり、常造歳六〇歳をもって死す。いまわの際長男佐十父の役を受け継ぎ得ざる時は辰造〇〇の者、皆々佐十を笑わんと語り居りたりしも何のことなし。佐十に受け継がれ一同敬服するに至れり、御役受けしより十九年間五八歳をもって死せしかば長男源右衛門年二五歳をもって父の遺志を継ぎ我が郷の為に尽くし居る也。依って源右衛門及び源右衛門子孫は我が名誉ある家に生まれたれば幾代末まで此の御役を受け継ぎ祖先の名を汚さぬよう心掛くべし、源右衛門これを記す者なり。

昭和六年一〇月九日年二八歳

右のような記録はあるが源右衛門亡き後長男数馬氏は御役を継ぐことなく、かくれキリシタンの組織は解散を余儀なくされた。

【注】

＊図3左側　長崎市世界遺産推進室提供

＊図4－2、図5－3　長瀬雅彦作成

【参考文献】

＊田北耕也『昭和時代の潜伏キリシタン』国書刊行会、一九七八年
＊平野武光『外海町誌』外海町役場、一九七四年
＊浦川和三郎『キリシタンの復活 前篇』日本カトリック刊行会、一九二七年
＊浦川和三郎『キリシタンの復活 後篇』日本カトリック刊行会、一九二八年
＊マルナス・フランシスク『日本キリスト教復活史』久野桂一郎訳、みすず書房、一九八五年
＊古野清人『隠れキリシタン』至文堂、一九五九年
＊出津教会『出津教会誌』出津カトリック教会、一九八三年
＊正木慶文『長崎隠れキリシタン記』新潮社、二〇〇三年
＊岩崎義則「五島灘・角力灘海域を舞台にした18～19世紀における潜伏期キリシタンの移住について」九州大学大学院人文科学研究院、二〇一三年

コラム 1

松川隆治先生と外海潜伏かくれキリシタン

西田奈都

松川先生と我々の出会いは、もう九年ほど前にさかのぼる。

平成二〇年四月、私は長崎市で世界遺産推進を担当する、という、今まで全く関わったことのない業務に配属され、戸惑っていた。世界遺産やかくれキリシタンという単語を聞いたことはあっても、その意味はほとんど理解できておらず、果たして自分の仕事を理解するためには何をしたらいいのか？　と自問する日々が続いていた。

そんな中、世界遺産の取り組みを地元に説明し、ワークショップを開く、という仕事で、私は外海の地を初めて訪れた。ワークショップでは、地域の特徴を住民の皆さんに上げてもらい、まとめていくという作業を行ったのだが、地域の人たちの話の中に、松川先生という人の名がやたらと出てくることに、気が付いた。

そこの川は〇〇って呼びよった…ねえ、マツカワセンセイ、〇〇の話は、江戸時代の事やったかな…ねえ、マツカワセンセイ…といった具合に、話し手が自信のないときに必ず確認を取る相手なのだ。

マツカワセンセイは、初老の柔和な顔つきの男性で、どんな質問にも、うん、それはね…と説明を始める。そして、それをひとしきり聞いた地元の人が、先生がそう言うけん、そうさ！　あんた、早くメモ取って！　と我々を急かす。というシチュエーションが度々続いた。マツカワセンセイって、何者なんだろうなあ…という疑問は生じたが、正体が明かされることはなく、地元のワークショップは終わった。

それからしばらくして、松川先生から職場に突然電話がかかってきた。直接話したこともないのに、何の用だろう？　なにか失礼なことでもあったのか…とドキドキしながら電話を取ると、「あのさ、そっちに古野清人って人の書いた『隠れキリシタン』って本、なかね？」と突然話が始まった。その時たまたま、図書館からその本を借りてきていたので「ああ、ありますけど…」と戸惑いつつ返事をすると、「○ページから○ページに出てくる、畝刈の垣内地区っていうのがどこか、知りたいのさね…わかるね？」と、これまた唐突に聞かれ、戸惑ったままの私は、「はあ、調べてみます…」と、ろくにわかる保証もないのに返事をしてしまった。

「うん！　よろしくね！」と明るく電話を切られ、頭を抱えていると、その時私の上司だった長瀬雅彦氏が、「なんかあった？」と話しかけてきた。思えば頼りない部下が信用ならなかったので、周りに迷惑をかけていないか確認するため聞いたのだろうが、その時は、渡りに船！　とばかりに電話の内容を伝え、どうにかしてはもらえないか、とよこしまなことを考えていた。

しかし、長瀬氏は、「で、お前はどうやって探すつもり？」と問いかけてきた。わからんよね、という回答が来るものと思っていた私は、あら、想定外…と思いつつ「まあ、住んでる人たちが八軒で名字が全部書いてあるから、それをヒントに…って、広すぎますよね、範囲」と言いかけると、長瀬氏はどこからともなくゼンリンの地図を取り出し、「畝刈は○ページから○ページよ。」と私の机に広げて去っていった。

「はあ…ありがとうございます」と間の抜けた返事をして、でも引き受けちゃったしなあ…、戦前（古野清人氏が垣内の調査に行った時期）と同じ名前なんてあるわけないやん…と思いながら、地図に目を走らせていくと、本に出てくる名字が数軒分固まっている場所を見つけた。「あれ？」と声を上げると、長瀬氏が「何、見つかった？」と言いつつ近づいてきたので、「多分この辺りかなあ、と思うんですけど…」と言うと、地図に目をやった長瀬氏が「ああ、ここよ。間違いない。松川先生に電話せんね」と断言した。「なんでここってわかるんですか？」と聞くと、「よく見てみろ、この集落は行き止まりの袋小路さ。埋め立て前は海に囲まれてたはずさ、間違いないよ。」と言い、「早く電話せい」と言って去っていった。

松川先生にお電話すると、「早かったねえ！　ちゃんと探してくれてありがとう！」と言われ、お宅まで地図をコピーして届ける約束をして電話を切った。その時から、私にとって、松川先生は長崎の潜伏キリシタンの歴史を調査していく上での師となった。

松川先生は、元々長崎県内で高校の地理教師として教鞭をとられ、定年後、外海の黒崎地区にある生家に戻られた（ゆえに、松川「先生」なのである）。元々ご自身の生家が潜伏キリシタンであったこともあり、ご自身も、ドメイゴスという洗礼名を持つかくれキリシタンでいらっしゃった。松川家のかくれキリシタン信仰は、昭和の時代に終わり、その後は仏教となって、現在は天福寺の檀家となっておられる。地域の歴史や潜伏キリシタンの遺物等を後世に残すため、地域の中で様々な方に聞き取りを行っていたことも、その後お付き合いが深まっていくうちにわかってきた。

中でも、ご自身のライフワークとして、佐賀藩深堀領と大村藩の藩境を調査しておられる。現地で藩境石を確認するため、一人で山道に入り捜索を続け、「道がわからんようになったときは、遭難するかと思ったよ」と笑いながらおっしゃっていた。

その後、外海地区に江戸時代のものと思われる墓地を発見したことで、その頃長崎歴史文化博物館に勤務していた大石一久先生（こちらも元高校の先生なので大石「先生」）を調査に巻き込み、我々のチームは誕生した。

四人で山に入って藩境の石を探してまわったり、文久二年の絵図と現代の地図の重ね図を作って墓を調査したり、垣内墓地の調査をしたり…重ね図から藩境や墓の位置を特定して現地調査した経験は、何物にも代えがたい貴重なものになった。

特に、松川先生との出会いのきっかけとなった垣内地区の調査は、大石先生の研究成果がどんどん積み重なり、重ね図やその他の文献資料から、垣内地区の長墓群が江戸期のものであることがわかり、なおかつ、それらが今でも地元の方々に大切に引き継がれていることを知ることができた。私たちが垣内地区の調査に入り始めた時に、墓地のお世話をされている方々の代表として出会った松崎武さん(垣内地区の最後の帳方松崎源右衛門氏のご親戚の方。残念ながら、平成二七年に亡くなられた。)は、実は松川先生のご親戚の方だったこともあり、我々の調査を快諾してくださっただけでなく、地域の歴史を自ら聞き取りしてまわられ、私たちが垣内を訪れるたびに教えてくださった。

松川先生のお人柄のおかげで、調査はおおむね順調に進むことが多く、楽しいことばかりだったが、一方で私は、自分は一体何をしたらよいのだろう、と思い悩むようにもなっていた。

職場も世界遺産を離れ、特に何も専門分野があるわけでなく。車で調査に行ったときに、駐車場所を探すぐらいしか役に立たない自分…

くじけそうになったり、やる気を失いそうになると、松川先生は、いつも私を優しく励まし、何かしら、考える材料を与えてくださった。信じてくださる松川先生を、裏切れない…という思いで、なんだかんだとやって来られたのだと思う。

これからも、私たちと松川先生のチームは、こんな関係性で続いていくのだろう。お互い、立場が変わっても、ひとたび会うと、出会った頃のあの時間に引き戻され、わくわくして次の冒険の話が始まるのだ。松川先生は最年長でいらっしゃるけれども、誰よりも好奇心に満ち、可能性を信じている人だ。今でも時々、門外漢である私が、このような調査をどうして続けることができたのだろう、と考える。そんな時にいつも思い出すのは、松川先生の笑顔だ。

松川先生が、ご自身のルーツである潜伏キリシタンの歴史、地域の歴史を記録に残すという活動を、誰に頼まれるでもなく黙々と続けておられる様子、そして、それを誰にでも惜しみなく伝えようとする姿勢。誰よりも本当のことにこだわり、自分のためでなく、地域のために、後世の人々のために、伝えるべきことを残そうとする。とにかく一生懸命で、そこには損得勘定もなにも存在しない。その姿を見ているると、こんな自分でも、何かできはしないかと、つい身の丈より背伸びして、がんばってしまうのだ。

今回、松川先生がこれまで調査してきた外海の歴史を、一定まとまった形で書籍化できたことは、私たちにとって、とてもよろこばしいことだし、何より、外海のことを知りたい、と思ったときに、今まで漠然と語られていたことが形になっているという意味で、画期的な本だと思っている。

松川先生にとって、この本はまとめでもあり第一歩でもある。

次に会ったら、また、新しい好奇心のタネを見つけているに違いない。そんな松川先生が、私たちは大好きなのだ。

コラム 2

「枯松」と墓標

大石一久

枯松神社といえば、旧深堀領飛び地の下黒崎にある神社である。キリシタン神社として有名だが、もともとはサンジュワンという伝説の伝道士を葬った墓地だという。現在の神殿部分にあたる右手奥の床下に大きな石が見えるが、これがジワンの石だそうで墓石にあたるらしい。

ところで、『昭和時代の潜伏キリシタン』の著者田北耕也は、サンジュワンの墓と松の関係について興味ある自説を述べられている。

波間に姿を消したジュワンは「サンジュワン様」となって黒崎村松本部落の丘の頂に埋葬されているのを見出す。墓の上には、松本という名の起原もこれかと思われる大きな松が二本、戦前高く広く枝を繁らせていた時でもその名はやっぱり「枯松」であった。もとあった松が枯れて植え

枯松神社

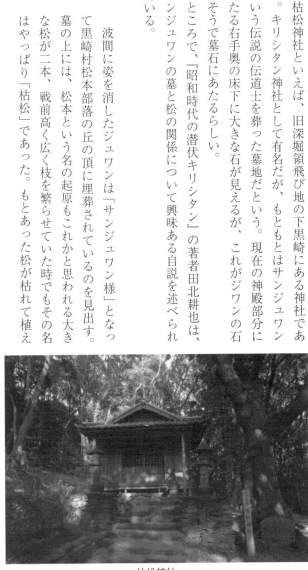

かえたものとすれば、二代を通算してほゞ三百年、史書の代りにサンジュワンを語る松であり墓である。(同書一七二〜三頁)

これによれば、もともと墓の上には松の木が二本生えており、「史書の代りにサンジュワンを語る松であり墓である」とし、松本という地名の起原もこれが関係しているのではないかとしている。

ところで、松の木は墓の標として植樹する習慣があった。古くは『続日本紀』、『万葉集』などでも散見されるが、奥村隆彦によれば一二世紀末の『吉事次第』にも墓上植樹が記され、墓を造って卒塔婆を立てたあと、その周囲に四角に松を植えたという(『葬墓民俗用語集』)。また蓮如の墓にも松が植えられていたらしい(「大谷本願寺通紀」)。

ところで長崎県内の事例として、大江正康は、その著『対馬の海岸墓地から神々誕生』の中で「かつて対馬では住民が亡くなると海岸に埋葬し傍らに松を植えて墓標とする習わしがあった」とする。実際、江戸期編纂の『津島記事』によれば、島内各所で墓標として松を植樹したことが記されている。いくつか事例をあげると、伊良ノ浜(上対馬町)の古松については「称伊良乃濱有古松墓標也」と記し、上県町志多留では「濱渚有右馬之允墓植松為標」として、右馬之允という具体的な人物名を挙げた上で墓標として松を植えたことを伝えている。また、朝鮮の役で連行された被虜人・李文長の墓について「李文長は朝鮮国の人也」とした上で「其墓は今の国分寺の山の東南にあり。弐株の松樹の有所、其墓じるしの由なり」としており、ここでも「弐株の松樹」が墓の標としてある。

『壱岐名勝圖誌』では、福岡市の筥崎(箱崎)は「神宮皇后、八幡大神をあれませし時、胞衣を箱にして、香椎の西なる海浜に埋み、其上に松樹を植えてしるしとし給」とし、胞衣(エナ、胎盤)を埋めた標に松を植えたとなっている。

上記の事例から考えても、墓の標として松が選ばれて植樹される習わしがあったことは間違いなさそうである。であれば、枯松の松も、田北氏が指摘しているようにサンジュワンの墓標として植えた松であった可能性が高い。伝説上のサンジュワンが迫害期に活動した伝道士であったとすれば、整形されたりっぱな墓（伏碑）を造れる環境ではなかったので、せめて当地の習わしで松の木二本を墓標として植えて尊敬すべき聖なる人物の証しとしたのかもしれない。だからこそ、もともとの松が枯れても「枯松」としてサンジュアンの功績を伝え残そうとしたのだろう。

ところで、墓上植樹の木は松が多いそうだが、地域によっては違いがあるらしい。「親指のマリア」で有名なジョヴァンニ・バティスタ・シドッチ、彼は正徳四（一七一四）年に死亡し、その墓は東京都文京区小日向にある通称・切支丹屋敷にあるとされて二〇一四年その発掘が話題になった。その墓について「印に榎をうえたりしか、これも今ハきりはらひたり」（『小日向史』）とある。これによれば榎（えのき）が墓標の樹木と記されており、松ではない。地域や事情によって墓標としてどの木を選ぶかは違いがあったのかもしれない。

なお、この墓上植樹は最終年忌に立てる梢付塔婆（うれつきとうば）にも関係しているらしい。梢付塔婆とは、先端に枝葉を残したものや二股になった梢の一面の樹皮を削り、そこに梵字や願文などを墨書したもので、最終年忌の五〇回忌（地域によっては三三回忌）に墓に立てる習わしである。長崎県内では南島原市内で確認されるが、この梢付塔婆は墓上植樹のいわば発展形であるらしい（奥村前掲書）。

2 外海のキリシタン世界
――「天地始之事」、「バスチャン暦」にみる一考察

児島康子

1. はじめに

「キリシタンの里」[*1]と呼ばれる長崎県外海《そとめ》地方は西彼杵半島西部に位置し、海岸線は角力灘に接する。「外海」という言葉が表すように多くの集落が海に面し、一五七一（元亀二）年ガブラル神父が長崎から海路を通じて外海に上陸し、キリスト教が伝来した。その後、一五九二（文禄元）年文禄の役をきっかけに、外海は大村藩と佐賀藩深堀領の領地という複雑な知行形態となった。両藩はキリシタンに対する取締りも異なり、大村藩は厳しく、佐賀藩は緩やかであった。一八七三（明治六）年キリシタン禁制の高札撤去後もキリシタンの信仰は存続し、現在もカクレキリシタン[*2]の信仰組織が存続している。[*3]

外海のキリシタンの信仰の特色を表すものとして、「天地始之事（てんちはじまりのこと）」と「バスチャン暦」があげられる。両書は生月・平戸地方には見られず、外海・五島地方において継承された。「天地始之事」は旧約聖書・新約聖書、オラショ[*4]の由来などキリスト教に関連するものに田歌の始まりなど民俗的な内容を交えながら、十五の章で構成された不思議な物語として描かれている。「バスチャン暦」は潜伏時代につくられた日繰り[*5]で、「帳方（または爺役）」と呼ばれる役職者によって信仰上の暦が繰られ、信徒に伝えられた。

「天地始之事」における先行研究として、田北耕也・谷川健一の研究があげられる。田北は昭和初期外海・五島地方を調査した際に「天地始之事」の写本を数本入手し、『昭和時代の潜伏キリシタン』[*6]、『日本思想大系25キリシタン書排耶書』[*7]において全文紹介し、「日本の土壌にしみこんで根付いたキリスト教の民間下降を重視すべき資料」[*8]と位置付けている。谷川健一は潜伏キリシタンの日常生活に着目し、「いっさいの指導、援助を絶たれた日本の民衆が、自力で思想を構築しようとする、感動に値するけなげなふるまいがある。民俗的伝承を借りてきて、彼らの生活実態とつきまぜ、自分なりに理解し、納得しうるようにつくりあげた」[*9]と説いている。

「バスチャン暦」における先行研究として、浦川和三郎・片岡弥吉の研究があげられる。浦川は『切支丹の復活前編』においてバスチャン伝説と「バスチャン暦」について記し[*10]、表紙に「御出生以来千六百三十四年」と書かれていることから、「バスチャンの殉教は一六六〇年から一六七〇年の間であった」[*11]と推測している。片岡弥吉は「『キリストや聖母の生涯の重要なことがらを年間に配分して記念し祈る』という教会ごよみ本来の意義が失われ、ただ、毎週の『障りの日』を繰り出すことを主目的とする」[*12]と、暦の意義の変化を指摘している。

「天地始之事」と「バスチャン暦」は、時代と共に変化している。そこで、本稿では「天地始之事」と「バスチャン暦」を通して、外海の潜伏キリシタンがどのように信仰を理解していたのか、また、両書が潜伏キリシタンからカクレキリシタンに受け継がれて、どのように変化がみられたのかを考察する。そのうえで、外海の潜伏キリシタン・カクレキリシタンにおいて「天地始之事」と「バスチャン暦」は、どのような意義を持っていたのかを検討していく。

2．「天地始之事」の成立時期と世界観

「天地始之事」は「そもそも天帝《デウス》と敬い奉るは、天地の御主《オンアルジ》人間万物《モツ》の御親にて、ましますす也」と、旧約聖書の「創世記」の天地創造から書き始められ、マリアやキリストの生涯を中心とした新約聖書の内容へと展開していく。

同書の成立年代は不明である。小島幸枝は『「天地始之事」の語彙の周辺』において、「『天地始之事』は外来語の多くは人名・地名などで、教理そのものには殆ど関与していないことから、成立は宣教師たちが全く姿を消した一七世紀後半にかけてであろう」[*13]と、語彙的な側面から成立時期を推測している。筆者も成立時期を小島と同じ時期と考えている。「天地始之事」は聖書をベースに洗礼やオラショなどキリシタンの教義に関する内容が含まれていることから、宣教師が不在になった比較的早い潜伏時代の一七世紀後半に、かつて宣教師から指導を受けたことのあるキリスト教の知識と一般教養が豊富な人物がつくった可能性が高い。同書は何百年という長い歳月にわたり、キリシタンが親から子へと口伝によって語り継ぎ、写本のみ現存している。

「天地始之事」は独特の世界観が描かれている。天地の御主デウスは天国から地獄までの十二天をつくり、自分の息を吹きかけてアダンとエワをつくった。二人は夫婦となり、パライソ（天国）に続くコロテルという場所で二人の子どもが生まれた。アダンとエワはデウスを拝むためにパライソに通い、そこで悪魔のジュスヘルにだまされて禁断のマサンの木の実を食し、デウスに見つかってしまう。二人はデウスにパライソに戻れるように許しを請うが叶わず、エワは行方不明になる。「天地始之事」が記された松下清蔵本（大正十一年）には、残されたエワの子どもについて、次のように書かれている。

ゑわの子供《コドモ》ハ。是《コレ》より下《シタ》の下界《ゲカイ》に住い。畜生《チクシヨウ》を食《シヨク》し。月星《ツキホシ》を拝み。後悔《コウクワイ》して参《マイ》るべし。いちどハ天《テン》

の道《ミチ》を知《シ》らすべし。さて下界《ゲカイ》のごうじゃくといふ石あり。これを尋《タヅ》ねて住時《スムトキ》ハ。かならず不思議あるべし。是すなはち此世界なり。*14

（注：二重傍線は筆者。以下、同様）

二重傍線部が示すように、エワの子どもは下界にある「ごうじゃく」という石を探して住めば不思議な現象がおこり、そこが「世界」とされている。したがって、「ごうじゃくの石」がある場所が「自分たちが認識している人間社会の全体」ということになる。田北の調査によれば、「ごうじゃく」とは温石《おんじゃく》の方言で、蛇紋石または滑石片岩のことをいう。扁平で使いやすく熱にも強いので、竃・敷石・墓石などに用いられ、外海の黒崎では重宝にされていた。*15 現在でも外海を散策していると墓石や家屋の塀などに温石が使われている。この話は次のように続く。

さてゑわの子供たち、わかれ合《オホ》しやくの石《イシ》をとりて行合《ユキアイ》かかる所《トコロ》に。天《テン》より。ぬぎみ落《オチ》つらぬき。これぞまゑかた。天帝《デウス》の不思議《フシギ》の御知《オンシラ》せと。両人《リヨウニン》あつと驚《オドロ》きて。女《オンナ》ハ。思《オモ》わず持《モチ》ちたる針《ハリ》を投掛胸《ナゲカケムネ》に打入血《ウチコミチ》を流《ナガ》し。又男《マタオトコ》ハ。くしを投《ナゲ》かけ。たがいにたにんとなり。それより女《オンナ》ハへいこうして。夫婦《フウフ》のちぎりをなしけり。こいおしゑのとうりをみて。あまたの子供《コドモ》を設《セウ》けたり。これより次第にいやます人間なれバしよくもつたらざる故‥*16

エワの子どもは「合しやく（ごうじゃく）の石」の所で偶然出会って、二人ともこの石を手にした瞬間、刀が二人の間を貫き、「これは前に聞いた不思議の知らせ」とはっと驚いて、女は針を投げて胸に打ち込み、男は櫛を投げて他人となる。二人は夫婦になり、たくさんの子どもが生まれた。ここからますます人間が増えてゆき、食物が不足するようになり、農耕の開始の話へと展開していく。

したがって、「合しやくの石のある場所＝世界（自分たちが認識している人間社会の全体）＝外海」という構図になる。潜伏時代、閉ざされた社会の中でキリシタン弾圧に苦しんでいた潜伏キリンタンにとって、自分たちが住む地域こそが「世界」であった。かつて外海は「陸の孤島」と呼ばれ、昭和期中頃まで船がおもな交通手段として使われていた。交通アクセスの不便さや地理的条件からみても、閉鎖された社会に生きる潜伏キリシタンの生活状況をうかがうことができる。

3.「天地始之事」におけるオラショと雪のサンタマリア

潜伏キリシタンが信仰を継承した要因として、次の三点があげられる。①帳方（爺役）—水方—聞役という指導系統を持つ信仰組織がつくられ、キリスト教の教義が受け継がれてきた。②帳方によって日繰りが繰られ、祝祭日、行事を催す日に役職者の家に集まり、信仰対象にオラショ（祈り）を唱えていた。③子どもが生まれると、水方によって洗礼が授けられていた。

潜伏キリシタンにおける信仰の中心は、洗礼・日繰り・オラショ（祈り）である。「天地始之事」には、洗礼・日繰り・オラショも記されていることから「キリシタンの教義書」と呼ばれている。特にオラショは一般の信徒も唱え、日々欠かすことのできない大切なつとめである。同書を通して潜伏キリシタンがオラショをどのように理解していたのかを知る手がかりとなる。

3—1 コンチリサン

「天地始之事」は、どのような時に何のオラショを唱えるかを示している。同書にあげられているオラショの名前はコンチリサン、サルベ・レジナ、科《とが》のオラショ（二へん返し）、ガラサ、天にまします、朝五ヶ条、昼五ヶ条、ゴパッショ、門戸ひらきの九ツである。門戸ひらき以外のオラショは、カクレキリシタンに継承されている。
最初に書かれているのは、コンチリサンである。同書の話によれば、デウス（神）を拝むためにパライソに出かけていたアダンとエワは、ある日デウスと同じ力を持つというジュスヘル（悪魔）から「自分を拝め」といわれるが、二人はジュスヘルの申し出を拒否し言い争う。その時デウスがパライソに戻り、次のように書き綴られている。

> 天帝《デウス》只今《タダイマ》下天《ゲテン》成《ナリ》と。御幸《ミユキ》あれバ。じゆすへる（悪魔）拝《オガ》み残《ノコリ》し。あんしよ（天使）方と。ゑわもあだんもあつとばかりに。手《テ》を合《ア》わせてぞふし拝《オガ》み。すなはち其時《ソノトキ》あやまりのことわり。こうくわい（後悔）のこんちりさん。[17]
>
> （注：傍線部は筆者。以下、同様）

コンチリサンとは「こんちりさんのりやく」のオラショで、悔い改めの祈りを意味する。この祈りは「天地始之事」や「バスチャン暦」と同様に、生月・平戸地方にはみられず、外海・五島地方に継承されている。キリシタン時代（キリスト教布教期）の教義書『どちりな きりしたん』に、「コンチリサンといふは人とがをもてデウスに背き奉りたる所を深く悔ひかなしみ、ふた丶びをかすまじきとかたく思いさだめ、じぶんをもてコンヒサン（告解）をすべきかくごをなす事なり」[18]と、悔い改めの大切さが説かれている。コンチリサンの意義は潜伏時代も受け継がれ、潜伏キリシタンにとって絵踏は神に背く行為と認識しながらも毎年踏み続け、絵踏の後にコンチリサンのオラショを唱えて、自分の行為を悔い改め、神に赦しを求めていた。

したがって、「天地始之事」を創作した人物は、コンチリサンを唱える意義を後代に伝えるために、最初にコンチリサンを載せたと考えられ、この意図もカクレキリシタンに受け継がれている。外海で水方を務めた松尾久市ノート（昭和八年書写）[*19]に「コンチリサンノオラシヨワ。ツウクワイ（痛悔）ノオラシヨデスカラ。コウクワイ（告解）ニモ。ビヤウニン（病人）ノ。ガワンキ（願期）ニモツカイ（使い）マス。ノベオクリ（野辺送り）ニワ七ヘンデオクリ（送り）マス」と記されている。

「天地始之事」ではコンチリサンの次に、さるべーひしな（サルベ・レジナ）のおらつ所、とがのおらつ所（科のオラショ）があげられている。松尾久市ノートにもサルベ・レジナは女の告解の時、科のオラショは男の告解の時に唱え、両者とも「コンチリサンのあとに加えて唱えること」と記されている。また、外海の下黒崎で帳方を務めた松尾弥蔵ノート（昭和十二年書写）にも同様の記述がみられる。[*20]筆者の調査においても、外海の下黒崎で発見された古い竹筒は、中に毛筆でコンチリサンが書かれた和紙の巻物が入っていた。松下清蔵が書き写した「ぜんしゅうのうらしよ」と題されたノート（大正十一年書写）の内容もコンチリサンのオラショである。「天地始之事」やカクレキリシタンが所有していたノートや調査の事例を通して、キリシタン時代に伝えられたコンチリサン（悔い改めの祈り）の教えは、潜伏キリシタンからカクレキリシタンへ脈々と受け継がれてきたことがうかがえる。

3―2 天にまします・ガラサ

「天地始之事」では旧約聖書のノアの洪水の話の後に、マリアの生涯の話に移る。丸や（マリア）は七歳から学問を志し、十二歳までに上達した。ろそん（ルソン）の国王の「三ぜんぜ十す」は、丸や（マリア）を気に入り嫁にしようとするが、後生の助けを受けるために独身を誓い、丸や（マリア）は国王の申し出を断る。二月中旬、蝶に変化《へんげ》した聖霊が丸や（マリア）の口の中に入り、丸や（マリア）は懐妊し、次第に体が重たくなってくる。デウスの分身のイザベルナも妊娠し、互いに相手を見舞おうと出かけて行く。二人はあべ川で出会い、話は次のように続いていく。

丸や体内にはおん主《アルジ》やどらせ給《タモ》ふ故《ユエ》。いざべるな。あつととびすいざつて。両手《リョウテ》を使《ツカ》えていわく。がらつさ道々《ミチミチ》給ふ。丸《マル》やにおんみおんれいをなし奉る。おん主《アルジ》ハおんみにとどまりまして。女人《ニョニン》の中においても。まして。くわほう。ゆみきしなし。又《マタ》御体内の御めいにてまします。ぜずうすハたつときまします。このごかじよう。丸やきいて。天《テン》にまします。われらがおん親《オヤ》ハ。みなもたつとみ給へや。みにきたらせ給ふ。天《テン》においてもおぼしめすままに。地においても。あらせ給ふ。天より日々《ニチニチ》のおんやしない。今日我等《コンニチワレラ》にあた給ふ。人許《ヒトユル》し申《モウ》すこと。天《テン》たに話し申す事《コト》なかれ。今日《キョウ》より悪《アク》を流《ナガ》し給《タマ》ふ。御身《オンミ》丸屋の体内より。両方《リョウホウ》たがいのことばきこゑしめされ。おたん生《ジョウ》（御誕生）の後《ノチ》。こんりきのがらつさ。天《テン》にまします。これを作りて。となえさせ給ふなり。*[21]

二重傍線部がオラショの名前、傍線部がオラショの文言を示している。「天地始之事」において、オラショの文言は「天にまします」、「がらつさ（ガラサ）」だけが書かれている。日本にキリスト教が伝来した時から、「天にまします」は「主の祈り、主禱文」とも呼ばれ、イエスが生前に弟子たちに教えた唯一の口禱として、非常に重要な祈りとされてきた。ガラサは「アベ・マリア、天使祝詞」とも呼ばれ、「天使祝詞」の日本文で「がらさみちみちたまう…」と唱え始めることから「ガラサ」といわれるようになった。両者とも日本にキリスト教が伝わった時から特に大切なオラショとされていたため、「天地始之事」の作者は「天にまします」と「ガラサ」のオラショの文言を後代まで残していくために、意図的に取り入れた可能性が高い。

「天地始之事」に書かれているオラショの文言とキリシタン時代の教義書『どちりな きりしたん』*[22]の文言を比較すると、「天地始之事」では文言に訛化がみられ、ガラサは最後の一文が欠落しているが、ある程度正確な文言で継承されている。また、現在、カクレキリシタンが存続している地域でも「天にまします」と「ガラサ」は唱えられている。このような事例からみても、「天にまします」と「ガラサ」が日本にキリスト教が伝わり、キリシタン時代から潜伏時代、復活時代を経て、現在までいかに大切に唱えられてきたかをうかがうことができる。

3―3 「天地始之事」における雪のサンタマリア

「天地始之事」ではオラショのほかにも、マリアを象徴する不思議な話として「雪のサンタマリア」が描かれている。同書によれば、ろそん（ルソン）の国王から求婚された丸や（マリア）は、後生の助かりを受けるために国王からの申し出を断り、次のような行動を起こした。

> 丸やきいてかしこまり。またまた天にむかつてきせい（祈誓）をかけ。頃《コロ》ハ六月暑気中《シヨキチユウ》なるに。不思議《フシギ》や俄《ニハカ》に空《ソラ》かきくもり。ゆきちらちらと降出《フリダ》し。まもなくすう尺積《シヤクツモ》りける王《オフ》を初《ハジ》め。あり合人々《アウヒトビト》御体《ゴタイ》もこごゑ目口《メクチ》も開《アカ》ず。只亡然《タダボウゼン》たる有様《アリサマ》なり。此《コノ》のひまに天より。はなぐるまにうちのり。すぐにびるぜん丸や御上天《ゴジヨウテン》ぞなされけり。…びる前《ゼン》丸やわ。いかがして来《キ》たりしと。おん尋《タヅネ》。丸やきいて。右の次第《シダイ》を物語《モノガタ》れば天帝《デウス》おうきによろこび給《タマ》いて。さてさてよくも来《キタ》り。いで位をゑさせんと雪《ユキ》の三た丸やとなつけ給い[*23]…

「天地始之事」では、丸や（マリア）は六月の暑い時期に雪を降らせるという奇跡を起こし、上天していく。マリアは上天した経緯をデウスに話し、デウスから「雪の三た丸や（サンタマリア）」という位を与えられた。伝説によれば、リベリオ教皇の時代（四世紀後半）にローマで夏の一番暑い時、イエスの御母に捧げられる教会の場所を示すために雪が積もった[*24]という。その教会が雪のサンタマリア大聖堂である。

「バスチャン暦」では七月十二日が「雪のさんた丸や」の祝日とされ、家族でマリアに祈る祝日として継承されてきた。昭和期に外海のカクレキリシタンの家で秘蔵されていた、雪のサンタマリアの聖画の掛け軸が発見された。この場に立ち会った結城了悟は「目の前に現れたのは、紙の上に日本の絵の具で描かれた無原罪の聖母であった…キリシタン時代からこの家族によって保存されていたもので、おそらくイルマン・ニコラオの指導の下に長崎で描かれたものであろう」[*25]と述べている。この聖画は現在、長崎市の二十六聖人記念館に展示されている。

「天地始之事」に著されている雪のサンタマリアは、「バスチャン暦」でも祝日として定められ、キリシタン時代に描かれた「雪のサンタマリア」の聖画もカクレキリシタンの家屋で数百年にわたり秘蔵されていた。このように、奇跡を起こす雪のサンタマリアは、厳しい弾圧に耐えながら生き抜いた潜伏キリシタンの信仰の姿を物語る一つの象徴であった。

4. バスチャン暦

外海の潜伏キリシタン・カクレキリシタンは「図1」が示すように、暦に従って信仰生活を送り、「信仰対象」に「お供え物」をして「お祈り」をして毎日を過ごした。「暦」とはバスチャン暦、「信仰対象」はマリア観音、「お供え物」はお初穂、「お祈り」はオラショで、彼らは寄合の場でキリスト教の教義を「天地始之事」を通して学び、「バスチャン暦」に従って信仰上の生活を送った。

「バスチャン暦」のバスチャンとは、バスチャン伝説のバスチャンという人物を意味する。バスチャン伝説は、浦川和三郎『キリシタンの復活前編』と『パリ外国宣教会年次報告Ⅰ』[*26]に詳しく記述されている。伝説によれば、バスチャンは佐賀藩領深堀の平山布巻（現在の長崎市三和町布巻）で生まれ、洗礼

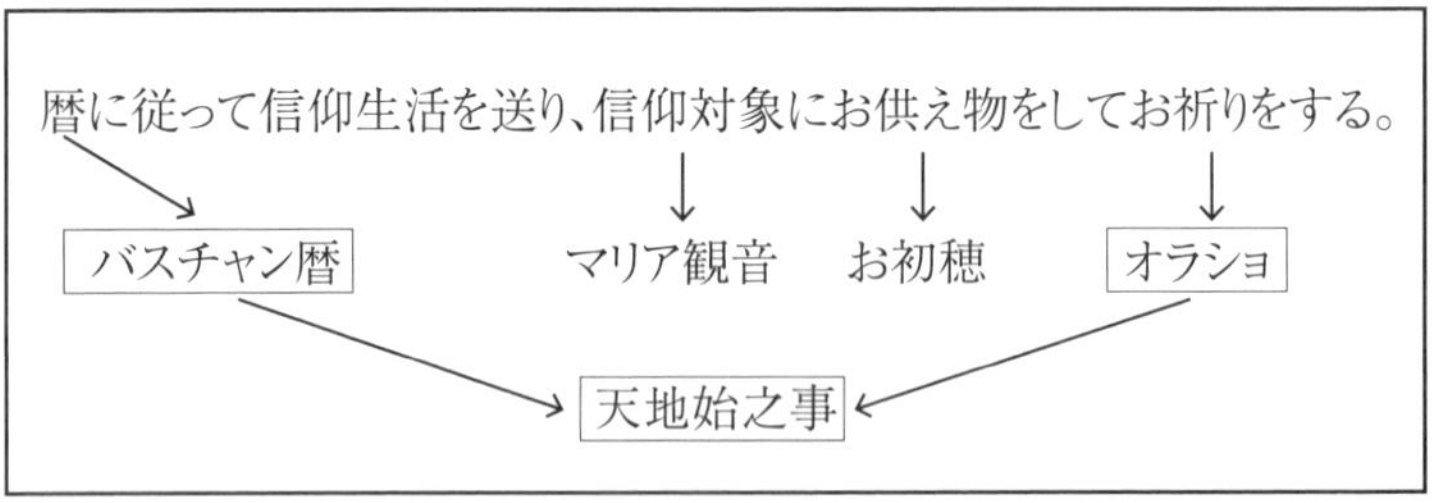

図1 外海の潜伏キリシタン・カクレキリシタンの信仰生活

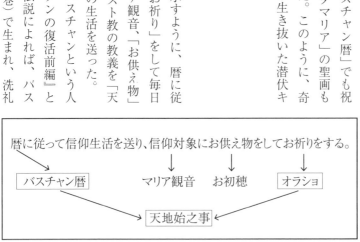

名がバスチャン、バスチャンに暦の繰り出し方を教えたのはジュワン神父といわれている。二人は一緒に伝道していたが、神の浦の「落人の水」に着いた時、ジュワン神父が突然姿を消した。しかし、バスチャンはまだ暦の繰り方を習得していなかったので二一日間断食を行い、ジュワン神父がもう一度姿を現すように祈ると、ジュワン神父が現れてバスチャンに暦の繰り方を伝授したという。バスチャンは「バスチャン暦」のほかにも、バスチャンの椿の木・バスチャンの十字架・バスチャンの予言を残したといわれている。

「バスチャン暦」は「日繰り」、「お帳」とも呼ばれ、一六三四年の太陰暦による暦で、一年を三八四日として換算する。毎週日曜日の朝に帳方の家で繰り出され、年間行事とその週の「よか日」「悪か日」を見て、「悪か日」は障りの日を意味するので、針仕事、農作業などを休む。キリシタン時代の教義書『どちりなきりしたん』を繙くと、「御おきてのマダメントス」に「守るべきもの」として十項が書かれている。その三項めに「第三。御しゅくにち（祝日）をつとめまもるべし」[*27]、「一にはドミンゴ（日曜日）とエケレンジヤ（教会）より玉ふいはひ（祝）にちしょしょく（諸職）をやむる事なり」[*28]と書かれている。したがって、「バスチャン暦」の「悪か日」は、『どちりな きりしたん』の教えに由来していると考えられる。

「バスチャン暦」の繰り出し方は、春の彼岸明けから二〇日過ぎた次の日曜日が復活祭にあたる。その前の土曜日が悲しみ上がりとなり、この頃は四月中旬である。悲しみ上がりから四六日逆算した日が灰の水曜日となり、二月下旬か三月上旬にあたる。お告げの日は、春の彼岸明けの日になり、三月下旬頃にあたる。春の彼岸明けを基点として「バスチャン暦」の日程通りの祝祭日を決めていく。この暦は毎年移動するので、「移動祝日表」ともいう。

現在、外海にはカクレキリシタンの信仰組織が二組存続しているが、二組とも繰り方が異なっている。出津の帳方のKの話によれば、毎週日曜日にバスチャン暦を繰り、その週の「よか日」「悪か日（障りの日）」を門徒[*29]に伝えている。「障りの日は休みの日」であり、針仕事や肥汲みをしないそうである。年間行事では、かつて組内の門徒が年に四回集まっていたが、「お帳祝い（正月）」のみの寄合となり、現在は門徒で集まることはないという。暦におけるタブーとして、Kは悲しみの入りの四〇日間と毎週金曜日は肉類を食べないそうである。[*30] 外海の帳方の村上茂則の話によれば、バスチャン暦は毎週日曜日に繰らず、一年間をまとめて繰り印刷して門徒に渡している。平成二八年度の年間行事は悲しみ入り（三月二日）、お告げの日（三月二三日）、悲しみ上がり（四月十六日）、復活祭（四月十七日）、クリスマスイブ（十二月二七日）、ナタル（十二月二八日）が組まれ、このなかでお告げの日・悲しみ上がり・クリスマスイブは組内の門徒で集まる「全戸寄り」が行われるそうである。[*31]

かつて出津で帳方を務めた中山力男によれば、悲しみの入りのほかに、毎月二〇日と二三日は大切な日とされ、障りの日と同様に過ごした。また、一週間のなかで、水・金・土曜日は卵や肉類、牛乳などを食せず、「ぜじんの日」は昼食を抜いた。[*32] 暦の上でのタブーはキリシタン時代の教義書『どちりな きりしたん』の「たつときエケレジヤの御おきての事」に、「第三。たつときエケレジヤ（教会）よりさづけ玉ふとき、ゼジュン（大斉）をいたすべし。又セスタ（金曜日）サバト（土曜日）ににくじき（肉食）をすべからず」[*33] と書かれ、この教えを継承している。

このように、外海のカクレキリシタンの信仰組織は組内によって暦の繰り方も異なっている。「バスチャン暦」で繰り出された年間行事は、次第に門徒の寄合が少なくなる傾向にあり、暦におけるタブーも簡略化されつつある。しかし、現在も「バスチャン暦」は帳方によって繰られ、門徒に伝える習慣は続いている。

5.「天地始之事」と「バスチャン暦」における形態の変化

「天地始之事」は昭和期に入ると主要部分のみが抜粋され記されている。その手がかりとなるのが、松尾久市ノート（昭和八年）と『ORASSHO』と題されたガリ版刷りのオラショ本の「おらしよのゆらい」の項である。『ORASSHO』は、畑田神父が外海のオラショを正しい姿に訂して集成されたオフショ本[*34]である。畑田神父は昭和二八年から三五年まで黒崎教会の主任司祭として着任しているので、この間に『ORASSHO』がつくられている。松尾久市は「天地始之事」の全文を大正十五年に書写しているが、昭和八年に松尾久市ノートを既に作成していた。

ここでコンチリサン、サルベ・レジナ、科のオラショ（二へんがえし）、昼五ヶ条のオラショを通して、「天地始之事」・松尾久市ノート・「おらしょのゆらい」を比較する。なお本稿では「天地始之事」は松下清蔵本（大正十一年）を引用する。はじめに「天地始之事」を①、松尾久市ノートを②、「オラショのゆらい」を③と表記する。

［コンチリサン］

①天帝只今下天成と。御幸あれバ。じゅすへる（悪魔）拝み残し。あんしよ（天使）方と。ゑわもあだんもあつとばかりに。手を合わせてぞふし拝み。すなはち其時あやまりのことわり。こうくわいのこんちりさん。

②あんじよ。エワ。アタム天帝を拝む時あやまちの后悔コンチリサン ←

③アンジョ、エワ、アダム、デウスをおがむるときあやまちのこうかいコンチリサン。 ←

［サルベ・レジナ、科のオラショ（二へんがえし）］

①てんのけらくをうしない。そのざますぐにひきかえし。其時さるべじいなのおらつしよをつとめ。

天にさけび。地にふして。血の涙を流し。せんくいすれ共《ドモ》其《ソ》のかいなく。罪《トガ》のおらつしよの初まり此の時なり。

←

②アタム。エワ。まさんの木の実食したるあやまちの后悔男二返し女サルベ

←

③アダム、エワ、マサンのきのみをしょくしたるあやまちのこうかい。おとこ二へんがえし、おんなサルベ、レジナ。

［昼五ヶ条のオラショ］

①死せし子供の後世のために。せめせいたけられ命を苦しめ。身をすて来たるべしとの御言葉なり。おんみ（御身）あつと平伏して御血のあせを流され給ひ。昼五ヶ条のおらつ書。此時なり。

←

②天より御告を蒙り数多死せし子供のためにせめせいたげられ来たるべしとの事で御血のあせを流させ給ふ時昼五ヶ條を作る

←

③てんよりおんつげをこうむり、あまたのしせしこどものためにせめしいだけられきたるべしのことで、おんちのあせをながさせたもうとき、ひる五ヶじょうをつくる。

三者を比較すると①「天地始之事」の内容を略したものが、②松尾久市ノートと③「おらしょのゆらい」で、両書はほとんど同じ内容で、畑田神父は松尾久市ノートを書き写して、「おらしょのゆらい」を著した可能性が高い。その背景として、時代の変化と共に「天地始之事」を最初から最後まで暗誦できる人も

少なくなり、エッセンスを抜粋して「天地始之事」の簡略版を作り、後代に伝えられるように工夫したと考えられる。

「バスチャン暦」も少し変化がみられる。大正期や昭和期の「バスチャン暦」は細長い和紙の上に毛筆で書く形式がとられていたが、松尾久市は昭和八年に作成したノートにペン書きをしている。他の日繰り帳を見ても、祝日等の記載内容は久市ノートの「バスチャン暦」とほとんど同じで、久市ノートにはオラショや洗礼の注意事項も書かれているので、「覚書」として、松尾久市がまとめた可能性が高い。平成期に入り、下黒崎の帳方の村上茂則は一年間の「バスチャン暦祝日表」をパソコンで作成し、印刷したものを門徒に渡している。

ここで、「表1」の「松尾久市ノート」（昭和八年）と、「表2」の村上茂則が作成した「平成二八年度のバスチャン暦黒崎版」の中から、三月を比較すると、次のような変化がみられる。まず、「平成二八年度黒崎版」の日付では、「松尾久市ノート」からほとんど四日ずれた祝日となり、表記も少し異なっている。例えば、久市ノートでは「十四日さんりえんぱつぱ[*35]こんへそうる[*36]」、黒崎版では「十八日サンチリアンパッパコンエソール」である。次に、久市ノートでは「どみいご（ドミンゴ）[*37]」が三回に対して、黒崎版では一回のみである。

〔表1〕松尾久市ノートのバスチャン暦　（注）松尾久市ノートより抜粋

三月大	
○△○　五日	どみいご　ふらんしすこてから
○△○十二日	どみいご　むらすみのサンタ丸屋ケレオハのマリヤ
十四日	さんりえんぱつぱ　こんへそうる
○△○十九日	はすくわどみいご西国サラゴスに於て殺さるサンベルト
廿日	サンあにぜじとの　はつは丸じの殉教者
廿一日	サンえりうてりよ（アジリア帝の時に殉教せしイタリアの司教）
○△○廿六日	どみいご　サンじやかぜ（聖ゼオルジオ）

［表２］ 2016年　バスチャン暦祝日表　　　平成28年　　黒崎版

月	日	曜日	カレンダー	旧暦	バスチャン暦
4	15	金		3月9日	サンフランセスコ
	16	土	悲しみ上がり（全戸寄り）	10	
	17	日	復活祭	11	
	18	月		12	
	19	火		13	
	20	水		14	
	21	木		15	
	22	金		16	ムラスミのサンタマリアケレトス
	23	土		17	
	24	日		18	サンチリアンパッパコンエソール
	25	月		19	
	26	火		20	ハツカ
	27	水		21	サンセスタ・ゼジュン（我が主の受難・大斉）
	28	木		22	
	29	金	昭和の日	23	サンチ・パスクワドミンゴ
	30	土		24	サンアニセイトのパッパマルジ
5	1	日		25	サンエリウテリヨ
	2	月		26	
	3	火	憲法記念日	27	
	4	水	みどりの日	28	
	5	木	こどもの日	29	
	6	金		30	
	7	土		31	
	8	日		4月1日	サンシャカゼ

（注）村上茂則作成。

その一方で、黒崎版では二一日にサンセスタ・ゼジュン（大斉）が加えられている。同じ外海の下黒崎で書かれた「久市ノート」から「バスチャン暦祝日表、黒崎版」まで約八〇年余りの歳月が流れ、表記や筆記形態に多少の異同がみられるが、「バスチャン暦」の記載内容に大きな変化はみられていない。

6. おわりに

本稿では、「天地始之事」と「バスチャン暦」を通して、外海の潜伏キリシタンがどのように信仰を理解していたのか、また、両書が潜伏キリシタンからカクレキリシタンに受け継がれて、どのように変化がみられたのかを考察した。そのうえで、外海の潜伏キリシタン・カクレキリシタンにおいて「天地始之事」と「バスチャン暦」は、どのような意義を持っていたのかを検討した。

「天地始之事」は一七世紀後半、潜伏時代に入って、すぐに作られたと考えられる。一六一四（慶長一九）年、全国に禁教令が布達され、キリシタン弾圧が次第に強まっていくなかで、民俗的な説話を取り入れながらも「キリスト教の教えを後世に残したい」という強い思いが「天地始之事」に編み出されている。キリシタン弾圧に苦しみ、閉ざされた社会の中で編み出された「天地始之事」は独特の世界観を持ち、「合じやくの石のある場所」が「世界（自分たちが認識している人間社会の全体）」となり、その世界は「陸の孤島」と呼ばれる外海と考えられる。

これまで述べてきたように、キリスト教が日本に伝来し、キリシタン時代（キリスト教布教期）に作られた教義書『どちりな きりしたん』の教えが、「天地始之事」にも所々に盛り込まれている。潜伏キリシタンにとって、特に神への祈りは日々欠かすことのできない大切な努めであった。「天地始之事」には、オラショ（祈り）に関する記述も多く、「あやまりのことわり。こうくわい（後悔）のこんちりさん」と、どのような時に何のオラショを唱えるかを取り入れ、外海や五島地方の潜伏キリシタンは「天地始之事」を通して学び覚えていった。キリシタン時代から特に大切にされてきた「天にまします（主の祈り）」と「ガラサ（天使祝詞）」は、オラショの文言まで、「天地始之事」に載せられていることからも、この二つの祈りの大切さが後代まで継承されたことがうかがえる。また、雪のサンタマリアの記述は、潜伏キリシタンがマリアを崇敬し深く信仰していた象徴の証《あかし》である。一八七三（明治六）年、キリシタン禁制の高札が撤去された後も「天地始之事」はカクレキリシタンに受け継がれた。同書を潜伏キリシタンは親から子へ、または寄合の場で口伝によって継承していたが、カクレキリシタンは「写本」という形態で後代に書き残した。しかし、次第に「天地始之事」を最初から最後まで暗誦できる人も少なくなり、外海の下黒崎の松尾久市は同書のエッセンスだけ抜粋し、ノートにまとめた。

「天地始之事」と同様に、外海のキリシタン信仰の柱となったのが「バスチャン暦」である。伝道師バスチャンが伝えたといわれている「バスチャン暦」の祝祭日を帳方が繰り出し、同じ組の信徒に伝え、暦にそった生活を送っていた。「バスチャン暦」は潜伏キリシタンからカクレキリシタンに継承されると、次第に「よか日」、「悪か日（障りの日）」を繰ることに重点が置かれるように変わったが、キリシタン時代の教義書『どちりな きりしたん』に書かれている「一にはドミンゴ（日曜日）とエケレンジヤ（教会）より玉ふいはひ（祝）日しょしょく（諸職）をやむる事なり」[*38]と、キリシタン時代からの教えは少しずつ形を変えながらも守られた。

時代の変化と共に「天地始之事」と「バスチャン暦」も少しずつ形を変えながら変化した。「バスチャン暦」によって繰られた年間行事の寄合の場で、「天地始之事」は役職者から門徒に口伝で伝えられていたが、次第に寄合も少なくなり、「天地始之事」の存在も薄らいでいく。その頃に同書のエッセンスのみが記された「天地始之事」の簡略版が記されている。かつては細長い和紙の上に毛筆で書かれ、毎週日曜日に繰られていた「バスチャン暦」も、現在では一年分の暦をまとめて繰り、パソコンで打ち出して印刷して門徒に配られている。これらの変化の背景として、信仰組織の解散・消失があげられる。昭和期に入り、特に戦後は高度成長による人口流出等で、役職者の世代交替も困難となり、外海においても解散を余儀なくされる地域が相次いだ。[*39] 外海の下黒崎は昭和中期まで三組の信仰組織が存続していたが、現在は一組である。[*40]

「天地始之事」と「バスチャン暦」は、外海の潜伏キリシタンの信仰を支える柱として、大きな役割を果たした。潜伏時代、キリシタン弾圧に苦しみながらも潜伏キリシタンは「天地始之事」を編み出し、「バスチャン暦」を後代に伝えた。時代の変化と共に、「天地始之事」の簡略化や「バスチャン暦」の繰り方や形態も変化したが、外海に「天地始之事」の写本は現存し、現在も「バスチャン暦」が繰られている。「天地始之事」と「バスチャン暦」は、何百年という歳月のなかで、少しずつ形を変えながらも、外海の潜伏キリシタン・カクレキリシタンにおいて、次世代に信仰をつなぐ大きな役割を果たした。

【注】

＊1　「キリシタン」とはポルトガル語でキリスト教徒を意味し、日本にキリスト教が伝来した一五四九（天文一八）年から一八七三（明治六）年キリシタン禁制の高札が撤去されるまでのカトリックおよびその信徒をいう。

＊2　日本キリスト教史は、おもに次のように区分され、時代によってキリシタンの呼称も異なる。一五四九（天文一八）年、フランシスコ・ザビエルが日本に上陸しキリスト教を伝来した時から、一六四四（正保元）年日本における最後の宣教師小西マンショが殉教するまでの約百年間を「キリシタン時代」という。一六四四年から一八七三（明治六）年キリシタン禁制の高札が撤去されるまでの約二三〇年間を「潜伏時代」、この間のキリシタンを「潜伏キリシタン」と呼ぶ。一八七三年以

降を「復活時代」と区分し、一八七三年以降は、カトリック教会に戻った人々を「復活キリシタン」、教会に戻らずに潜伏時代の信仰形態を踏襲した人々を「カクレキリシタン」と呼ぶ。

＊3 外海では、現在は出津に一つ、下黒崎に一つ、計二組のカクレキリシタンの信仰組織が存続している。（拙稿「外海のカクレキリシタンにおける信仰組織の変遷」（『人間文化研究第10号』、長崎純心大学大学院人間文化研究科、二〇一二）に参照）

＊4 「オラショ」とはラテン語のoratioに由来し、祈りを意味する。

＊5 「日繰り」とは、教会暦を意味する。「教会暦」とは、キリストの主要な事跡を中軸とする教会特有の暦をいう。

＊6 田北耕也『昭和時代の潜伏キリシタン』、国書刊行会、一九五四、七六～一七三頁

＊7 田北耕也校注「天地始之事」（海老沢有道、フーベルト・チースリクほか校注『日本思想大系25 キリシタン書 排耶書』、岩波書店、一九七〇、三八一～四〇九頁）。田北は同書の六三四頁において、外海の助爺本、久市本、下川本、源エ門本、東樫山の善本、与太本、五島の道脇本、一代記、畑本の計九本の「天地始之事」を紹介している。

＊8 同書、六三二頁

＊9 谷川健一「『天地始之事』にみる常民の想像力」（中城忠・谷川健一編『かくれキリシタンの聖画』、小学館、一九九九、一九三頁）

＊10 浦川和三郎『切支丹の復活前編』、日本カトリック刊行会、一九二八、三〇三～三一〇頁

＊11 同書、三一〇頁

＊12 片岡弥吉『かくれキリシタン 歴史と民俗』、日本放送出版協会、一九六七、一七六頁

＊13 小島幸枝「『天地始之事』の語彙の周辺」（『キリシタン文化研究会会報第十一年第二・三合併号』、一九六七、七二～七九頁）

＊14　外海下黒崎の松下清蔵本（大正一一年書写）。松下清蔵は下黒崎の帳方か水方の役職者と思われる。松下清蔵本の通りにルビを振った。なお、松下清蔵本は、田北耕也が紹介した「天地始之事」の写本のリストにはあげられていない。

＊15　前掲書（注7）、三八五頁

＊16　松下清蔵本。「まさんの悪の実、中天に使わさる、事」の章。

＊17　松下清蔵本。松下清蔵本の冒頭部には、章のタイトルが書かれていない。コンチリサンは、この冒頭部に書かれている。

＊18　海老沢有道校註『長崎版どちりなきりしたん』、岩波書店、一九五〇、一〇二頁

＊19　松尾久市は下黒崎で水方を務め、ノートは昭和八年五月二一日に書写されている。ノートにはオラショ、日繰り、バスチャン伝説、「天地始之事」の付加の項（にんしんの時夫に知らする事）が書かれている。

＊20　松尾弥蔵は下黒崎で帳方を務めていた。（拙稿「外海地方下黒崎のオラショにみるカクレキリシタン信仰」（『長崎談叢第九十九輯』、長崎史談会、二〇一三）に参照）

＊21　松下清蔵本。「ろそんの帝王死去の事」の章。

＊22　前掲書（注18）に書かれている「ガラサ」と「天にまします」のオラショの文言は、次の通りである。

「ガラサみちみち玉ふマリヤに御れいをなし奉る。御あるじは御みとともにまします。にょにん（女人）の中にをひて御くはほう（果報）いみじきなり。又御たいないの御みにてましますゼズスはたつとくまします。デウスの御ははサンタマリアいまもわれらがさいごにも、われらあくにんのためにたのみたまへ。アメン。」

「てんにましますわれらが御おや御名をたつとまれたまへ。御代きたりたまへ。てんにをいておぼ

しめすままなるごとく、ちにおいてもあらせたまへ。われらが日々の御やしないを今日われらにあたへたまへ。われら人にゆるし申すごとく、われらがとがをゆるしたまへ。われらをテンタサンにはなし玉ふ事なかれ。我等をけうあく（凶悪）よりのがしたまへ。アメン。」。

＊23 松下清蔵本。「天帝人間を助けの為御身を分けさせ給ふ事」、「ろそんの国帝王死去の事」の項。

＊24 結城了悟『キリシタンのサンタマリア』、日本二十六聖人記念館、一九七九、九五頁

＊25 同書、九三頁

＊26 松村管和・女子カルメル修道会訳『パリ外国宣教会年次報告Ⅰ』、聖母の騎士社、一九六六、一五六～一五八頁

＊27 前掲書（注18）、七二頁

＊28 同書、六五頁

＊29 外海のカクレキリシタンは「信徒」を「門徒」と呼んでいる。

＊30 平成二八年八月五日、出津の帳方を務めるKに筆者が聞き取りを行った。

＊31 平成二八年七月二五日、黒崎の帳方を務める村上茂則に筆者が聞き取りを行った。なお、後述する「バスチャン暦祝日表 黒崎版」においては、村上茂則から許可を得て転載した。

＊32 堀川智代「外海のかくれキリシタン」（『郷土史展望 '83 №.1』、日本郷土史刊行会、一九八三、一一一ページ）

＊33 前掲書（注18）、七二頁

＊34 前掲書（注12）、一三九頁

＊33 前掲書（注18）、七二頁

＊35 「ぱつぱ」とは、ポルトガル語で教皇を意味する。

＊36 「こんへそうる」とは、ラテン語・ポルトガル語で贖罪司祭、証聖者を意味する。

＊37　「どみいご」とは、ポルトガル語のドミンゴで、日曜日を意味する。
＊38　前掲書（注18）、六五頁
＊39　児島康子「外海のかくれキリシタン」（『新長崎市史　第四巻現代編』、長崎市、八一四頁
＊40　児島康子「外海のカクレキリシタンにおける信仰組織の変遷」（『人間文化研究第10号』、長崎純心大学大学院人間文化研究科、二〇一二）、七～八頁

【参考文献】

＊海老沢有道校注「どちりいな　きりしたん」（海老沢有道、フーベルト・チースリクほか校注『日本思想大系25　キリシタン書　排耶書』、岩波書店、一九七〇）
＊浦川和三郎『切支丹の復活　前編』、国書刊行会、一九七九
『切支丹の復活　後編』、国書刊行会、一九七九
＊片岡弥吉『NHKブックス56　かくれキリシタン歴史と民俗』、日本放送出版協会、一九六七
「バスチャンの日繰り」（谷川健一編『日本庶民生活史料集成　第18巻　民間宗教』、三一書房、一九七二）
＊片岡千鶴子「生月島と外海地方の研究」（『郷土史展望'83No.1』、日本郷土史刊行会、一九八三
＊紙谷威広『キリシタンの神話的世界』、東京堂出版、一九八六
＊児島康子「外海のカクレキリシタンにおける信仰組織の変遷」（『人間文化研究第10号』、長崎純心大学大学院人間文化研究科、二〇一二）
「外海のカクレキリシタン信仰における枯松神社の意義」（『長崎純心比較文化学会第6号』、長崎純心比較文化学会、二〇一二）
「外海地方下黒崎のオラショにみるカクレキリシタン信仰」（『長崎談叢第九十九輯』、長崎史談会、

二〇一三）
「キリシタン信仰の変容——潜伏キリシタンとカクレキリシタンのオラショの比較」（稲葉継陽ほか編『中近世の領主支配と民間社会』、熊本出版文化会館、二〇一四）
「外海のかくれキリシタン」（『新長崎市史 第四巻現代編』、長崎市、二〇一四）
＊小島幸枝「『天地始之事』の語彙の周辺」（キリシタン文化研究会『キリシタン文化研究会会報第二・第三合併号』、一九六七）
＊田北耕也『昭和時代の潜伏キリシタン』、日本学術振興会、一九五四
＊田北耕也校注「天地始之事」（海老沢有道、フーベルト・チースリクほか校注『日本思想大系25 キリシタン書 排耶書』、岩波書店、一九七〇）
＊谷川健一『わたしの天地始之事』、筑摩書房、一九八二
『魔の系譜』、講談社、一九八四
「『天地始之事』にみる常民の想像力」（中城忠・谷川健一編『かくれキリシタンの聖画』、小学館、一九九九）
＊長崎純心短期大学編『プチジャン司教書簡集』、長崎純心短期大学、一九八六
＊日本キリスト教歴史大事典編集委員会編『日本キリスト教歴史大事典』、教文館、一九九八
＊堀川智代「外海のかくれキリシタン」（『郷土史展望 '83 No.1』、日本郷土史刊行会、一九八三）
＊パチェコ「雪のサンタ・マリア——潜伏キリシタンの信仰」（『キリシタン文化研究会会報第十三年第四号』、キリシタン文化研究会、一九七二）
＊松村菅和・女子カルメル修道会訳『パリ外国宣教会年次報告I』、聖母の騎士社、一九九六
＊結城了悟『キリシタンのサンタマリア』、日本二十六聖人記念館、一九七九
＊脇田安大『大浦天主堂物語』、聖母の騎士社、二〇一六

コラム 3

なぜ「天地始之事」は伝えられたのか

西田奈都

1.「天地始之事」とは

「天地始之事」とは、長崎の外海地区に伝わる、旧約聖書のエピソードがモチーフとなった物語である。今でこそ、旧約聖書のエピソードはある程度知られているが、カトリック禁教の時代を経た日本の一地方にこの物語が存在し得たのは、非常に驚くべきことだ。

その始まりは、おそらく一六世紀のカトリック伝来の時期にもたらされ、潜伏期のキリシタン組織に語り継がれてきた口伝の物語である。大浦天主堂の初代就任司祭であるプチジャン神父の書簡にも確認されていることから、禁教期にはすでに存在し、潜伏キリシタンの間で語り伝えられてきたことに疑いの余地はないだろう。

ここでは、禁教のさなか、信仰の存在が明らかになるような物語が語り継がれた理由について、考察してみようと思う。なお、本稿においては、「天地始之事」の出所及び内容について、田北耕也『昭和時代の潜伏キリシタン』(日本学術振興会、一九五四)、田北耕也校注「天地始之事」(海老沢有道、フーベルト・チースリクほか校注『日本思想体系25 キリシタン書 排耶書』、岩波書店、一九七〇年)を参考とするものである。

『昭和時代の潜伏キリシタン』は、昭和の初めごろ、田北氏が大学の論文作成のため潜伏キリシタンを研究対象とし、彼らの集落に通い接触を図る中で、「天地始之事」を発見するに至った経緯が描かれている。

その中には、長崎県内各地を巡り、「天地始之事」を収集する際に田北氏が出会った潜伏キリシタンの、当時の暮らしぶりが描かれており、彼らの生活を知るための非常に貴重な資料ともなっている。

『昭和時代の潜伏キリシタン』には、昭和初期に「天地始之事」が伝えられていた集落が下記のとおり示されている（表1及び図1）。

このうち、五島で得られた三冊については、田北氏によると「原本又は出所が黒崎であり、下黒崎には全部を暗唱できる紋助爺という人が、昭和六年に九十一歳で生存していたが、五島にはそんな人はなく」とされていることから、入手の段階で、田北氏には黒崎から伝えられたものであると考えるに足る理由があったのだろう。

上記八冊については内容の比較も行われているが、大きな差異が認められておらず、原本の特定には至っていない。書かれた時期が最も古いと類推されているのは東樫山から発

図1 「天地始之事」の発見場所を明らかにする図（番号は表1のとおり）

見されたものであり、長崎市の大浦天主堂に保管されている一冊については、長崎市浦上地区からもたらされたものとなっている。

表1「天地始之事」が伝えられた集落（『昭和時代の潜伏キリシタン』七六～七七ページより）

	入手場所	入手または発見時	書かれた時期	使用された筆記用具
1	黒崎村永田	昭和六年四月一六日	大正八年	毛筆
2	黒崎村永田	昭和六年五月二三日	大正一五年	ガラスペン
3	長崎市浦上	昭和六年六月	明治の中頃?	毛筆
4	三重村畝刈	昭和六年七月一四日	大正一一年	ペン
5	五島奈留島	昭和六年七月二二日	不明	毛筆
6	三重村東樫山	昭和六年一二月一五日	文政年間と推定	毛筆
7	五島観音平	昭和六～七年頃?	巻末に「明治三七年八月一四日黒崎の元本を写す」との記載あり	毛筆
8	五島奈留島	昭和一三年八月	文政十歳亥九月吉日との記載	毛筆

田北氏は、恐らく潜伏キリシタンに邂逅した際、この物語が特別のものであり、彼らを理解する上で不可欠なものと感じたため、研究対象として収集に乗り出したのであろう。しかし、潜伏キリシタンの外部に対する壁は厚く、著作に記されているように田北氏が写本を手に入れるまでの道のりも険しかった様子である。

実際にどの集落に「天地始之事」が分布していたかは、田北氏の研究以外に手掛かりがなく、もしかしたら、田北氏の巡った集落以外にも伝えられていたのかもしれないが、今となっては確かめるすべはない。

2.「天地始之事」が伝えられた理由

「天地始之事」の内容は、大きく一四の章で構成され、旧約聖書のうち神による天地創造やキリストの誕生と受難が描かれている。

天地創造の物語、神の絶対性、この世のすべては神「でうす」から与えられたという認識を形作る物語である。

一四の章と、その内容は、おおむね以下（表2）の通りにまとめられる。（以下「キリシタン書・排耶書」を参考に作成）

表2「天地始之事」の構成と主な内容

章	表題	内容
1	天地始之事	天帝でうすが天地を創造し、あだんとゑわを誕生させる。ふたりはじゅすへるという天使に騙され、でうすから禁断とされていた「まさんの実」を食べてしまい、下界に落とされる。
2	まさんの悪のみ中天に遺る事	ゑわの子供たちが、合石のある地域に住むようでうすから告げられ、下界に送られる。そのとき、天から抜き身（刀）が落ちてきて地に刺さったため女は針を投げ、男は櫛を投げ、互いに他人となり、夫婦となった。こうして人類が増えていくが、じゅすへるの誘惑により盗みや悪事を働くものが出てきたため、でうすは、ぱつぱ一丸じという帝王の一族だけを救うことに決め、大津波を起こす。

3	天帝人間の為助御身を分けさせ給事	でうすは、人間界にさんがむりあという天使と、三じゅわんという水役（受洗者）を遣わす。ろそんの国にさんた丸やという美しく賢い娘が生まれ、ろそんの王の前に連れて行かれ妃にと望まれるが、これを固辞し、夏（六月）に雪を降らせるという奇跡を皆の眼前で起こし、天上に召される。
4	羅尊国帝王死去之事	丸やを失ったろそんの王は亡くなる。丸やはでうすの御前に召され、雪のさんた - 丸やという名を与えられ、地上に戻される。丸やは、さん - がむりや - ありかんじょという天使から懐胎の予言を受け、イエスを身ごもる。
5	さんた丸屋御かん難の事	丸やは家に戻るも、誰が父親かもわからない子を身ごもっていたため家を追い出され、べれんの国に迷い込み、そこで出産する。三人の王が御身(イエス)誕生のお告げを受け、指南の星を頼りにべれんの国に入り、べれんの王よろうてつに面会し、御身の誕生を告げる。御身の誕生を知ったよろうてつは、国を乗っ取られるという恐怖から行方を追うも、イエスが起こす奇跡に捜索を阻まれる。 逃げ延びた丸やと御身は、さん - じわんと会い、洗礼の水を授けられる。その後、御身は天に招じられデウスから位を与えられ、ふたたび下界に戻る。
6	朝五ヶ条の御らつ所の事	一二歳になった御身（イエス）は、ばらん堂のがくじうらんという僧侶と宗教論争をする。御身の説法に感銘を受けたがくじうらん一二名が弟子となり、洗礼を受ける。御身と一二人の弟子はろうまの国を目指し、そこの三た - ゑきれんじあの御堂を建てる。
7	べれん国よろう鉄国中吟味する事	べれんの国の王よろうてつは、御身（イエス）を滅ぼすために、国中の赤子から七歳までの幼児を処刑した。でうすは、亡くなった子らのため、御身に、責め虐げられ、身を棄てるよう告げる。

		弟子の一人十だつに、御身の居場所をよろうてつに教えれば、褒美の金がもらえるという悪心が起きる。御身はそれを知り、弟子たちに告げる。十だつはよろうてつに会い、御身の居場所を教え、褒美を得るが、帰り道すがら、鼻が高く舌が長くなり人相が変わってしまった。そのため、他の弟子たちに御身を売ったことをとがめられた十だつは首をつり自殺する。
8	よろう鉄より御身を取に来る事	よろうてつはろうまの国に御身を捕らえに大勢でやって来た。御身は騒がず捕らえられ、打ち立てられながらべれんの国へと連行される。様々な拷問が行われ、よろうてつは数万の子を殺したのは御身のせいであるとして、磔を命じる。
9	御主かるわ竜ヶ嶽に連行奉事	御身は、くろうすの大木で作られた磔の台を背負い、かるわ竜ヶ嶽に連行され、手足に大釘で打たれ磔にされる。
10	盲目金に目のくるゝ由来の事	かるわ竜の嶽で拷問を受けている御身のため、弟子たちは様々な苦行を行う。 よろうてつは、役人に御身を早く処刑するよう命じるが、刃を向けたとたん力が抜けてしまい、刺せずにいた。そこに通りかかった盲目のものに、ここに磔にされている人間を刺せば、金をやる、と提案する。それに応じ、御身を刺した亡者は、返り血が目にかかり、目が見えるようになる。 悪人を殺したおかげで目が見えるようになったと喜んだ盲人だが、褒美の金を受け取ったとたん、目がつぶれて元のように見えなくなってしまう。 さんた・丸やは、御身の亡骸を抱き涙を流す。そのさまを見たよろうてつは、親子の名残を認める。 御身の亡骸は石棺に収められ、昼夜の番がついた。

11	きりんとの事	御身はでうすのもとに召されるが、人々を救うため、さんた - ゑきれんじやに戻る。そこに四〇日逗留していたが、五〇日目に上天した。さんた - 丸やも、天のお告げにより上天した。 これにより、天においては御母さんた - 丸やは（祈りの）取次役として御身は助け手として、天帝が三位一体となった。
12	おん身世助始てなさしめたもう事	殺された数万の幼子たちに名を授け、御身が生まれた場所の宿主や、誕生を祝福した三人の王、弟子たち、麦つくりの農夫、水汲みのべろうにかなど、御身に尽くした者たちを皆ぱらいそ（天国）に召し上げた。
13	役々を極めさせ給う事	三 - みぎり、三 - ぺいとろ、三 - ぽうろ、三 - じゆわんという天使のそれぞれの役割を説明している。中でも、三 - みぎりの、善人と罪人をぱらいそ（天国）といんへるの（地獄）へ送るという話の中、人殺しと自殺は罪が重く、地獄に送られ末世まで助かることはない、と書かれている。
14	此世界過乱之事	この世が滅びるときは、七年の間、天災が起き、人に怠惰な心が芽生え、飢饉が起き食物を奪い合うようになる。そんな時に、天狗が現れ、まさんの実を様々な形で食べさせようとする。その誘惑に負けたものは皆地獄に落ちる。 また七年がたち、三年の間は大豊作の時期が来る。また三年たつと、この地上を燃やし尽くす炎が現れ、三時の間にすべてが焼き尽くされてしまい、一面の白砂となる。三とうすという天使がほら貝を吹くと、亡くなったものが残らずでうすの力でよみがえる。火葬されたものの魂は、この時よみがえることができない。 三時の間に、でうすはぱらいそに行くもの、べんぼうという地獄に落ちるものを選別する。ばうしつまう（洗礼？）を受けていない者は、この時助かることができないとされている。

冒頭にも書いたが、なぜ、このような物語が極東の島国の一地方に言い伝えられていたのだろうか。昭和四十年代に編纂された「長崎の民話」（編者　吉松祐一　未来社刊）には、長崎市に伝わる民話として「天地始之事」の三章目の部分、「雪のサンタマリア」のエピソードが収録されている。

この本は、戦後間もない時期から長崎県内各地の民話を収集し、昭和四七年に刊行されたものである。収録されている個別の民話が収集された時期や場所は明確になってはいないが、特別にキリシタンに関わる民話を収集する、といった編集意図も見受けられないことから、地域の特色をあらわす民話の一つとして収集されており、昭和二〇～四〇年代には、「天地始之事」に描かれた内容が地域に深く根付いていたことが窺える。

日本に伝わる民話の多くは、そのエピソードの中に寓意を含んでおり、勧善懲悪、親孝行といった、モラルを伝える教材の役割を地域社会で担っていた。

しかし、「天地始之事」には、一見わかりやすい寓意は見当たらない。旧約聖書をベースとした話の内容は、天帝ゼウスの天地創造、アダムとイブが天界から追放される話、ノアの方舟、キリストの誕生、処刑、復活といった内容で、この物語を伝えていた人々の暮らしとの接点が見出せる箇所はほとんどなく、民話のような日常の延長にある物語というよりも、むしろ、「古事記」や「日本書紀」といった、神話のようなスケールの存在として伝えられていたようにも思える。

実際、二章において、ゑわの子たちが地上に降りてきて、他人となるために行う行動には、「古事記」にあるイザナギがイザナミから差し向けられた追手に櫛を投げつけるエピソードを彷彿させるような記述もあり、日本の神話の影響を感じさせる。

しかし、その存在が外に漏れれば、伝えている人々は潜伏キリシタンという疑いをかけられることは間違いない。禁教の時代に危険を冒してまで、なぜこの物語は受け継がれてきたのであろうか。

そこで考えられるのは、「天地始之事」はカトリックの信仰に不可欠なものを寓意として含んでいるのではないか、ということだ。

そもそも聖書をベースにしているので当然と言えば当然だが、そこに描かれているのは原罪の存在、神との契約、神からの赦しである。潜伏キリシタンのコミュニティには、勧善懲悪や親孝行といった、人間として必要とされる道徳と同じレベルで、それらを備える必要があったと考えると、「天地始之事」の必要性が理解できる。

潜伏キリシタンは、神の存在、信仰を同じくする共同体の「共通認識」を醸成するために不可欠なものとして「天地始之事」を語り継いできたのである。

また、「天地始之事」には、伝承された地域を特徴づける特異なエピソードが挿入されており、彼らがいかに自らを選ばれた地に生けるものと認識していたかを物語るくだりがある。

「あだん」と「ゑわ」という、旧約聖書におけるアダムとイブにあたるキャラクターが登場し、「まさんの実」すなわちリンゴの実を食したことで天界から追放されるというエピソードがある。二人を下界に追放する際、神（でうす）は「下界に、合石といふ石あり、これを尋ねてすむときは、かならずふしぎあるべし。これ則此界也。」という言葉を与えている。

この「合石といふ石」は、田北氏によると、当時外海地区の黒崎で「温石」と呼ばれていた結晶片岩を示すものと解されており、「天地始之事」が黒崎で発展したことを決定づけるものであるとされている。

温石と呼ばれる石は、外海地方において、田畑の周りを固める石積み、家の壁、墓石など、様々な場面で用いられる生活の伴侶であった。その石のある所に住むことを、神は「ゑわ」の子に命じた。「ゑわ」の子らは「合石」を求め地上に降りて来るのだ。つまり、潜伏キリシタンたちが暮らしていたその場所こそ、神に選ばれ、与えられた場所だと、「天地始之事」には描かれているのである。

このエピソードは、宣教師たちがこの物語を伝えた時から存在したとは考えにくく、西彼杵半島の外海地域に住む潜伏キリシタンたちの間に伝えられているうちに挿入されたものだと考えるのが自然である。宣教師からもたらされた物語は、暮らしとの密接なつながりを持つ「合石の石」を加えることで、潜伏キリシタンの間に深く受け入れられていったのではないか。

しかし、本物の聖書をたずさえ明治期の再布教期に日本をおとずれた宣教師たちにとって、「天地始之事」は必要なものではなかった。

プチジャン神父が「天地始之事」を発見した際の日記に、「一八二二～一八二三年の頃口伝のままを書き取ったものらしく、創造説、天使、人類の堕落、救世の約束などを記してあった。あちこちに、書写、翻訳中に生じた誤りがあるが、一見する所大した事ではないようである」と記されていたことが、『昭和時代の潜伏キリシタン』に紹介されている。少なくともプチジャン神父は、潜伏キリシタンのカトリック信仰の証として「天地始之事」を認識していたということだろう。

しかし、同時代の長崎教区副司教のサルモン神父が「あとでよく調べて見たら随分と奇怪な伝説を交えた、取るに足らぬものであった」と浦川和三郎氏（カトリック司教）に話した、とあるように、「天地始之事」が二五〇年にわたる潜伏期の信仰を支えた存在として、多くの宣教師たちに認められていたとは考え難いようだ。

潜伏キリシタンの信仰の根を支えてきた「天地始之事」の物語は、宣教師たちの訪れとともに「復活」したキリシタンたちにとって、その役割を終えることとなり、かくれキリシタンの間で民話として語り継がれるのみとなった。聖書の内容やカトリックの教義を簡単に知ることができるようになれば、何かを伝える役割を持って語り継がれることも必要なくなる。

かくれキリシタンの信仰組織があった黒崎の松本地区や垣内地区には、今でもノートに書かれた手書きの「天地始之事」の写本（写真1）が伝えられている。長い禁教の間、信仰を守り続けた人々を支えた物語が受け継がれ、禁教の時代を生き抜いた潜伏キリシタンの姿を後世に伝えている。私もそのノートを見せていただいたことがあるが、活字にされることなく伝えられてきたノートからは、自らが信じるものを次の世代に伝えようとする思いがあふれているように見えた。

それは、私がこれまで出会った、松川隆治先生や松崎武さん、かくれキリシタンの末裔（とお呼びしてよければ）の方々が、懸命に信仰を伝え、後世にその記憶を残そうとしておられた姿から伝わる思いと同じ熱を持っているように思える。

現在でも、外海地区の垣内集落や黒崎集落には「天地始之事」の写本が受け継がれており、その存在は、潜伏キリシタンとして江戸期を生きてきた集落の、文化的伝統を示す物証である。そう考えれば、「天地始之事」の役割は、伝える思いがある限り終わることはないのかもしれない。

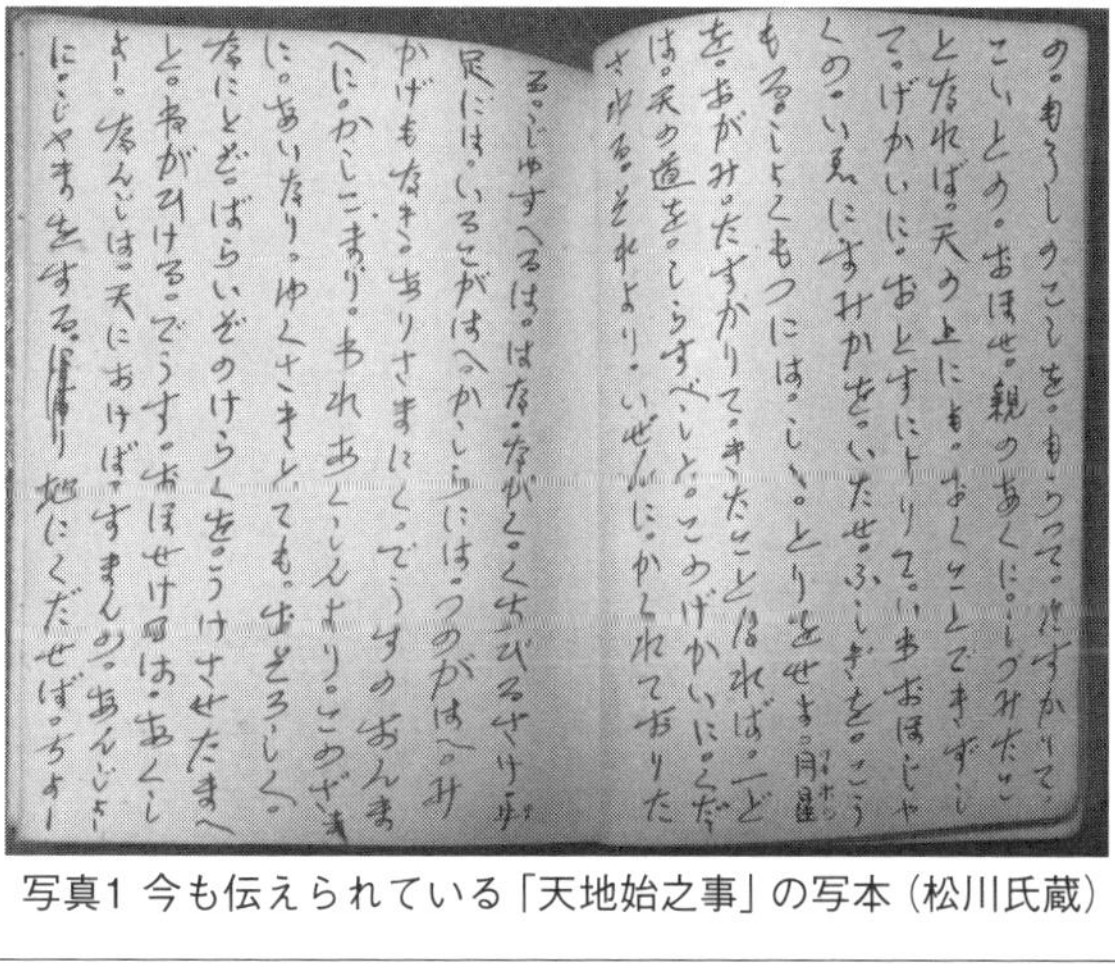

写真1 今も伝えられている「天地始之事」の写本（松川氏蔵）

3．姿を消したかくれキリシタン

以前、浦上地区や外海地区のかくれキリシタン組織があった集落の数か所で聞き取りを行った際に、かくれキリシタンの組織がなぜ姿を消したのか、その理由を問うたことがある。

浦上地区家野町に住む、一九一五年生まれのかくれキリシタンの女性に、二〇一〇年頃お話を伺ったことがある。そのとき語られた、組織を失った一番大きな理由は、原爆の存在であった。

女性は、かくれキリシタンの家に生まれ、同じかくれキリシタンの信仰を持つ夫のいる家野町に嫁いだ。檀家として聖徳寺（長崎市銭座町）に属していたが、家族の信仰はかくれキリシタン（ふるキリシタンとも呼ぶ）であった。第二次世界大戦の戦時下で三人の男の子が生まれたが、その頃は子らにも洗礼を授けていたという。子どもたちのうち、一人は病気で亡くなってしまうという不幸に見舞われたが、夫と二人の息子と戦時下ながら平穏に暮らしていた。

しかし、女性が三〇歳の時、原爆が投下された。夫と長男を失い、自身も被爆し大けがを負った。女性は、武雄の海軍病院で二か月ほど入院生活を送った後に帰郷したが、真っ先に、死んだ仲間の魂を鎮めるため、一〇キロほど離れた樫山の帳方のもとに赴き、祈りをささげてもらったという。

生き残った仲間のうち、まともに歩ける者たちだけで夜明け前に出発し、東樫山の帳方（女性は「本家」と呼んでおり、名前は記憶にないとのことであった）に仲間のために祈りをささげてもらったという。女性は、生き残った自分の胸のつかえが、そのとき初めて取れたようだった、と語っていた。

その後、家野町の集落におけるかくれキリシタンの信仰は、悲しみ節（復活祭）の期間に行う岩屋山への登山と、毎月一回の「命日」と呼ばれるおらっしょを唱える集会を開くことで細々と継続されていた。

そして、原爆から五〇年たった年に、仲間の減少と高齢化を受け、その行事をやめたという。その時の思いを、女性は「五〇年忌まで頑張ったから、もう仲間も許してくれると思うた」と述べていた。そこからは、彼らの信仰が、その終末期にはすでに、個の魂の救済のためでなく、かくれキリシタンの共同体を保つことを目的としていたことが窺える。赦しを与えるためにそこにいるのは、神ではなく、仲間であった。それはカトリックの教義からすれば正しいことなのかどうか、私にはわからないし、ある女性の個の体験として片づけられるべきことなのかもしれない。

しかし、カトリックを源流に持つ一つの信仰が終焉を迎える理由として、仲間の赦しを思うというのは、かくれキリシタンの信仰が禁教下で継続し得たのかを理解するうえで、非常に重要なことのように思われる。

外海地区のかくれキリシタン組織は、昭和五〇年代を境に次々と姿を消したという。その理由は様々であったが、一番の理由は、集落に後継者を育成するのが困難になったことが大きいように思う。

明治期以降、長崎には炭鉱が多く生まれ、外海地区でも、池島炭鉱や大島、高島へ就労し集落を離れる若者が多かったという。そのため、地域からは「団塊の世代」周辺の年齢層がすっぽりといなくなり、高齢者と若年層をつなぐ「担い手」世代を失ってしまった。その空白がそのまま組織の衰退につながっていったものと思われる。ここでも、共同体の弱体化がかくれキリシタンの信仰の継続に大きな影響をもたらしていることがわかる。

カトリックが、中世に日本に伝来したとき、宣教師は信徒たちに信仰組織であるコンフラリアという共同体を組織させた。それは禁教期に弾圧された際に、信仰を守るための機能も担っていたと思われることから、潜伏キリシタンの組織、かくれキリシタンの組織は、信仰＝共同体そのものでもあったのだろう。

潜伏キリシタンは、仏教徒として寺請制度に身を隠しながら、信仰と生活の折り合いを見つけることで、したたかに共同体を守り続けた。外海地区に伝えられていた「バスチャン暦」の役割は、共同体のルールであり、それに基づき暮らす人々が「仲間」とみなされる。今でこそ、信仰は個人のものであるが、ここでは共同体の意志そのものとなっていたように見える。

現代を生きる私たちから見れば、潜伏キリシタンの中には、なぜ先祖伝来の宗教のためにこんな目に合わなくてはならないのかと思う人々がいてもおかしくはないと思うが、共同体の中で人生を全うするのが当たり前の社会では、むしろ、宗教弾圧で受ける苦難より、共同体を失う恐怖のために信仰を守っていたのではないだろうか。

しかし、そうまでして守り続けてきた共同体は、信仰の自由を保障されるようになった今、ほとんどが消滅し、残された組織も高齢化が進んでいる。

先に、家野町と外海地区における信仰組織の消滅の原因について、それぞれ理由は異なるが、担い手がいなくなったことを挙げた。必要であれば担い手は育てられるものであろうから、担い手がいなくなるというよりも、担い手が必要とされなくなる社会が来た、と言うべきだろう。

それは、かくれキリシタンの組織に限ったことではない。生業を核とした日本の共同体も、担い手を失い、今、社会から消滅しつつある。

自由になった社会は、むしろ画一化され、没個性な街が、社会が出来上がった。社会的マイノリティであったかくれキリシタン組織の消滅は、その趨勢の中で生じた、至極当然な出来事だったのかもしれない。

4. 今、かくれキリシタンを想う

時代は巡り、潜伏キリシタンの流れをくむかくれキリシタンの組織が消滅の危機を迎えている今、地域の個性が価値あるものとしてみなされ、潜伏キリシタンの歴史には、世界文化遺産の候補としてスポットが当たっている。

潜伏キリシタンの歴史がなぜ、こうも人を惹きつけるのか。それは、私たちが日本という国ではぐくまれ、今失おうとしている共同体の姿そのものを見せてくれるからではないだろうか。

信仰を守り通したという美しい歴史も一面かもしれない。しかし、様々な歴史の記録に残された潜伏キリシタンのありようを知り、その末裔である地域の人々とふれあい、伝承を知り、風俗を知ると、とても人間臭く生き生きとしていて、信仰という一面的な理解では語れない、歴史の書物には残されない、その時代の人々の生きざまがあらわれてくる。

これまで語られてきた潜伏キリシタンの歴史は、端的に言えば極東の島国の、ごくごく小さな地域にキリスト教がもたらされ、守り続けられたというものだが、信仰心の美しさにスポットが当たりがちで、どうにも扁平な印象がぬぐえなかった。

しかし、世界遺産登録への機運の高まりを契機に研究が深まり、潜伏期の彼らの生きざまを知ろうとすればするほど、潜伏キリシタンというマイノリティが、大勢に飲み込まれることなく生き抜いた、たくましさや強さが浮かび上がる。

潜伏キリシタンたちは、時には為政者と駆け引きし、様々な弾圧を潜り抜け、共同体を守り抜こうとした。そのさまは、私が以前に抱いていた清く気高い信仰心を守り続けるキリシタンのイメージを覆すものであり、それこそが、人間の真実なのだろうと妙に納得させられるものでもあった。

今の世界においても、宗教は時に大きな争いや差別を生むことを、私たちは嫌というほど見せつけられている。いくらきれいごとを言っても、そういったものは決して消え去らないように思え、無力感、喪失感に覆われそうになる。しかし、自由をあきらめることなく、したたかに生き抜いた彼らの歴史に、戦うことなく文化的背景が異なる集団が共存できる社会を見出すことができるのではないか。

相手を傷つける戦いではなく、何とかうまくやり過ごす、という消極的なやり方で潜伏した人々の生きざま、そして、社会の側も公式にではないにしてもそれを黙認し存続させた歴史は、世界の中でも類を見ないと思う。窮屈この上ない人間関係を求めるが、支えあうためにはすべてを惜しまない共同体の価値観と、善と悪の二択では早晩行き詰まるところをあいまいにぼかしていくのは、決して悪いことではないのだというメッセージを、潜伏キリシタンの歴史は体現している。

潜伏キリシタン、かくれキリシタンの伝承や遺物は、今、それらが持つ歴史的背景を記録しなければ、来歴や真偽が不明瞭な伝説と化してしまう。

それらは、共同体が生き抜いた証であり、記録に残すことで、今後も彼らの共同体がどう生きたかを伝えることが可能になる。

潜伏キリシタンの歴史は、極東の島国の、そのまた小さな地域の共同体のものだが、そこには生きるために戦った人々のくらしがある。信仰という一面的なものではなく、人間の営みそのものがそこにある。

だからこそ、彼らの姿は、今を生きる私を惹きつけるのではないだろうか。

※「長崎の民話」には「天地始之事」に伝えられたエピソード以外の、潜伏キリシタン関係の民話が数編収録されており、興味深い。

3 かくれキリシタン信仰の地域差について

中園成生

はじめに

戦国時代、ヨーロッパから来航した宣教師が布教したカトリックの教えを、日本人信者が受容して成立したのがキリシタン信仰で、禁教時代を迎え布教者サイド（宣教師）が不在となった状況下、他の宗教・信仰を並存させつつ、キリシタン信仰の形態を概ねそのまま継続したものが、かくれキリシタン信仰（以下「かくれ信仰」）である。[*1]

かくれ信仰に地域による違いが存在する事実は、研究が始まった当初から認識されていて、田北耕也は次のように述べている。

キリシタンの教義や典礼が永年の潜伏によって変化しつつも、一面カトリク教的伝統を保存している点で前章「天地始之事」にや、まさっていると思われるのは「納戸神」と「お帳」である。この二つは長崎県下の潜伏キリシタンを二系統に分つ目印となるもので、納戸神を中心に宗団を作っている生月・平戸地方にはお帳は無く、お帳を中心とした黒崎・五島地方には納戸神がない。（田北一九五四：一六五頁）

しかし田北氏は、両系統の違いがどのようにして生じたかについて明確な答えを示していない。これについては次の古野清人も同様である。

隠れキリシタンを、生月・平戸の納戸神を中心とするものと、外海地方や五島の日繰りを中心とするものの二つに区分するのは一つの便法に過ぎない。彼らのうちの少なくとも重立った者は迫害の危険にあっても常に礼拝の対象となる「異像」を秘匿して礼拝していた。(古野一九五九:四一頁)

だが異像の所持など共通した傾向が存在する事が、差違を看過してしまう理由にはならない。片岡弥吉も差違の原因について明確には答えていないが、『かくれキリシタン』にはそれが窺い知れるような文言が存在する。

潜伏キリシタンの宗教性は、多くの供述書などによってみると、その濃度や純粋性が地域と集団によって非常に異なっており、中にはこんにちのかくれキリシタンと大差のない混成宗教的、土俗的なものもあったと思われるけれども、浦上、外海、五島などの多くの集団では、その政治社会の規制の中で可能な限りの宗教的純粋さを維持していた。(片岡一九六七:一一三頁)

片岡氏は、各地の潜伏キリシタン(かくれキリシタン)信仰の差は宗教的純粋性の維持の程度によるものと捉え、「純粋性」に対置する言葉として「混成宗教的、土俗的」を挙げている。浦上、外海、五島を純粋性が維持された集団だとすると、生月、平戸は混成宗教的、土俗的な傾向が進んだ集団という事になるが、このような解釈はかくれ信仰を禁教時代の変容の所産だとする理解に沿った、一見分かりやすい説明であり、また明治の再布教によって外海・浦上地方からはカトリックに合流する信者が多く出、生月・平戸地方からは少数に止まった状況を理解するのにも都合が良い。だがこの解釈では、外海・浦上系かくれ信仰の「日繰帳」や、生月・平戸系かくれ信仰の「お札」のように、どちらもキリスト教との関係が明らかであるにも拘わらず、一方の系統にしか伝えられていないような要素を説明する事はできない。本稿ではこうした差違について分野毎に確認しながら、差違の原因について検証を試みたい。

1. 組織

生月・平戸系かくれ信仰では、集落単位の組（集落組）、集落に複数存在する概ね数十戸単位の「垣内《かきうち》」「津元《つもと》」、数戸で組織される「小組」「コンパンヤ」「慈悲仲間」の、大中小三つの規模の組が存在し、垣内・津元では御前様という御神体を、小組ではお札様を祀る。役職としては、集落単位の組の代表者、任期制で洗礼などを行う「御爺役《おじやく》」「水の役」、垣内・津元の代表で世襲・任期制どちらもあって組の御神体を祀る「親父役」、小組の代表者でお札様を祀る任期制の「役中」「み弟子」などがある。組織の構成は集落によって異なり、平戸島根獅子《ねしこ》では集落組と数戸単位の「小組（慈悲仲間）」が存在し、集落組の役職として代表者一名と水の役七名がいた。生月島山田では集落組、垣内、小組が存在し、小組は垣内の下部組織となっていて、御爺役は集落組の、親父役は垣内の、み弟子は小組の役職者だった。生月島元触《もとふれ》では垣内と小組のみが存在し、親父役は垣内の代表役、役中は小組の代表役であ

画像1 垣内の行事（生月島元触）

りかつ垣内の役職だが、御爺役は垣内の親父役に次ぐ役職となっていた（画像1）。

外海・浦上系については、浦上村山里では浦上崩れの記録によると集落組が存在し、組の代表である「惣頭」が一名いて日繰（信仰暦）を管掌した。また集落内の郷毎に「触頭」が一名ずつ（計四名）居て、洗礼や、信者への日繰の伝達を行い、月三回「茶講」という郷内の信者が寄る行事を行なった。また触頭の下には「聞役」が複数いて触頭を補佐した（戸谷一九四三）。外海地方出津については領地の錯綜や情報の制約でよく分かっていない所もあるが、集落組の代表である「ジイサン」が三名（正職一、補佐一、見習い一）いて、洗礼や葬儀を行ったり、年数回はジイサンの家に信者が集合して行事を行っていた。また集落内の小集落毎に日繰帳を持つ家が一軒あり、毎日曜日小集落の信者が寄って週の日取りを確認し、オラショを唱えた。外海地方黒崎には集落内に複数の組が存在し、組毎に『帳方』、「水方」、「触役」が各一名居て、帳方は日繰帳を作成・保持して信者に日取りを報せ、年三回信者が寄る行事や葬式や法事に関与した。水方は洗礼を行い、触役は行事の準備や信者が寄る日を触れて回った。

【解説】一五五〇年代以降、教会が設けられた集落単位で「慈悲の組」（ミゼリコルディア）が設立されている。この組は教会を中心に信仰を行うための組で、教会を守り、信者を指導し、葬儀や洗礼を司る「慈悲役」という任期制の役職が複数人数置かれた。この慈悲の組がかくれ信仰の集落組の起源で、洗礼等を行う慈悲役が「御爺役」「水の役」「水方」の起源と思われる。また、近所の信者で組織された会合の存在が確認されていて、慈悲の組の下部組織と思われるが、これが「小組」「コンパンヤ」「慈悲仲間」の起源と思われる。

一方一五八〇年代以降になると、信者が任意で参加する「信心組」（コンフラリア）が新たに設立される。組の目的は特定の対象（聖母マリア、聖人など）への信心を深めたり、慈悲の業を行うことなどで、役職者として組親が存在した。この信心組が生月島の津元・垣内や黒崎の組の起源で、組親が「親父役」「帳方」の起源と思われる。信心組の導入にあたっては、①慈悲の組が無かったか、無くしてから信心組を設けた。②慈悲の組の小組や慈悲役を信心組に取り込みつつ、慈悲の組自体は解消した。③慈悲の組を残しつつ信心組と複合的に並存させた。④信心組を導入しなかった。などの選択が集落毎に行われ、黒崎は①、元触は②、山田は③、根獅子・浦上・出津は④を選択したと思われる。

2. 聖地

生月・平戸系地域には多くの聖地が存在する。宣教師報告等に史実として登場する殉教地として生月島東沖の「中江ノ島」(画像2)、同山田の「ガスパル様」がある。またキリシタン時代の教会や十字架、墓地跡が聖地になったと推測される例として生月島堺目の「焼山」、平戸島根獅子の「オロクニン様」などがあり、信者の伝説を根拠とした聖地の例として生月島堺目の「幸四郎様」、同山田の「ダンジク様」、同舘浦の「千人塚」、平戸島獅子の「メンチヨロ様」、同根獅子の「チシャの木」などがある。なお「中江ノ島」「御屋敷山」「ダンジク様」「オロクニン様」では現地で行事が行われている(いた)。

外海・浦上系地域では聖地はそれ程多くない。樫山の赤岳は同地域全域のかくれ信者の信仰を集め、信者の参拝や掛け拝みが行われ、そこに生えていたバスチャンの椿の木片は御神体とされている。また黒崎の枯松様は禁教初期に同地で布教したサンジュワ

画像2 中江ノ島

ン様の墓とされ、現在は神社風の社殿が設けられている。*2

【解説】生月・平戸系の「中江ノ島」や「ガスパル様」は殉教の史実と結びついた聖地だが、前者は洗礼者ヨハネに関係する聖地として、後者は十字架と信者の墓地として、キリシタン時代から聖視されていたと考えられる。「おろくにん様」でも発掘調査でキリシタン時代の墓が見つかっており、世界遺産候補の平戸島春日にある丸尾山も、かくれ信仰に関連してではないが住民から聖地と認識されてきた場所だが、発掘調査でキリシタン時代の墓地遺構（楕円形土壙列）が見つかっている。キリシタン信者の墓地は、信仰を全うした信者のみが埋葬を許される特別な場所で、しばしば十字架が併設されたが、禁教により放棄されるのと同時に不入の聖地となったと考えられる。外海の赤岳はバスチャンの椿の存在から、一五九〇～一六一〇年代に盛行した木の中に現れた十字架の奇跡に関する聖地に起源する可能性がある。枯松様も古墓の存在からキリシタンの墓地だった可能性がある。

3. 信仰対象

生月・平戸系では津元・垣内で祀られる御神体（御前様）や、小組で祀られるお札が主な信仰対象で、他に任意の講や個人で御神体を祀る場合もある。外海・浦上系では信者の家が「タカラモノ」と呼ぶ御神体を保持し、組の行事の際に持ち寄って祀る。

生月・平戸系の津元・垣内では御前様として「お掛け絵」（掛軸型の聖画　画像3—1）や「金仏様」（プラケットやメダイ）を祀る他、行事に用いる「お水瓶」「オテンペンシャ」を一緒に祀る（画像3—2）。お水瓶は、中江ノ島や集落の特定の湧水などで採取した聖水を収めた鶴首の壺で、オテンペンシャは、キリシタン時代の苦行の鞭に由来し、祓いをする道具である。また「戻し（葬式）」の際に用いる「おコンタツ様」（ロザリオ）を一緒に祀る津元・垣内もある。小組（コンパンヤ）で祀る「お札様」は、喜び、悲しみ、グルリヨーザに分類される各五枚と親札一枚の計一六枚の木札をセットとし、信者が吉凶を占うお札引きの行事に用いるが、生月・平戸以外の地域では確認されていない。

外海・浦上系のタカラモノにはロザリオ、メダイ、像、御影（お掛け絵）などがあり、像の中には「ハンタマルヤ」と呼ばれる中国製の陶磁観音像（いわゆる「マリア観音」）もある。またバスチャンの椿の木の破片も保存されている。なお聖水は行事のたびに作られるが、行事が終わると粗末にならない場所に捨てるため、保管して信仰対象にする事は無かった。

なお両系統とも、幕末以降のカトリック再布教時、神父が配布したロザリオやメダイなどを御神体に加えている。

画像3-1 お掛け絵「聖母子と二聖人」

画像3-2 オテンペンシャとお水瓶

【解説】生月・平戸系には、お水瓶やオテンペンシャのようにキリシタン信仰前期[*3]から用いられた聖具が継承されている。オテンペンシャは、多数の麻苧の小縄を束ねて一方の端を括り持ち手とした鞭だが、外海・浦上地域にも、数本の縄を束ねて一端を持ち手とした形の鞭が残されている。お札は、マリアの生涯を一五の場面として観想する「ロザリオの玄義」に対応している事から、本来ロザリオの代用もしくはロザリオの祈りの学習に用いた信仰具だと考えられる。津元・垣内で祀られるお掛け絵の多くは、キリシタン信仰中期に成立した信心組の信心対象である聖画に由来する。

外海・浦上系の、各家が聖具を所持する形態の起源は、一五九一年に教皇グレゴリウス十四世が発した大赦の布告文で、祝別した聖具を所有し祈る事で贖宥《しょくゆう》が与えられるとされた事が、外海にも「ドソン（ルソン）のオラショ」（オラショの功力）として伝えられたことによって、信者が「聖なるもの」に執着を持つようになったためだと推測される（岡二〇一四）。

4. 年中行事

生月・平戸系の津元・垣内の年中行事では、組で所有する御神体を納戸の仮設祭壇に飾りお膳を供え、所属する小組から代表である役中が出席して、親父役とともにオラショを唱え、その後出席者毎にお膳で出された酒肴をいただいた。外海地方黒崎の年中行事では、組に属する信者（門徒）が家族で帳方の家に集まり、持参した御神体（タカラモノ）を上座に置き、酒肴などのお膳（お初穂）を供え、オラショを唱えた後、供えたお膳を回して皆でいただく。

組の年間の行事数は生月・平戸系では多くて二〇を越える所もあるが、外海では三回程度と少ない。また生月・平戸系では野外の行事や、農業・生活関連の行事も多い（画像4）。外海では「日繰帳」という信仰の暦に従って、祭日や障りのある日に行動や食物の禁忌を守った。

画像4 集落内を祓う（生月島堺目の「大構え」）

【解説】両系統ともクリスマスや復活祭などキリスト教の祝日に行事を行い、春の四旬節も意識されている。生月・平戸系で顕著な戸外の行事や農業・生活関係の行事は、禁教以前の同地方のキリシタン信仰で行なわれていた行事が継承されたものと捉えられる。一方、外海地方に伝存した日繰帳の中には、一六三四年の年号を有するものがある事から、キリシタン信仰後期（禁教以降）に教会暦に従って生活を行う信仰形態が成立・継承され、同系統の信者が集まる行事が無い特徴も禁教に対応した形態だと考えられる。

5. 人生儀礼

洗礼は生月島では「お授け」、外海では「お授け」「ミツメ」と言い、御爺役（生月島）、水の役（根獅子）、水方（外海）が執り行うが、洗礼に先立ち洗礼役が精進潔斎する事などは共通する。生月島では洗礼を受ける「へこ子」と反対の性の大人の信者を「へこ親」に立てるが、外海の「抱き親」は受洗者と同じ性の大人の信者を選ぶ。洗礼の際に唱える文句は生月・平戸系では日本語の文句を用いるが、外海ではラテン語起源の文句を用いる。

葬儀に関する行事として、生月島壱部では死亡後まず「風離し」「道均し」という行事を行うが、前者は遺体についた悪いカゼを追い出すためオテンペンシャとお水で祓う行事で、後者は天のパライゾに死者のアニマが行けるよう祈る行事である。それが終わると御爺役が「戻し」を行い、蠟燭の灯を遺体の顔の前にかざして文句を唱え、魂（アニマ）を天のパライゾに送る。その後納棺を行うが、桶棺に座位で納め、壱部では遺体の耳と襟にオマブリ（和紙を剣先十字架に切ったもの）を付けて魔除けとした。生月島では告別式や野辺送りは仏式のみで行い、聖地・中江ノ島に顔を向けるように埋葬し、正方形に積んだ石積の上に立てた石塔も中江ノ島に向けた。

外海の旧深堀領（出津・黒崎）では、死亡の連絡があると帳方が自宅の仏壇前に座って死者の魂を（向こうに）届けるため「届け」の祈りを行う。通夜では、帳方はじめ組内の人が葬家で（無言で）オラショを唱え、葬式の日の午前には、帳方が葬家で「出立ちの初穂」の行事を行いオラショを唱えた。出津では、葬式に僧侶が来ない場合もあるが、来た時には僧侶がお経を唱えているのと別の建物でジイサンが経消しのオラショを唱えていた。旧大村領では座棺（箱棺）を用いたが、旧深堀領では寝棺を用い、どちらも地上に平石を置いた。

両系統とも、年忌毎にオラショを唱えるかくれ信仰の法事を行うが、生月島壱部ではそれとは別に、秋の津元行事「ジビリア様」から「お弔い」の間に、家毎に先祖の死者のアニマを供養する「お弔い」が行われた。

【解説】 洗礼文句にラテン語・日本語の二通りある事は、一五九三（文禄二）年刊行の『バウチズモの授けやうと病者にへニテンシヤを勧むる教化の事』に記述があり、ラテン語式文を主体としながらも、唱えられない人は日本語式文を唱えて良いことになっている（純心他編一九八八）[*4]。恐らくは当初、日本人が容易に覚えられる日本語式文が普及したが、キリシタン信仰が成熟するなかでラテン語式文が導入された事が考えられる。

キリシタン信仰では寝棺による伸展葬土葬が行われているが、禁教下ではその習俗が信者の摘発に利用され、僧侶が葬式や埋葬を監視した。その結果、生月・平戸系地域や外海の旧大村領では仏式の座棺が用いられる事になるが、外海の旧深堀領（黒崎、出津）では寝棺の使用が継続されている。

生月島の家で行われる「お弔《とぶら》い」は、イエズス会が日本人の死後供養意識に配慮し導入した「死者の月」の行事に由来すると思われるが、その後、仏教の法事をキリシタンの作法で行うスタイルが普及した事が考えられ、宣教師報告にも一周忌のミサについての記述がある。外海のかくれ信仰では年忌型行事（法事）だけだが、生月島ではお弔い型と年忌型の行事が両方行われていて、生月島のキリシタン信仰の時代幅の反映と見なせる。

6．オラショ

生月島には三〇程のオラショを続けて唱える「一通り」「本座」（三〇分程度）と、一部を唱える「六巻」「半座」（一〇～一五分程度）のスタイルがある。生月島では男性のみが概ね声を出して唱え、なかには音階を以て歌われる「唄オラショ」もあるが、根獅子では男性がつぶやくように唱える。

外海にも多くのオラショがあるが、よく唱えられるものに「天にまします」「めでたし（ガラッサ）」「ケレド」などがあり、特徴的なオラショとして「こんちりさんのりやく」がある。外海では男女共に唱えるが、もとは声に出して唱える事は無かった。なおオラショではないが、外海・浦上系には聖書の物語を抽出・変容した内容の「天地始之事」が文書として存在するが、かつては全ての文句を諳《そら》んじていた人がいたという。

【解釈】生月島の、オラショを声を出して唱える事や歌われるオラショの存在は、禁教以前のスタイルが継承されているものと見なせる。生月・平戸系統で男性のみがオラショを唱える点は、宣教師報告に組の行事に男性のみが参加すると記述されている事と考え併せ、家単位で信仰に関わる布教当初の形態の反映と捉えられる。生月島でオラショがセット化されている点については、キリシタン時代にオラショを暗記する際の形が残ったものと思われる。唄オラショ「グルリヨーザ」は、イベリア半島で一六世紀に歌われていたローカルなグレゴリオ聖歌だが、トレント宗教会議によって聖歌の統一が図られたため、現地では歌われなくなったとされる（皆川二〇〇四、笠原二〇〇五）。

外海のオラショが無音で唱えられるのは、取り締まりに対応したスタイルと思われる。こんちりさんは、聴罪師が不在の状況でもキリシタン信者らの許しを保証する祈りとされ（川村二〇一一）、「天地始之事」も、聖書や聖外典の記事の概要が（変容しつつも）口承されたものが、ある時期文書化されたと推測され、ともに禁教による宣教師不在の状況下にあっても、信者の教義に則った信仰生活を支える役割を果たした事が考えられる。

7. 他の宗教・信仰との関係

生月島・平戸島西岸のかくれ信者は、神社の氏子、寺の檀家である他、大師講、金比羅講、青島講など様々な神仏の講に所属している。家内には仏壇（先祖の祭壇という認識が強い）、お大師様の祭壇、氏神神棚、荒神棚、屋敷内には屋敷神や死霊様の祠を祀り、それらの祭祀や屋祓いのために神主、僧侶、琵琶僧、ヤンボシ（山伏）、ホウニンが訪問する。地域内にも堂や石仏、石祠、死霊様が多数存在し、神社では例大祭や祇園祭などの際に神幸行列が行われている（画像5）。川に関する水神、河童、牛に関する牛神、海や漁に関する恵比美須や金比羅、安満岳（お山様）への信仰も篤い。寺院でも年頭に「百万遍」、初夏に「虫祈禱（サネモリ

画像5 祇園祭御神幸（生月島舘浦）

様)」が行われている。
外海・浦上地方のかくれ信者も、神社の氏子、寺の檀家となっているが、神仏に対する信仰は熱心ではなく、禁教解除後には寺壇関係を解消した集団(寺離れ)も出ている。家の中には仏壇(やはり先祖の祭壇という意識が強い)、氏神神棚、荒神棚などが祀られているが、神主や僧侶の訪問は少ない。氏神や檀那寺は集落から離れた場所にあり、御輿神幸も行われていない。また祠堂、石仏も殆ど無く、炭焼等の山仕事に関連して山の神が祀られる程度である。

【解釈】他宗教・信仰の並存はキリシタン信仰後期(禁教前期)以降進行するが、地域によって差がある。生月・平戸系地域では家内、地域ともに様々な宗教・信仰がかくれ信仰と並存しており、信仰対象や祭礼も多い。外海・浦上系地域ではかくれ信仰以外の宗教・信仰要素は希薄でありかつ対峙的であり、特に外海の深堀領では顕著である。他宗教・信仰への対応に影響を与えた要因の一つは藩の禁教姿勢で、例えば深堀領の本藩の佐賀藩はキリシタン禁制にそれ程熱心ではなかった事から、仏教をはじめ他の宗教の影響が小さかった事が考えられる。またキリシタンの信仰形態の成立状況も影響したと考えられ、禁教以降に最終的な信仰形態が確立した外海・浦上地方では、他の宗教の存在ありきでそれに対応(対峙)する信仰形態が形作られたと思われるが、早期に禁教に入った平戸地方では、対応する余裕も無いまま他の宗教を受容したため、単純に信仰が並存する形態になった事が考えられる。さらに経済状況の影響も見逃せない。例えば生月島では、恵まれた漁場の環境が捕鯨や鮪定置網を発展させ、漁業を核とした経済圏が確立した事で、禁教以前のキリシタン信仰形態をフルスペックで維持しつつ、他の宗教・信仰の活動も熱心に行う事が可能になったと思われる(中園二〇一一)。

おわりに

二系統のかくれ信仰はどちらも、基本的にはキリシタン信仰の要素を継承しており、両者の差違は各地域で宣教師との接触が断たれる前に行なわれていたキリシタン信仰の形態の差違に起因する。

生月島や平戸島西岸はキリシタン領主籠手田氏・一部氏の領域で、一五五八（永禄元）年と一五六五（永禄八）年という古い段階の一斉改宗によってキリシタン信仰が定着し、その後、幕府による一六一四（慶長一九）年の全国的な禁教より早い一五九九（慶長四）年に平戸松浦氏は禁教に移行している。そのため前～中期前葉の（禁教以前の）キリシタン信仰の要素が継承されることになった。

一方、大村藩、佐賀藩深堀領、天領が交錯する外海・浦上地方では、一六〇五（慶長一〇）年から一六一四（慶長一九）年にかけて禁教に移行するが、同地域での宣教師の活動は一六三〇年代まで続いている。かくれ信者が持つ日繰帳には一六三四年の年号が記されたものがあり、外海地方に伝承されるジョワン・バスチャン伝説にも禁教下に活動する宣教師の姿が反映されているなど、同地方の禁教初期の信仰に宣教師の指導が及んでいた状況が見てとれる。同地方で宣教師の指導のもと、厳しくなる禁教に対応して、他宗教への関わりを最低限持ちながら、従来教会で行われてきた教会暦の伝授や告解の機能を、信者の組で保持するべく形作られた信仰形態が、外海・浦上系かくれ信仰の基盤になったと考えられるのである。

【注】

＊1　かくれキリシタン信仰がキリシタン信仰と異なる点は、他宗教・信仰の並存が許容されている（過去にされた）点の他、布教者サイドが無い点、既存の信者と親子・婚姻等の関係がない新規の入信は概ね無かった点、非信者に対して信仰内容を秘匿する（過去にした）点がある。
なおかくれキリシタン信仰については、禁教下に成立し、一八七三（明治六）年の禁制高札撤廃

以降もかくれキリシタン信者によってそのままの形態が継続されており、禁教高札撤廃の前後で信仰内容に変化が生じた訳ではないので、名称を変える必然性は無い。

＊2　正木慶文によると、かくれ信仰の聖地・枯松様に社殿が設けられたのは一九三九年の事で、法人と呼ばれる民間宗教者が関与したとされる（正木二〇〇三）。

＊3　キリシタンの信仰内容による時期は前中後三期が設定され、全国的には前期が一五四九〜七九、中期が一五八〇〜一六一三、後期が全面的な禁教以降の一六一四〜四四となるが、地域によって布教開始や禁教への移行の時期に差がある。

＊4　余談だが、二〇一七年頭公開のＭ・スコセッシ監督の映画「沈黙」で外海がモデルとされるトモギ村での洗礼の際にジイサン役が日本語式文を唱えていたが、外海がモデルならばラテン語式文を用いるのが相応しい。

【参考文献】

＊中園成生　二〇一八『かくれキリシタンの起源』弦書房
＊中園成生　二〇一五『かくれキリシタンとは何か』弦書房
＊中園成生　二〇〇〇『生月島のかくれキリシタン』生月町博物館・島の館
＊田北耕也　一九五四『昭和時代の潜伏キリシタン』日本学術振興会
＊古野清人　一九五九『隠れキリシタン』至文堂
＊片岡弥吉　一九六七『かくれキリシタン』ＮＨＫブックス
＊戸谷敏之　一九四三『切支丹農民の経済生活』伊藤書店
＊正木慶文　二〇〇三『長崎隠れキリシタン記』新潮社
＊岡美穂子　二〇一四「外海地方のカクレキリシタン信仰に見る托鉢修道会の布教活動」『キリスト教

文明とナショナリズム』風響社
＊純心女子短期大学・長崎地方文化史研究所編　一九八八『キリシタンの洗礼資料集』純心女子短期大学
＊皆川達夫　二〇〇四『洋楽渡来考』日本キリスト教団出版局
＊笠原　潔　二〇〇五『西洋音楽の諸問題』放送大学教育振興会
＊川村信三　二〇一一『戦国宗教社会＝思想史』知泉書館
＊中園成生　二〇一一「長崎県下かくれキリシタンの経済的背景」『島の館だより』15　平戸市生月町博物館・島の館

4　大村藩と深堀領飛び地の境界

松川隆治

西彼杵《にしそのぎ》半島外海地区の畝刈、三重、黒崎には、佐賀藩深堀領の飛び地が散在している。この飛び地は伝説によると、豊臣秀吉の朝鮮出兵の時、従軍したこの地方の土豪山口與左衛門が鍋島直茂の指揮下で戦い、帰国後そのまま鍋島氏に従ったためという。

大村藩と佐賀藩の境界の要所には傍爾石と呼ぶ石柱、境界に沿って大塚または小塚が築かれるか、建石が設置されている。それらを郷村記により調べた結果、大塚二四二（うち傍爾石一三）、小塚一一三、建石一二五が建立されている。

山中のものは現在も大体残っているが、耕作地周辺では壊されている。（表1）。傍爾石は廃藩置県の折、役人により撤去されたものらしく、地役人の自宅周辺に多く残っているが不明のものが多い。

1．永田地区

長崎市三重田町との境、子捨河より西へ一二〇メートルほどの海岸に高さ三五メートルの頂上に樹木が生えた立瀬がある。その付近をアボと呼んでいる（写真1）。大村藩と佐賀藩境は、この地点から崖を登り、途中黒崎往還道と交錯する。その地点に傍爾石が建っていた。断崖絶壁で通行人も注意が必要との警告を含めて「盲目落し傍爾石」と呼んでいた。

傍爾石銘文には「従是　東南大村領　西北佐嘉領　海上見渡割石未申の間」とある。藩境は更に砕石場跡を登り碇岩の麓を西北に進み、木場下と弥次郎の字境を降り、湿地公園と永田向の溝を通って川下川にて終了する。

永田向は、かつて佐賀藩で面積一六六町六段あり潜伏キリシタン集落だった。

写真1 荷崎立岩 通称「アボ」

表1 大村領・佐嘉領大塚并傍爾石／大村郷村記より筆者作成（　）は筆者記入

地区	番号		大塚	傍爾石	小塚	建石
永田	1	あぼより星石水無川内迄	13	1		
黒崎	2	濱林	(1)	1		
	3	のうまよりへこのう頭迄	34	2		
	4	又はんより卸し松迄			4	47
	5	卸し松より中山頭迄	20			
	6	中山頭より13日頭迄	5			
出津	7	13日頭からチシャノ川迄	18	1		
	8	チシャノ川より岩瀬戸川境迄	22	1		
	9	岩瀬戸川より内平川迄	(3)	3		
	10	牧野内平より出津郷白木迄	75			
	11	白木終舫大塚見渡大塚より赤首中道境				46
	12	小城海岸初塚より深入之塚迄	24	1		
	13	深入之塚より峠境松迄			1	15
	14	峠境松よりすたの木見卸			9	14
	15	出津・鹿間傍爾石続	9	1		
	16	鹿間傍爾石続の傍示石五段田川築合迄				3
	17	同所飛地	(1)	1		
	18	砥石原傍示石	17	1		
合計			242	13	14	125

現在は全員カトリックに復帰している。この藩境は急な崖が多く荷崎（大村藩は琵琶突）より野口平筋永田村道迄、自然災害等により百姓間の争いが絶えない所であり、一七五二（宝暦二）年九月双方立ち合い見分して地図（図1）を作成、一三の塚（舫塚四、大村四、佐賀五）を築き境目を確定している。

永田岡バス停付近にも佐賀藩の飛び地が、三か所ほどあった（図2）。一つは岡山と呼ばれ、畠二段、山一段程の面積を有する地域。二つ目は、鍛冶屋敷と呼ばれ、田一段七畝、畠三段七畝、山・野地二段七畝ほどを有する地域。三つ目は、ぐうず川・永さこ、と呼ばれ、田四段、畠三段、山二段ほどの面積を有する地域である。

ここの住民も全員カトリックに復帰している。その他の永田岡・浜地区は大村藩で全体的に三重の栄宝山正林寺（真宗）に属する門徒が多い。

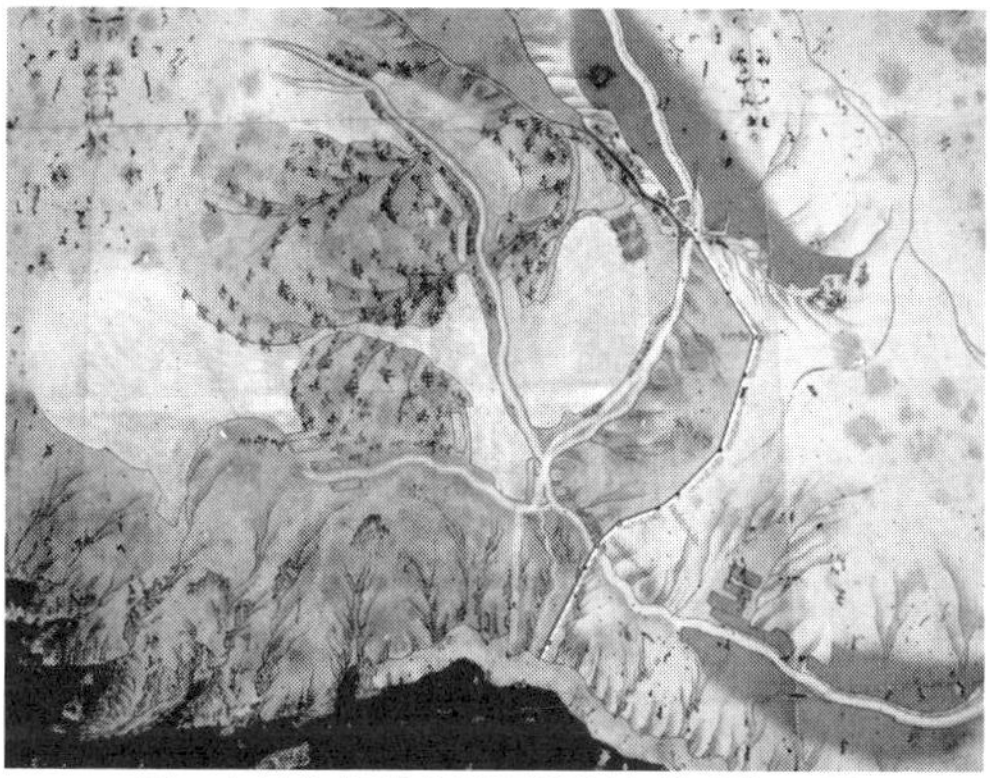

図1 大村御領彼杵郡黒崎村与佐賀領同郡（宝暦二年）のうち荷崎野口ノ平境界図

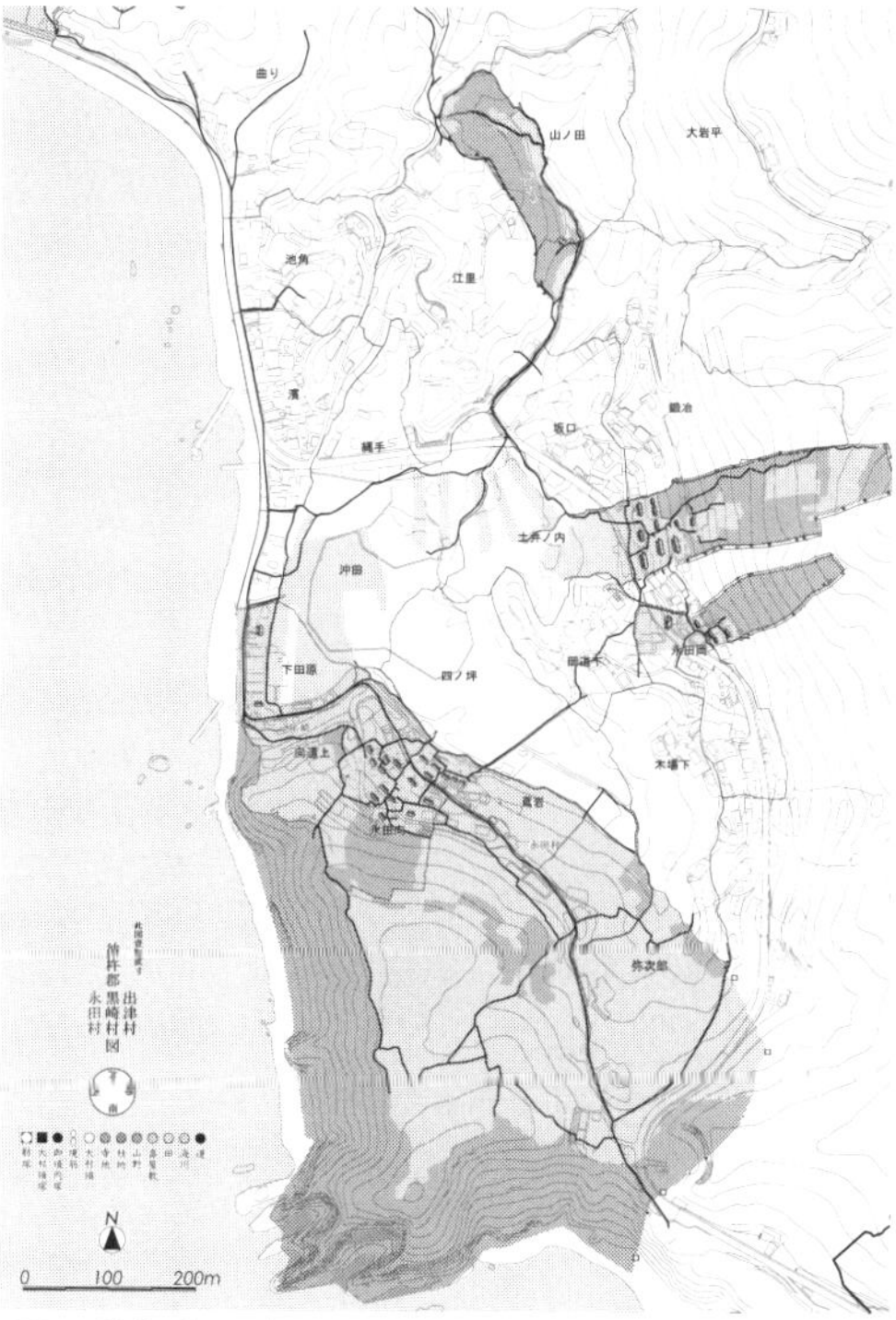

図2 佐賀藩飛地の藩境を明らかにする図（永田地区）

2．下黒崎地区

国道二〇二号線先の松に濱林傍爾石があり藩境は堀川・崎村宅の間を通り、黒崎東小学校体育館付近にのうま口傍爾石が建っていた。銘文は（表）「従是　東南大村領」（裏）「西北佐嘉領」と郷村記には記されている。場所、石柱とも不明。

ここより松本向の尾根を東進し、途中で北に向きを変え松本谷に下がり、再び東進し、しんなしお、きつね岩を通りへこのう頭（佐賀藩は松本山）へ進む（図3）。この間郷村記には大塚三四との記録はあるが実際は七箇所確認できる。松本向は耕作地の関係で撤去され、きつね岩周辺は一九六五年枯松平に簡易水道設置の際、尾根沿いの塚石を谷に落として使用している。当時の文化財に対する住民の認識も低く残念だった。へこのう頭傍爾石（図4）の銘文は「従是　芋洗川中境迄拾壱間弐尺」とある（二一〇メートル）。この傍爾石は、廃藩置県後松川近市宅にあったが、黒崎漁港の漁船係留に使用されて台風で二つに折れ、その後外海民俗資料館に移されている。

へこのう頭傍爾石から二〇メートル北東へ下ると芋洗川があり藩境は川の中央を下流に進み黒崎川に合流する。更に湯の花橋迄下りこの地点で再び北上、黒崎教会、黒崎聖母保育園、お告

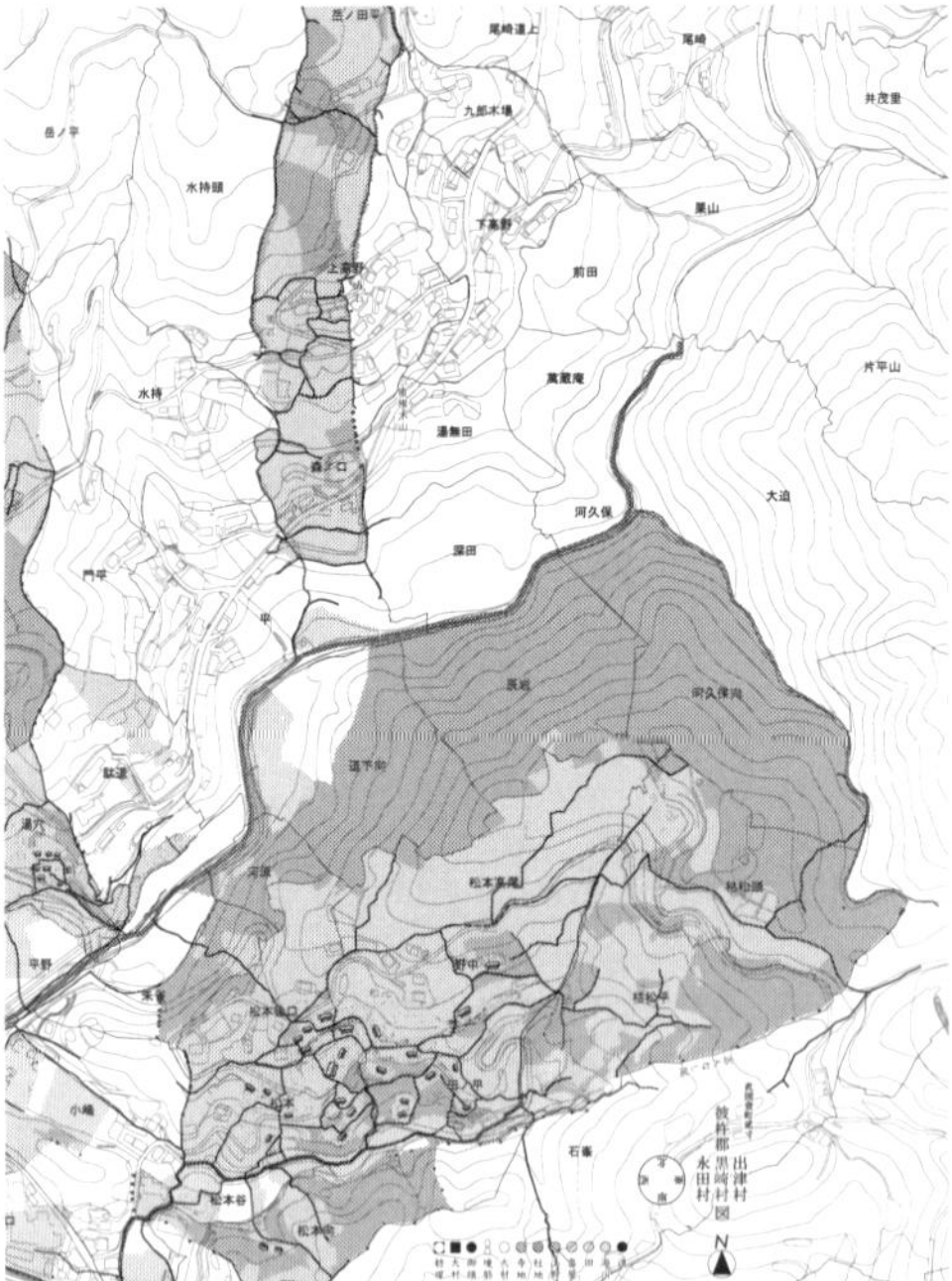

図3 佐賀藩飛地の藩境を明らかにする図（松本地区）

げのマリア修道院前を通る。又はんより卸松まで塚四、建石四七、さらに中山頭まで大塚二〇と大村郷村記には記されている。建石多数確認できたが、塚は確認できなかった。

中山頭小辻から十三日頭までは大塚五の記録もあるが市道が尾根を通っているので一つも残っていない。

十三日頭から出津川に向け傾斜面を降りるが、この間大塚一八個の記録はあるが、大部分が里道になっており残っているのは四個のみである。

出津川岸に傍爾石が建てられた正方形の跡（写真2）が残っている。傍爾石はどこにあるか不明であるが大村郷村記には銘文「従是西南佐嘉領　東北大村領　戌二而」の記録がある。

写真２傍爾石を建てるためた方形のほぞ穴

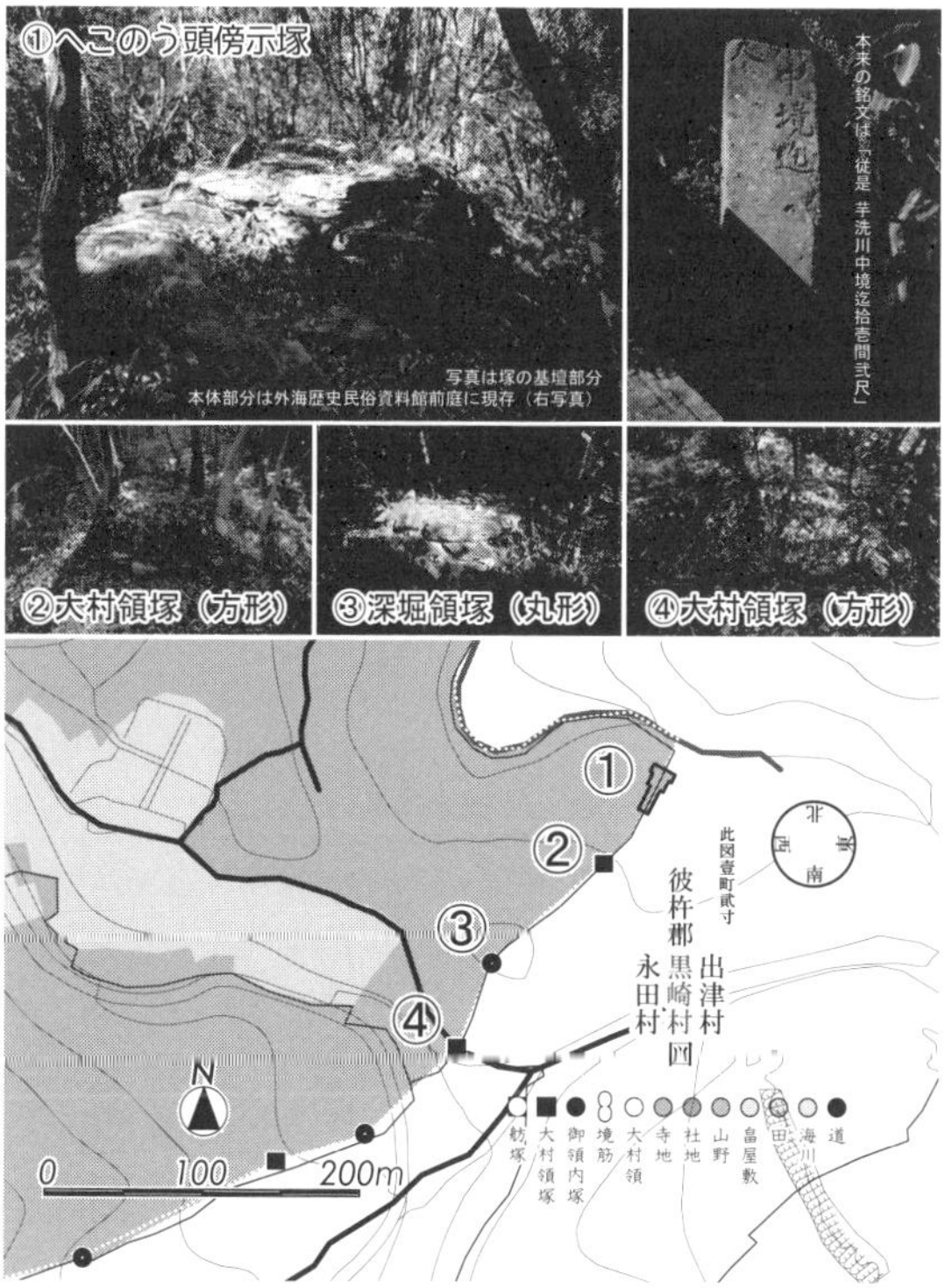

図４へこのう頭付近の藩境石

次にチシャノ川より岩瀬戸川堺まで大塚二二うち傍爾石一つの記録はある（図5）。チシャノ川よりカリタス修道院までは、かつて耕作地で確認はできないがカリタス修道院から西に向かって岩瀬戸川まで降りる山中（図6）で三の大塚が確認できる。

岩瀬戸川岸には一・八メートル四方の大塚に一七センチ四方の柱石穴のある傍爾石跡がある。

銘文は大村郷村記に

（表）「従是南佐嘉領、北大村領　上川側舫境迄川中境」

（裏）「自此塚川中境迄三間一尺八寸」

の記載がある。三間一尺八寸は約六メートルであり、前期の傍爾石跡は川岸にあるので精査する必要がある。

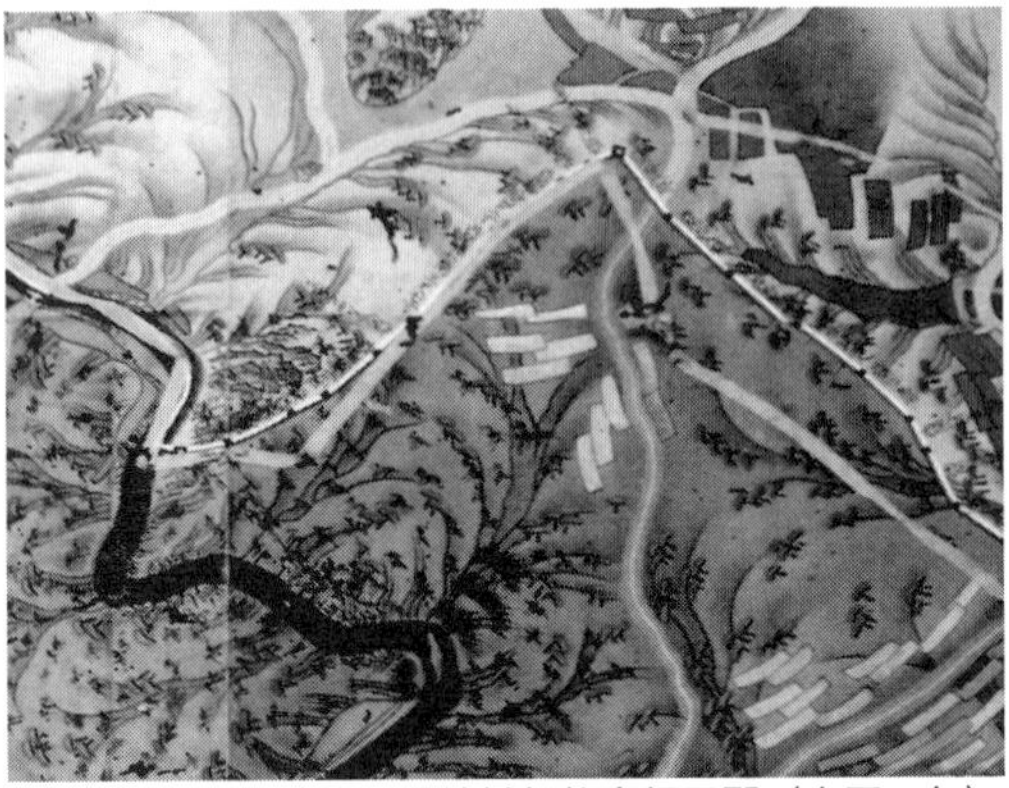

図5 大村御領彼杵郡黒崎村与佐嘉領同郡（宝暦二年）のうち内平山辛螺殻平赤松山筋境界図 部分

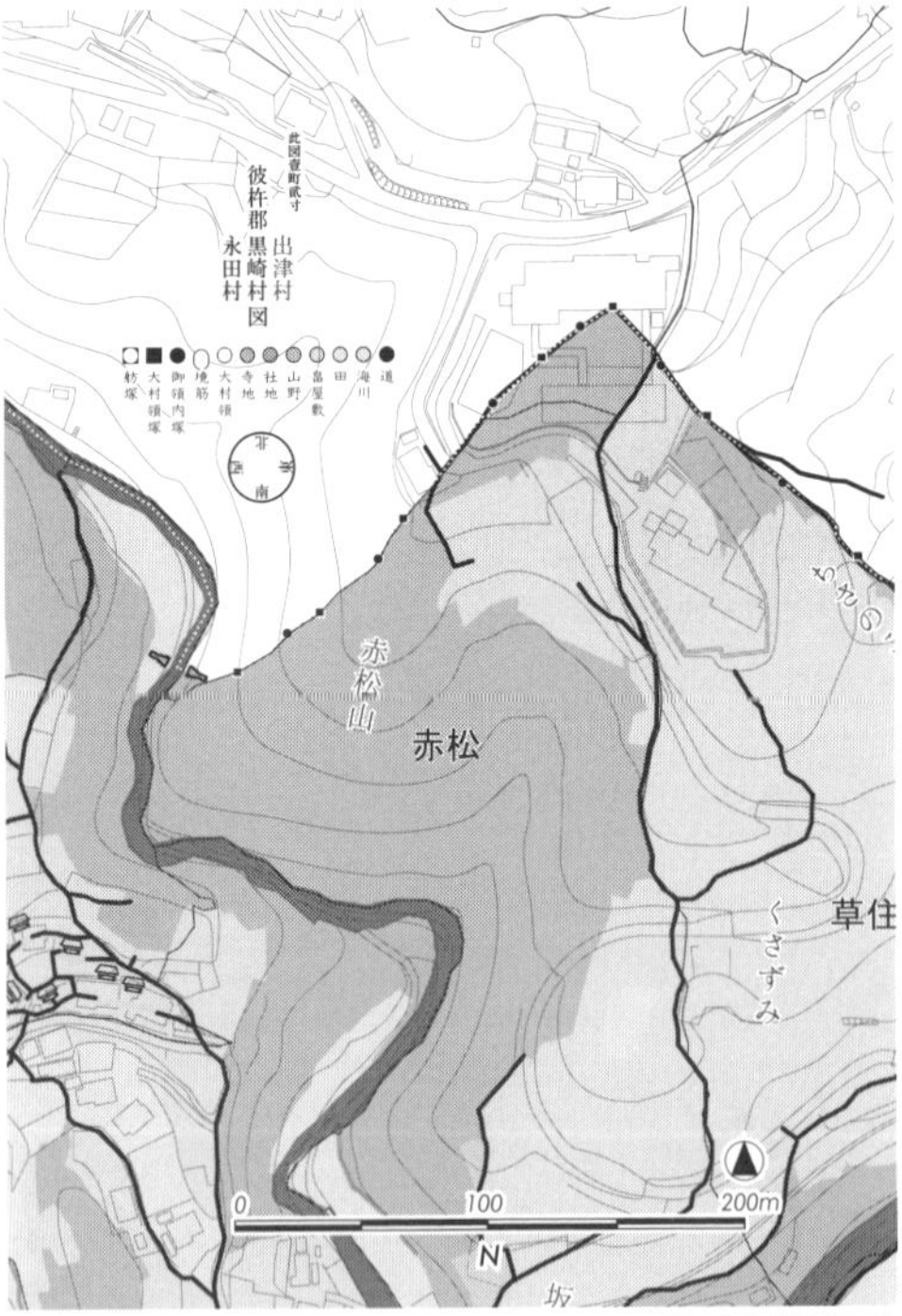

図6 佐賀藩飛地の藩境を明らかにする図（赤松地区）

藩境は岩瀬戸川を上流へ登り、支流の内平川を北上するがこの間三つの傍爾石の記録がある。傍爾石銘文は岩瀬戸川（表）「従是　南佐嘉領」「（裏）自此塚川中境迄二間二寸」（三・七メートル）とある。

傍爾石は最初野中の木村市之助宅にあったのを後日ド・ロ記念館に運び庭に立てている。

内平川

（表）「従是東大村領」

（裏）「自此塚川中境迄四間壱尺四寸」

これも地場所、傍爾石等不明

同所

（表）「従是東北大村領　西南佐嘉領
下川側舫塚迄川中境」

（裏）「自此塚川中境迄四間壱尺四寸」

傍爾石は最初野中の木村市之助宅にあったのを後日外海民俗資料館に運びトイレ横に立てている（写真３）。藩境はこの傍爾石より内平川を離れ東北へ進む。

現在藩境石を最もよく確認できるのは内平から内平頭及び変岳山頂までの

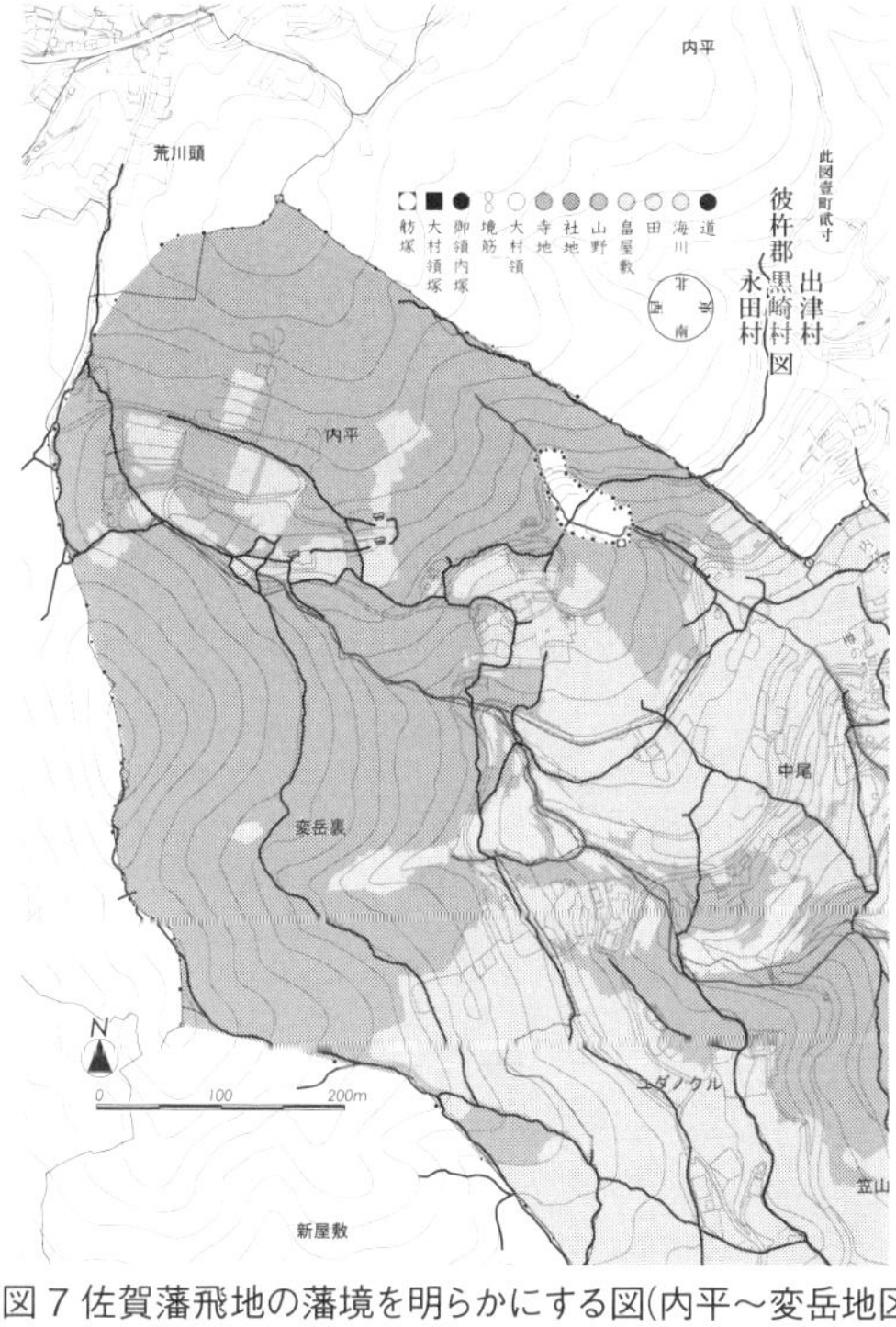

図７佐賀藩飛地の藩境を明らかにする図(内平～変岳地区)

写真３傍爾石（外海歴史民俗資料館）

間（図7）だろう。内平川から内平までは耕作地の中の畦道を藩境にしておりその形跡は見られない。市道上出津線の北側は東が牧野内平、西が西出津内平になっており牧野内平は山頂近くまでかつて耕作された跡が残っており、西出津内平は雑木林、その間に多くの塚石が列をなして残っている。地元民からはヤドドンの墓があるから注意せよと警告されていたが藩境塚だったようだ。内平山から変岳にかけては、途中ド・ロ神父の大平開拓地付近で消滅しているが変岳登り口から山頂にかけては小塚が数多く残っている。変岳から小変岳を経て、白木までは雑木林になっているが、かつて畠作が行われており、藩境は確認できない。その後白木頭、大さこ、赤首中道境まで建石四六と記録されているが確認できなかった。

黒崎と出津の海岸沿いの境界は小城である東半分が佐賀領、西半分が大村領で藩境は東北へ上り、夕

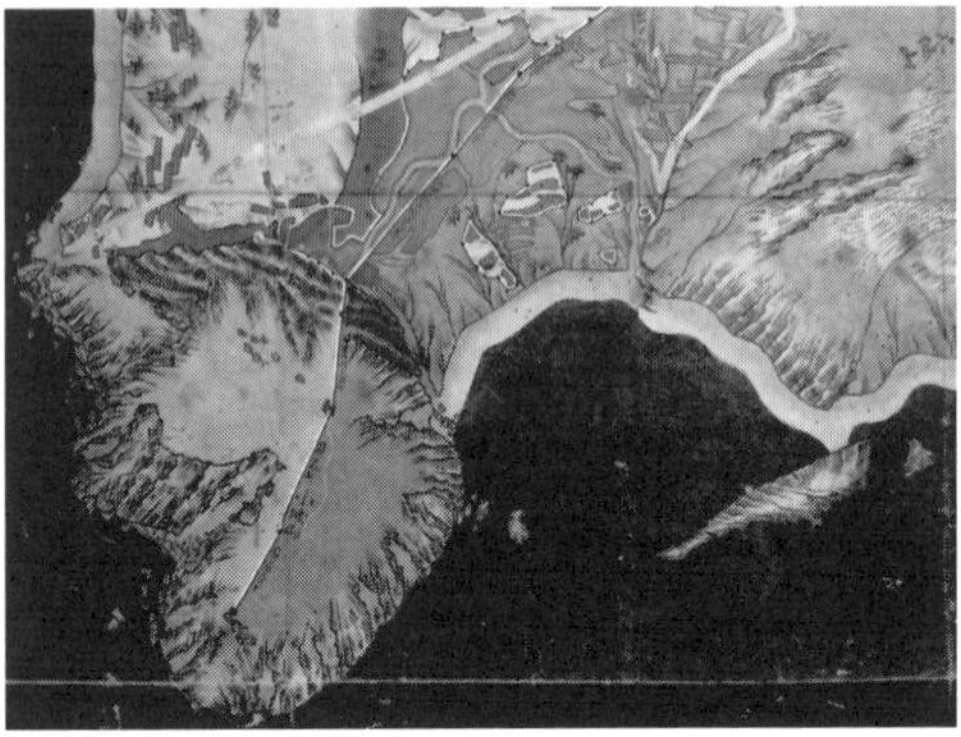

図8 大村御領彼杵郡黒崎村与佐嘉領同郡（宝暦二年）のうち深江頭境界図 部分

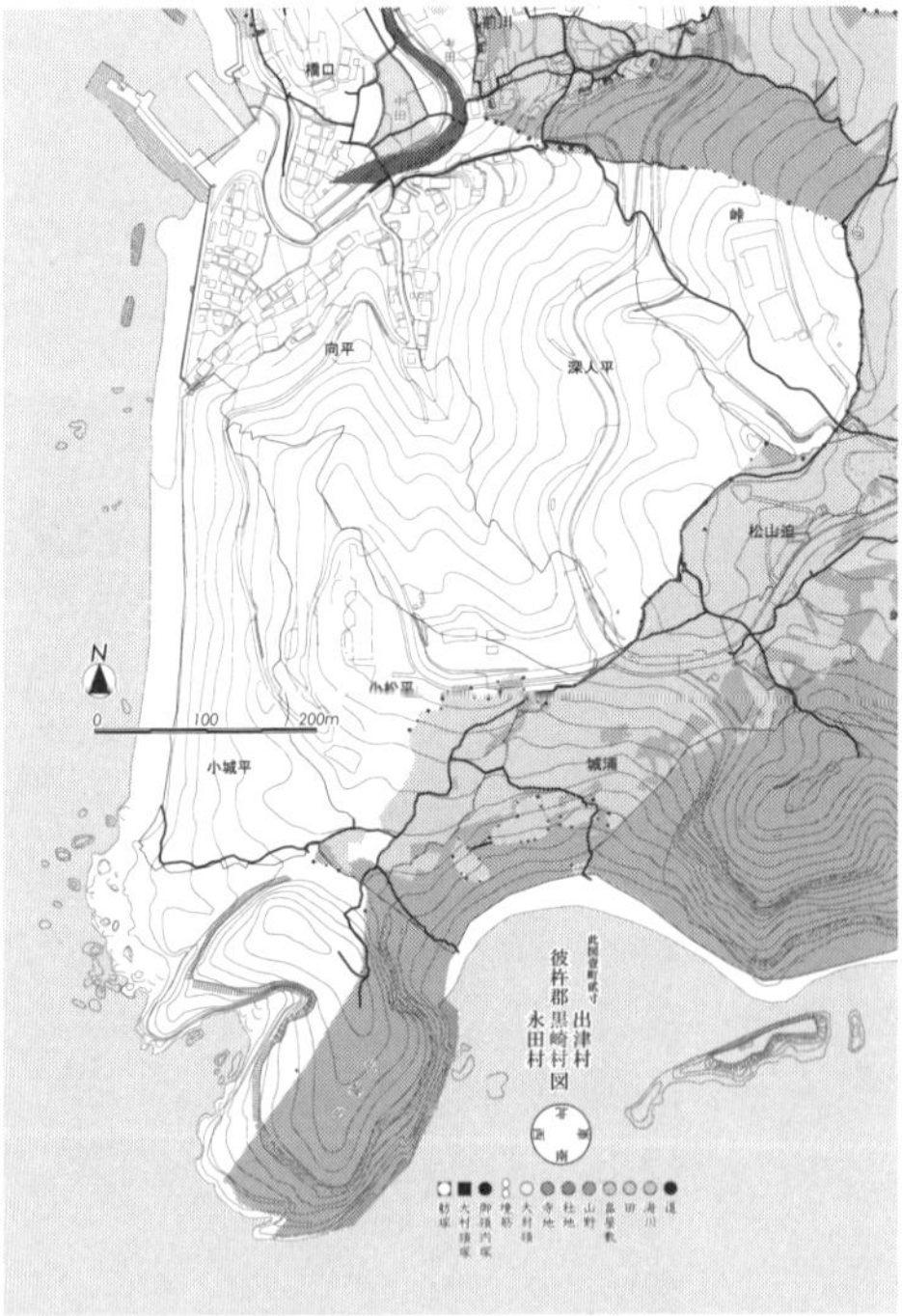

図9 佐賀藩飛地の藩境を明らかにする図（小城地区）

陽が丘道の駅入り口道路から国道二〇二号線を横断し東北へ進むと深入之辻傍爾石に至る（図8及び図9）。この間大塚二四とあるが荒地で確認できない。

深入之辻傍爾石（写真4　傍爾石（道の駅上深入））の銘文は「従是東南佐嘉領　西北大村領　未に向」とある。外海地区で唯一現地に建っている傍爾石である。

次に深入之辻傍爾石より峠境松まで建石一五と記録されているが、黒崎中学校黒崎側入り口を通り黒崎のサイレン附近まで、そこから出津川すたの木へ真直ぐ下る。その間小塚九、建石一四と記録されているが、小塚は発見できなかった。

写真4 傍爾石（道の駅上深入）

3. 出津

出津・鹿間傍爾石続間は大塚九、内傍爾石一とあるが、すたの木から鹿間間だろう。山口商店西側の空き地附近に傍爾石は建てられ、銘文は「従是　東南大村領　西北佐嘉領　申ニ而」とある。藩境（図10及び図11）は鹿間から再び「畠岸幷道境ニ而、五反田川築合迄建石三ツ」とある。これらは現地では大体確認できるが、当時の藩境を示すものは確認できない。次に自然災害等で藩境が崩壊した場合、和談ののち双方調停に立ち会った関係者一同の名を連ね、詳細な絵図を描いて後日の証拠に残している。次の傍爾石は鹿間飛地で一八一三（文化十酉）年、境の問題で双方が熟談の上、新規に建立したものである。銘書は「従是　東佐嘉領　西大村領」と記録にはあるが石は不明、傍爾石を建てた跡は現在もはっきりと確認できる。

砥石原傍爾石續続

砥石原（図12及び図13）には大塚一七で内傍爾石一、銘文は「南佐嘉領　北大村領　西（西）ニ向」とある。

上記の傍爾石は地面崩壊が進んだため一八三二（天保二）年五月双方熟談の上控杭を以下のように建てた。

中之杭木　傍爾石頭ゟ七・三三メートル
北之坑木　傍爾石頭ゟ一〇・七メートル
　　　　　中之杭木ゟ七・五五メートル
南之坑木　傍爾石頭ゟ九・四九メートル
中之杭木ゟ七・二四メートル
上之坑木　中之杭木ゟ一二・五八メートル

図10 大村御領彼杵郡黒崎村与佐嘉領同郡（宝暦二年）のうち片平はえ境界図 部分

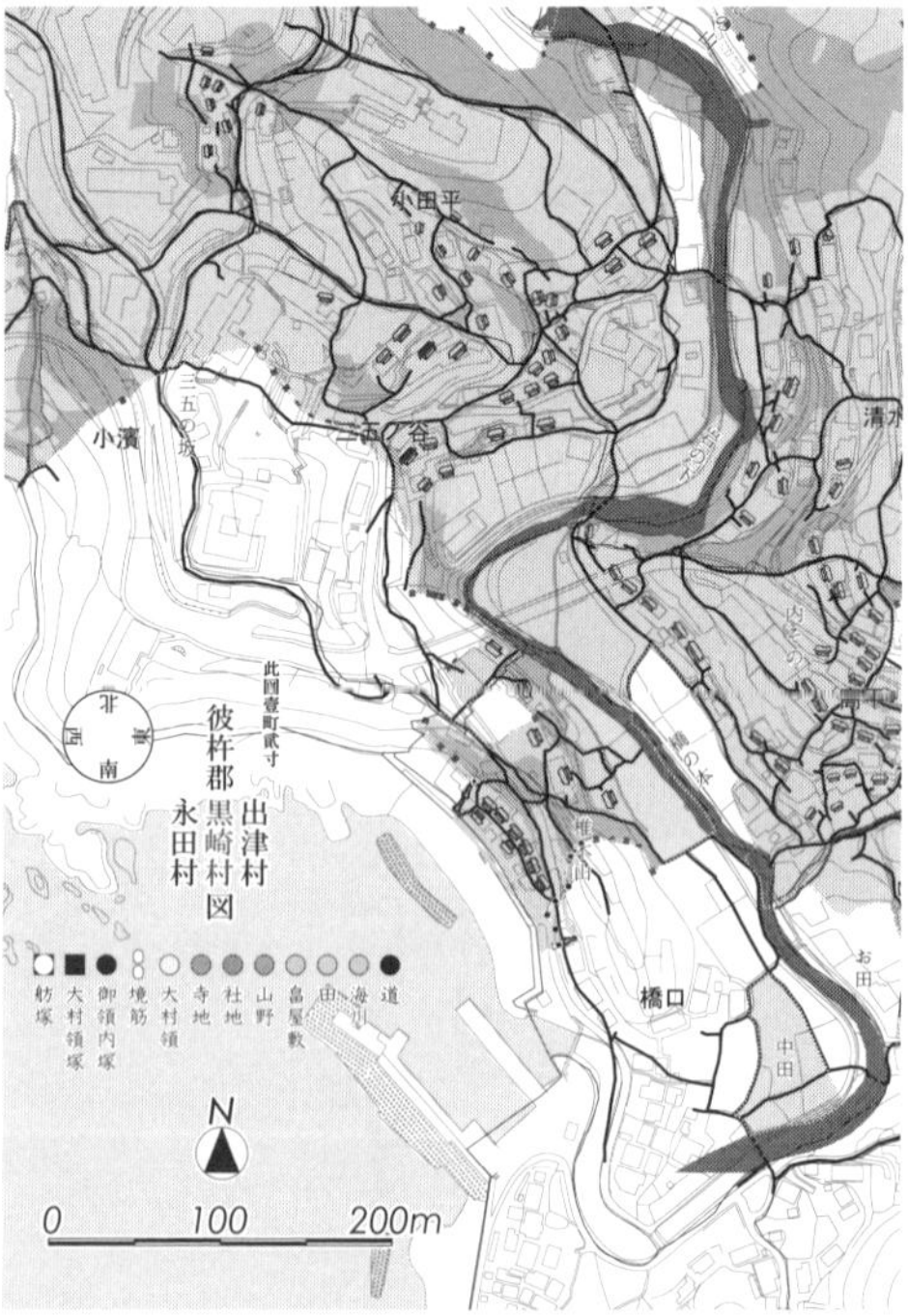

図11 佐賀藩飛地の藩境を明らかにする図（鹿間地区）

また一八一三（文化一〇）年、とひ崎飛地にも新規に傍爾石が立てられ銘文は「従是 東大村領 西佐嘉領」とある。この傍爾石、塚・建石・石垣等一八二八（文政一一）年の大風にて崩壊したので文政十三年に双方の立ち合いで最初取り交わしの絵図の通り修復している。この傍爾石の位置は明確でないが、傍爾石は近年崩落し海岸にあったものを二〇一五年五月民俗資料館横に移動した。

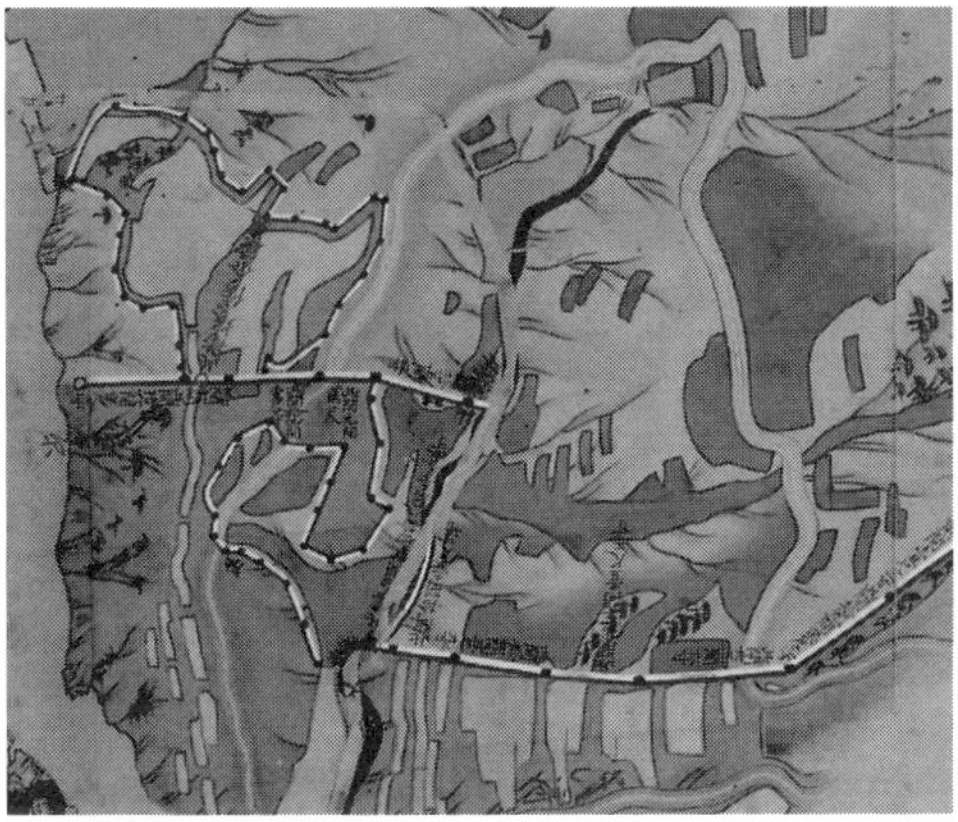

図 12 大村御領彼杵郡黒崎村与佐嘉領同郡（宝暦二年）のうち砥石原境界図 部分

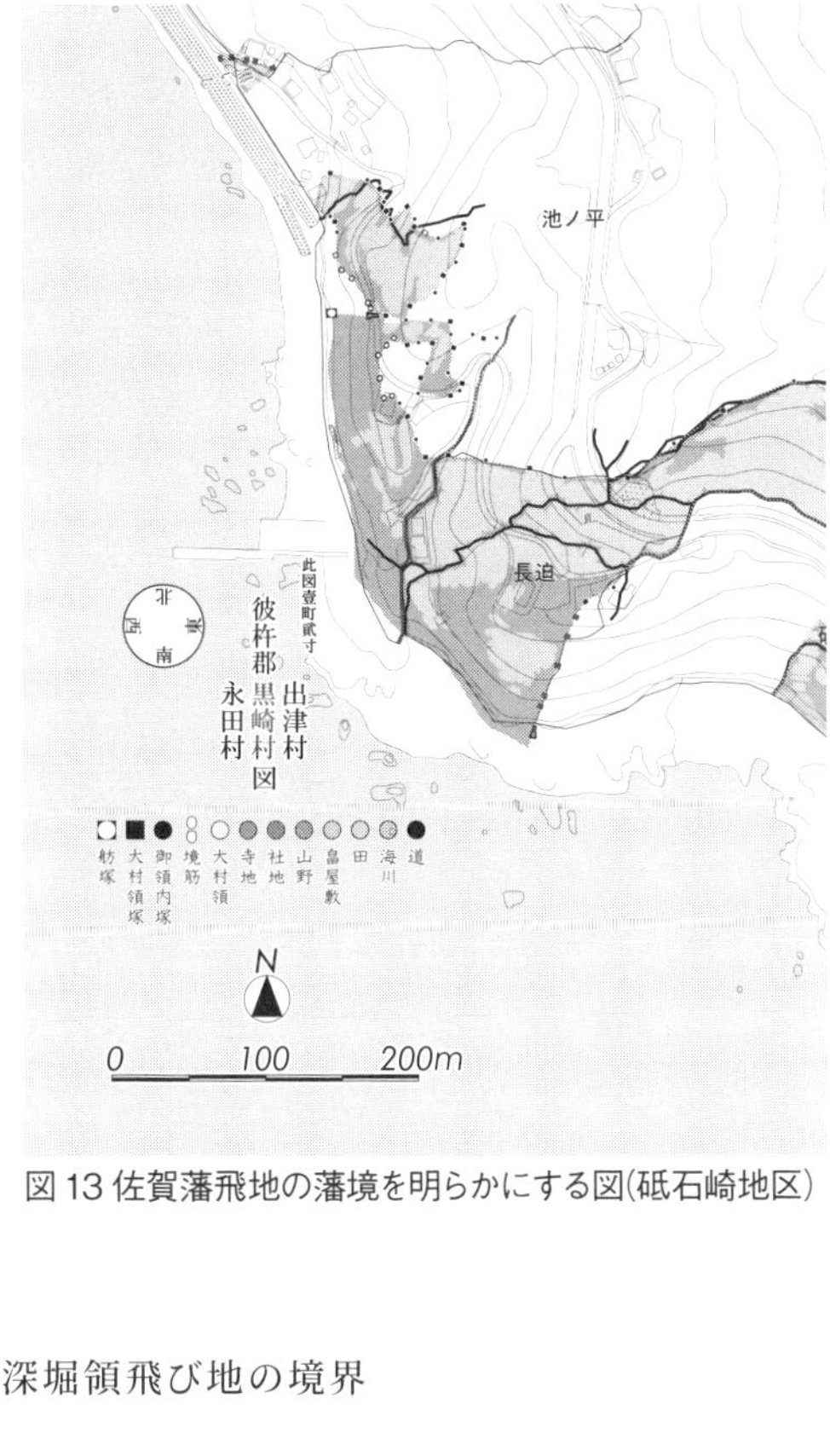

図 13 佐賀藩飛地の藩境を明らかにする図(砥石崎地区)

飛地の問題

さて、和談ののち、双方調停に立ち会った関係者一同の名を連ね、詳細な絵図を描いて後日の証拠に残しており、現在管見しうる範囲では一七五二（宝暦二）年の分が最も古い。これは和紙に表面は実測図に色彩を施し、裏面には時の談合の事情を書き、双方の関係者が署名捺印をしている。次に長崎歴史博物館の三重村絵図の内「大村御領彼杵郡黒崎村と佐嘉領同郡黒崎村之内婦う里屋敷より大願山境界図」は次のような裏書がある。

絵図裏書證文の覚

大村御領彼杵郡黒崎村と佐嘉領同郡黒崎村の内婦う里屋鋪ゟ（此所其許ゟハ婦う里田と御申候由）大願山筋境目を双方百姓年来相論候場所此度遂和談相互致見分婦う里屋鋪境目之儀絵図赤白筋引之通申談境塚都而三拾七（内舫塚三、大村御領塚拾七、佐嘉御領塚拾七）壱ツ越ニ築之候且又右境を越姥がさこ亦佐嘉領之飛畠地二ヶ所有之候ハ畠畔野方壱間通被附之畔境之塚都而弐拾六築之候偖亦佐嘉領婦う里田作水之儀者境谷川筋江大村御領ゟ従前之如到来相用候通筈申定委細図面ニ書記取替申候然上ハ到于後之年互ニ違変有之間敷候為後證絵図裏書如件

宝暦二年申九月六日

村横目　作右衛門
　　　　平　蔵
頭百姓　作右衛門
　　　　与佐衛門
大散使　長右衛門
庄　屋　山口与左衛門
大庄屋　小西林右衛門

村浦御役人　吉川武平次殿
　　　　　　松添郷左衛門殿

御庄屋　　久松要右衛門殿
問御役　　井手九兵衛殿

各地で呼び名が変わる出津川

出津川の源流は元狩倉という地点から発し、西流し約四キロメートル先の出津漁港で海に入る。本流に流れ込む支流は牧野のクウズウ岩付近で大首川、ヅウチ川が合流し、次に辻の川、渡瀬川、チシャノ川、岩瀬戸川、そんごう川、加瀬川が出津川に合流する。
旧藩時は出津川を境界線にしたり、本流を仕切って藩が分けられていた。そこには川を渡るため飛び石が設置され、藩を識別するため川名をつけていた。河口からくみず、権田川、すたの木川、中川、もぜ川、樋渡、くうぜ、などの河川名がつけられていた。また、支流の岩瀬戸川から内平川も川中境で四カ所に傍爾石が立てられていた。

[注記]
＊図1、5、8、10、12『大村御領彼杵郡黒崎村与佐嘉領同郡（宝暦二年）』（長崎歴史文化博物館蔵）
＊図2、3、4、6、7、9、11、13長崎市世界遺産推進室提供

5「元和八年三月大村ロザリオ組中連判書付」の地名と人名の図（解説）

長瀬雅彦

一二四頁の図は、『近世初期日本関係　南蛮資料の研究』に収録された「元和年間　コリャード徴収文書」の中にある第四文書「元和八年三月、大村ロザリオ組中連判書付」に出てくる地名と人名及び洗礼名をわかる範囲で記載したものである。

同研究によれば、「元和年間　コリャード徴収文書」は、「一五四九年以来日本で単独で布教に従事していたイエズス会と、一六世紀末以降渡来したフィリッピンの托鉢修道会との間に、所謂「門派対立」と謂われる争いが生じた」結果、両派が日本人の証言を徴収してヨーロッパに報告することとなったとされ、往時の日本においてキリスト教がどの地域で誰を中心に信仰されていたのか、その一端を伝える貴重な資料である。

「元和八年三月、大村ロザリオ組中連判書付」は、「元和年間　コリャード徴収文書」のうち「第四種ロザリオ組員証言文書（元和七年）　第四文書（翻訳証明一六二二年八月八日）」に収録され、五四の地名とともに、七七名の署名が確認されている。連判という形式により日本人信者らが自署し押印したものであることから、報告の正確さとともに信者の教養の高さがわかる。

大村ロザリオ組中連判書に記載された地名と人名を地図上に記す作業は、往時における信仰の広がりを改めて認識するとともに、『「長墓改覺」戌九月廿日』（「大村彦右衛門家文書」）明暦四（一六五八）年において、長与村を中心として多数の長墓が改められた記録（左表）とも符合する。

この連判書が作成された後、キリシタンへの弾圧がいよいよ本格的に始まり、図中に記した町や村においても、大村藩に属する地域においては、特に郡崩れ以降　大村藩が徹底したキリシタンの取り締まりを実施したため仏教への改宗が進むこととなる。

一方で、「かしやま村」、「くろさき村」、「しめ村」、「たいら村」など深堀領の飛地が存在する地域では、潜伏キリシタン組織が存続し、一八七三（明治六）年の高札の廃止とともに、その一部はキリスト教徒へと復活、他の一部は潜伏キリシタンの習俗をなお継承するなど、それぞれの環境の中でそれぞれに変遷を遂げることとなる。

いずれにしても、この図は一六二二年においては同じ道を歩んでいたことを表している。

表『「長墓改覺」戌九月廿日』（「大村彦右衛門家文書」）

明暦4（1658）年の調査記録（大石一久作成）

村名	基数（長墓）	村名	基数（長墓）
浦上村	28基	平宗村	15基
なめし村	8基	時津村	77基
日並村	37基	時津西村	28基
東高田村	87基	西高田村	29基
長与村	179基	伊木力村	76基
させ村	3基	さきのへた村	6基

長与村179基（破壊・発掘数162基・築直し17基）

墓所名	基数（長墓）	墓所名	基数（長墓）
中尾	11基	さしき	7基
古寺	2基	さいたう	8基
峯	1基	長福寺	37基
すわ	13基	出口	23基
市井平	2基	辻	8基
井ノ上	1基	くこうや	2基
そうその	2基	のとり	2基
はさこ	4基	そのた	2基
峰ノ上	1基	えんのふ	1基
よしむた	4基	すみのその	3基
す崎ノ	11基	峯の尾	1基
白ひげ	15基	大こへ	1基
戸別当	11基	こは	6基

「元和八年三月大村ロザリオ組中連判書付」の地名と人名の図

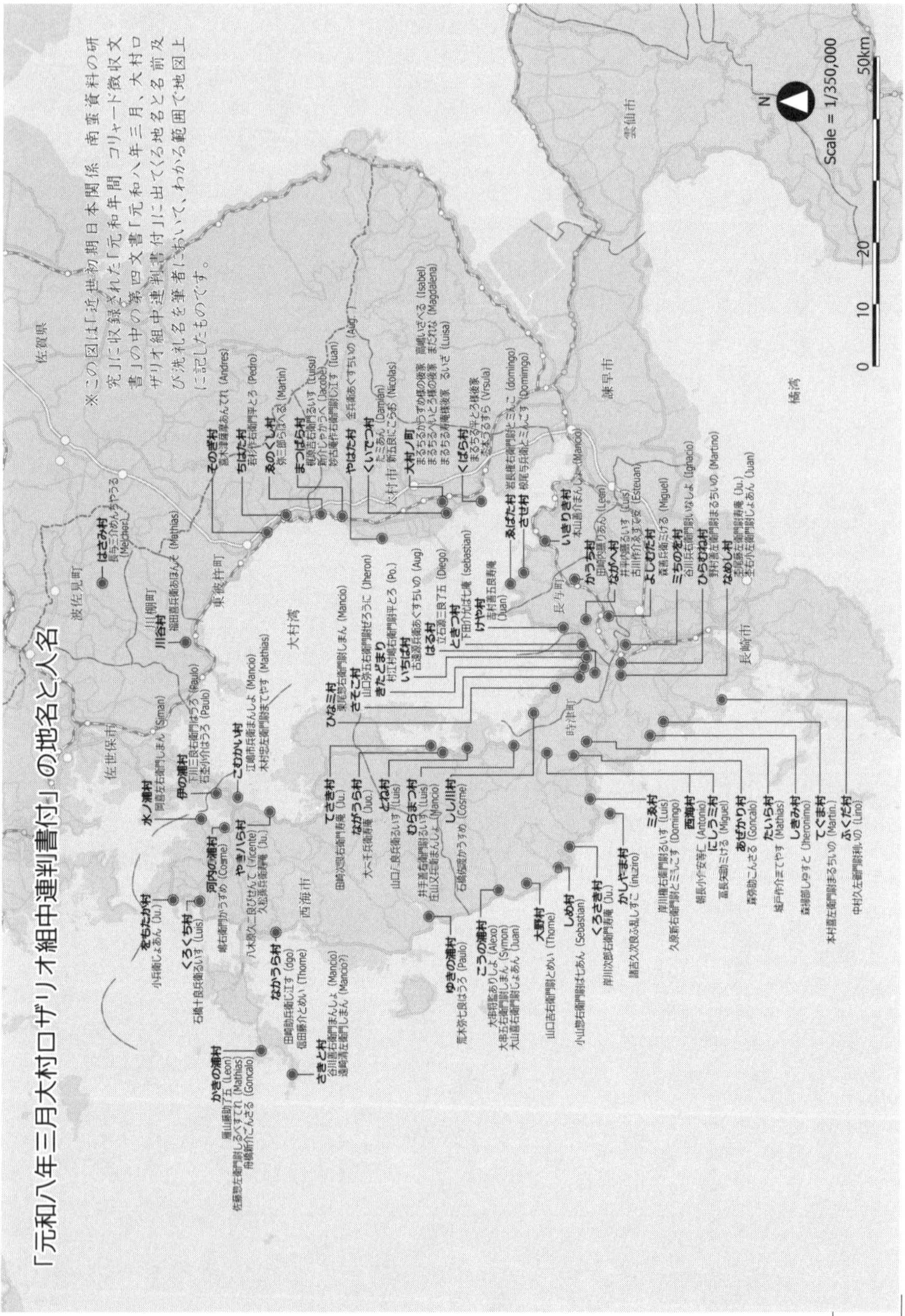

6 外海地方のキリスト教関連遺物

浅野ひとみ

外海町[*1]は一五七一年にカブラル神父が訪れて以来、布教が始まるが、徳川の禁教期に、大村藩の厳しい検索を受け、殉教者が続出した。しかし、近年の調査によって、比較的迫害の緩やかであった佐賀藩の飛び地を中心に潜伏して「キリスト教」を信奉していた人々がいたことが立証されている。彼らの信仰の支えとなったのが地下活動をしていた伝道師バスチャンである。[*2]「バスチャンの十字架」、「バスチャンのツバキ」、「バスチャンの預言」など足跡はいたるところにあるが、一六三四年に編纂された『バスチャンの日繰り』という太陰暦による典礼暦は現在でもカクレキリシタン信徒たちに用いられており、非常に重要である。

このような土地の一つであり、現在歴史民俗資料館を有する出津《しつ》では、高札撤去以後、ローマン・カトリックに帰依する信徒のうちから枢機卿を二人も輩出している。[*3]

一方で、現存する一六～一七世紀のキリシタン遺物となると非常に少ない。文献等から明らかに外海と関連づけられるものは、現在、日本二十六聖人記念館所蔵の紙本著色《雪のサンタ・マリア》像のみであろう。その他に紙本著色《大天使ミカエル像》、同《聖母マリア十五玄義図》があったが、後述のように終戦間際に被災して現存しない。現在、戦前に撮影された写真の一部が伝わる他、あまり精密とは言えない模写が長崎県立歴史文化博物館に残っているのみである。他に、出津の長崎市外海歴史民俗資料館にメダルなど金属製品が数点伝わるが、ほとんどは再宣教後にパリ外国宣教会の宣教師たちによって持ち込まれたものと考えられる。

1. 東樫山のホトケサマ

資料館に所蔵されているこれらのキリスト教関連遺物は、もともとは外海のカクレキリシタン（ハナレ）たちが信仰の対象として祈りを捧げていたものである。実際にどのように扱われていたのかを示す資料がほとんど残っていない中で正木慶文氏の報告は貴重である。[*4] すなわち、終戦直後の東樫山部落（旧佐賀藩）では、特別な日に秘仏の「マリア観音」や「イナッショ様」を出して来て、内輪の人々で拝むと述べられている。そして、それらは、メダルも含めてすべて「ホトケサマ」と呼ばれていたという。正木の掲載した山中家のホトケサマの一葉の写真（図１）を見ると、木箱の中、マリア観音と「イナッショ様」の前に正円の大小のメダルが立てかけてある。

まず、奥の二つの黒い像のうち、向かって左側はいわゆる「マリア観音」である。[*5] その隣の走っている人物像は、正木によると、角があり、両手を上に挙げている、いわゆる「イナッショ様」と思われる。イナッショはイグナシオが転訛した呼称であり、イエズス会創設者のイグナ

図１「ホトケサマ」正木 2003 より　© 田中幹子

図２「イナッショ様」
長崎市外海歴史民俗資料館
（長崎市所蔵）　© 長崎市

ティウス・デ・ロヨラ（一四九一～一五五六）の南欧語発音に由来する。この不思議な像と同様のものは、資料館にも見出せる（図2）。手先は長く伸びた朝鮮風の苞のようにも見えるが、上半身は裸であり、袖がついているとは考えがたい。

これら二体の像は、「風神雷神」像によく似ている。正木資料の「イナッショ様」は、両手を肘のところで曲げ、手先はのど元に当てており、かついだ風袋の口を抑える風神のようにも見える。資料館作例は、連鼓をかつぐ「雷神」とも考えられる。しかしながら、たとえば国内最古の作例と言われる三十三間堂の風神雷神は、二十八部衆の成員として千体観音の守護にあたっており、左右の対称性が強調されている。外海作例では、そのような特徴は見出せないため、蔵王権現（図3）など他の尊格をもとに創出された像かもしれない。マリア観音に転用された子安観音や白柳観音の多くは中国製であるため、これらの金属製小像も同様に大陸からの輸入品の一つであった可能性もある。

図3「蔵王権現」ギメ東洋美術館　©PHGCOM

このようなキリスト教と関連の無い小像がなぜ神格化されたのだろうか。以前、故結城了悟神父から、これらのいわゆる「イナッショ」様は、両足がきちんとそろっていないために、イエズス会創設前に戦争で足に戦傷を負ったイグナティウスと同一視されたと伺っていたが、以下に述べるメダルの同定によって、イグナティウスが特別の崇敬を集めていたことがはっきりとわかる。

二個のメダルのうち、向かって右側のものは写真からは図様が判然としない。左の大ぶりで正円のもののみ、「IHS」と十字架、三本の釘を組み合わせたイエズス会のシンボルマークを中央に刻んでいることがわかる。これだけ大きなメダルは非常に珍しく、千提寺(大阪府茨木市)の真鍮製「教皇グレゴリウス十四世」のメダル(直径四・六センチメートル)が想起される。[*6] これについては、筆者の見たところ、マドリッドの国立考古学博物館蔵品の聖イグナティウス・デ・ロヨラの横顔を刻んだメダル(直径四八ミリメートル)と同形と考えられる。[*7] 表にはイグナティウス・デ・ロヨラの横向き半身があり、[*8] S・IGNATIVS・LOYOLA・SOCIET(ATIS)・JESV・FVNDAT(OR)(イエズス会創設者聖イグナティウス・ロヨラ)、裏にはIHSをめぐってDONAVIT・ILLI・NOMEN・QUOD・EST・SVPER・OMNE・NOMEN(「(神は)彼(イエス)にあらゆる名にまさる名をお与えになった。」『フィリピの信徒への手紙』二章九節)という銘文が配されている。

東樫山の上記の例では、ご神体にあたるものが、マリア観音と共に祭壇に祀られた聖イグナティウスのメダルとイナッショ様という小像であったことを示しており、外海の信仰の一形態を示すものとして非常に興味深い。大阪の千提寺・下音羽では、メダルや銅版画が旧信徒たちの主たる家々で分有されたことがわかっており、この地域でもこのようなご神体をツモトのような重要な一家が維持したのであろう。[*9]

西村貞は、一六一一(慶長一六)年、ロヨラの列福直後に、盛大な式典が長崎で催されたこと、一八五七(安政四)年頃に異宗信仰によって処罰を受けた浦上村の百姓の持ち物に「(ハン)タマルヤと申白仏立像一台、イナッショウと申唐かね仏坐像一台」(「肥前国浦上村百姓共異宗信仰いたし候一件御仕置奉伺書付」、『岡部駿河守宛伺書副本』、長崎図書館蔵)が没収されたことを挙げ、少なくとも長崎でロヨラに対する信仰の隆盛があったことを指摘している。[*10]「金属製でイナッショウと言われる仏像」は、まさに資料館蔵品、および正木資料と一致するだろう。坐像とある点が異なるが、他にも同類のものが存在したことを示すものであろう。

ここで複雑なキリシタン遺物に関する事情について一言述べておこう。東京国立博物館所蔵のキリシタン遺物は『キリシタン関係遺品篇』カタログに収められているが、ページを繰ると、一六、七世紀の布教期の物から一九世紀以降の再宣教期のキリスト教関連遺物以外に粗略な仏像や観音像が含まれる。なぜならば、その内訳は、長崎奉行所没収品、浦上崩れ時の没収品、来歴不明のものと分かれ、収集時期が異なるからだ。松田毅一は、来歴によって明らかにキリシタン遺物と呼べるものは、長崎奉行所没収品および奉行所によって制作された踏絵一九点のみと分類する。[*11] このような分類は最も狭義にキリシタン遺物を定義するものとなろう。すなわち、仏像や観音像など、秘匿して祈りを捧げていた対象物は厳密に言えばキリスト教の信仰対象物ではないからである。昭和になって分類された時もこれらは「異宗」遺物としての扱いを受けていると松田は同著で指摘する。この分類に従って、美術史プロパーである筆者も「キリシタン遺物」を扱う時には「キリスト教に似て非なる信仰」を託した遺物は除外して考えたい。しかしながら、異宗（非キリスト教）の信仰対象物は、近年の世界遺産運動で脚光を浴びつつある、日本人が創出した世界唯一の新しい信仰形態（カクレキリシタン）を探る上で不可欠のものであり、人類学や宗教学の分野での積極的評価をはばむものではない。

2. 日本二十六聖人記念館所蔵紙本著色《雪のサンタ・マリア》像（図4）

日本二十六聖人記念館所蔵の本作は一九七三年に発見された非常に稀なキリシタン時代の作画を伝える作例である。

1．日本における「雪のサンタ・マリア」信仰

そもそも「雪のサンタ・マリア」という副名を持つ聖母子像は、ローマのサンタ・マリア・マッジョーレ大聖堂にある聖母子像を言い、その名のとおり、真夏に雪を降らせたという奇跡により人々の信仰を集めた聖母マリアの由緒ある画像である。聖母マリアの純潔と真っ白な雪の清らかなイメージが重なっているのは言うまでもない。

この雪のサンタ・マリアの伝承は、ローマのエスキリーナの丘に四世紀に建てられたサンタ・マリア・マッジョーレ大聖堂の創建譚に遡る。聖堂は、教皇リベリウス（三五三～三六六在位）によって建てられ、シクストゥスIII世（四三二～四四〇在位）によって拡張され、聖母マリアに奉献された。伝承によると、教皇リベリウスの代、子供の無かったジョヴァンニ夫妻が、その財を何に使ったらよいか聖母マリアに尋ねたところ、ある夏の夜、夢枕に聖母が立ち、「雪で覆われた丘に教会を建てなさい」と言った。そして、実際、八月五日にローマのエスキリーナの丘に雪が降り、ジョヴァンニはそこに教会を建てたのであった。この物語は、何の確証も無く、前述のシクストゥスIII世の献堂銘文に一言も触れられていない。当初、雪のサンタ・マリアの祝日はサンタ・マリア・マッジョーレ大聖堂でのみ守られていたが、やがてローマ中で祝われるようになった。後に教皇ピウス五世（一五六六～一五七二在位）が、教会の正式な祝日とし、クレメンス八世（一五九二～一六〇五在位）

図４ 紙本著色《雪のサンタ・マリア》像
日本二十六聖人記念館
16～17C 頃　© 日本二十六聖人記念館

が、聖母マリアの二大大祭の一つと定めた。[*12]

日本では、『バレト写本』(長崎、一五九一年)中、「使徒聖ヤコブの日(七月二五日)」と「聖ラウレンテイウスの日(八月一〇日)」の間に「雪のサンタ・マリアの聖堂の奉献祝日」が挿入されており、[*13] 一六〇三年銘のキリシタン墓碑(京都大学博物館蔵)に「雪のサンタ・マリヤの祝日」と刻まれている他、『サカラメンタ提要』(長崎、一六〇五)には、八月五日の項に「Dedicatio S. ad Nives」とあり、雪のサンタ・マリアの日が記されている。そして、一六三四年の外海と浦上の日繰り帳には、それぞれ、「ゆきのサンタ丸、や」、「聖マリアの雪殿」とやはり雪のサンタ・マリアの祝日が入れられている。[*14] また、太田全斎(一七五九～一八二九)によって編纂された『宗門大要』には、一六五八年に採取された潜伏キリシタンからの聞き取りによる雪のサンタ・マリア説話が収められている。[*15]

さらに、外海に伝わる『天地始之事(てんちはじまりのこと)』にも雪のサンタ・マリアはヒロインとして登場し、人々に広く親しまれていたことが伺われる。

2.「雪のサンタ・マリア」図像

しかしながら、ローマにある聖母子像はヴェールをかぶって幼子を抱く聖母マリアが半身で表されるものであり、長崎の作例とはまったく異なる。ローマ・タイプのものは、銅板油彩として日本へ伝わっており(東京国立博物館所蔵、C695、C700)、おそらく、宣教師たちが最初にもたらしたのはこの聖母子像だったのではないかと筆者は想像している。

外海では、日繰り帖と『天地始之事』に登場することからもわかるように、「雪のサンタ・マリア」は人々にとって憧れの聖女だったのだろう。迫害を免れて手元に残った出色の聖画はいつしか「雪のサンタ・マリア」と親しみをこめて呼ばれるようになったと想像するに難くない。

長崎の作例は、日本二十六聖人記念館元館長であった結城了悟氏によって「発見」され、現在、同館に寄託されている。当初は、漆塗りの筒に丸めておさめられており、画面の下半部がかなり損傷しているものの、朱の内衣に紺色のマントを羽織り、頭上には宝冠を掲げて、向かって左下に手を合わせている聖女の姿はキリシタン時代の聖画の珠玉の作例と言える。特徴的なのは、その豊かに波打つ長い髪であり、腰まで達している。

近年、筆者が油彩修復学専門家と共に行った調査により、顔料の層構造、鉛白の使用、グラッシやワニスの塗布と西洋画の技法が認められ、画学舎などで正統な教育を受けた画家の手によって描かれたキリシタン時代の貴重な逸品であることが裏付けられた。同時に、先行研究者によって、ほくろとされていた頬の黒点の部分は、鎖骨のあたりにも認められ、単なる漆系の塗料のハネであることも判明した。[*16]

さて、図像を分析するには現状ははなはだ困難なものがある。なぜなら、本作例は、下半部が欠損しており、残念ながら、原形をとどめていないためである。聖母マリア以外の聖女である可能性も排除しきれないが、両手を合わせているところから、アトリビュートはもともと手に持っていなかったと思われ、聖母マリアである蓋然性は高い。

聖母マリアであるならば、一六～一七世紀の図像の中で考えられるのは、横たわる幼子を前にして祈りを捧げる半身の「謙譲の聖母」、あるいは立像の「無原罪の聖母」である。当該図像は、両手の指先のみが触れる形で下を向いて祈りを捧げているために「謙譲の聖母」ととらえる先行研究者もあるが、その場合、聖母は必ず既婚者としてヴェールをかぶって表されるので、該当しないだろう。一方、若桑は、聖女がもともと立像で「無原罪の聖母」を表すとみなしている。[*17] 現状から考えると、もし立像であったらあまりにも欠損部分が大きくなるが、実は筆者も、本像は立像であったと考えている。[*18]

しかし、「無原罪の聖母」で手と顔を同じ向きに置くタイプのものが存在しない。今のところ、最も近いのは、フランチェスコ会の図像である「称揚」図だが、一七世紀後半まで時代を下らないと作例が見当たらず、非常に判断が難しい。無原罪のマリア像はフランチェスコ会からイエズス会などに支持されるようになり、会派を超えて人々に愛された図像であり、これだけで出自を特定できるものではない。しかし、当該図が西洋の伝統技法を着実にたどっている点を考慮すると初期洋風画導入の早い時期のセミナリオ系絵画と考えて差支えないだろう。

3．浦上本《聖母マリア十五玄義図》（焼失）（図5）

外海に伝わった二作例、紙本著色《大天使ミカエル》像と同《聖母マリア十五玄義図》のうち、後者を、プチジャンは、一八六五年九月一三日、「信徒発見」の約半年後、「鞭のミケル」という熱心な信徒の案内で出津を訪れた際に目にしている。所有していたバスチャン重蔵は「窄頭（さこかしら）」であり、生月のツモトのような役目を負っていたという。[*19] そして、重蔵宅では、時折訪ねて来る村人や付近の人々に十五玄義図を拝ませていた、とある。[*20]

野中騒動[*21]を経て、これら二点は、一八八一年、ド・ロ神父が出津教会を建立したおり、内陣に掲げられ、カトリック、ハナレ（カクレ）双方の人々の崇敬を集めたという。[*22]

その後、第三代出津教会主任ヒューゼ神父が浦上教会に転任した時、教会内に設けた「キリシタン遺物展示室」に収蔵されたが、戦局が激しくなり、浦上教会伝道師の片岡一男が他のキリシタン遺物と共に長崎市元原町三丁目の姉キク方に疎開させたものの、結局、終戦間際に焼損したという。[*23] 現在は、戦

図5 浦上本《聖母マリア十五玄義図》
旧浦上天主堂旧蔵　西村 1971 より

前に撮影された写真の一部と模写が伝わるのみである。

長崎歴史文化博物館蔵の模写（六七×五八・八センチメートル）は、写真と比較すると、原本に必ずしも忠実とは言えないことがわかる。しかし、写真と合わせて考察することにより、当該作例の概要を知ることができる。この浦上本《聖母マリア十五玄義図》は、茨木（大阪）のものと大きく異なる。すなわち、聖母の一五玄義を表す図像が五場面ずつ、三段に積み重ねられており、最下段向かって右の「受胎告知」より、説話が始まり、「ご訪問」、「降誕」、「神殿奉献」、「博士を教える」というキリストの幼児伝（喜びの玄義）、その上の段のやはり向かって右から、左に向けて、「オリブ山での祈り」、「鞭打ち」、「茨の冠」、「十字架の道行」、「磔刑」という受難伝（悲しみの玄義）、最上段向かって右から「キリストの復活」、「昇天」、「ペンテコステ」、「聖母マリアの被昇天」、「聖母マリアの戴冠」（栄光の玄義）が表される。そして、一五玄義の下段には三人の聖人、向かって右から、アッシジの聖フランチェスコ、パドヴァの聖アントニウス、洗礼者ヨハネが並ぶ。

十五玄義図は「ロザリオの祈り」を唱えながら、キリストの生涯を瞑想するために作られた実践絵解きマニュアルであることは拙論ですでに触れた。[*24] 一四九五年、教皇アレクリンデル六世が祈りに贖宥を付したのを契機に、「ロザリオの祈り」は会派を超えて浸透して行く。そして、ドミニコ会士の教皇ピウス五世がロザリオ勅書を発布して、祈りを推奨し、ロザリオの祝日を制定（一五七三年）した結果、「ロザリオの祈り」は爆発的に世界中に広まった。

一四八八年に制作されたカタルーニャ人、フランセスク・ドミニク（一四六〇〜一四九四）による一葉の銅版画は、「ロザリオの祈り」図像としては最古のものと考えられる。非常に興味深いことだが、浦上本と形式がよく似ていることをここで指摘しておこう。すなわち、画面は上部三段に聖母の一五玄義が横並びに表され、下部中央にマンドーラの中の聖母子立像、両端に四人のドミニコ会の聖人、マンドーラの向かって左上にはバルセロナの守護聖人である聖女エウラリアが表されている。F・フォンボーナによると、この銅版画は、一六世紀、「ロザリオの祈り」が世界中に広まる以前、ドミニコ会の文脈の中で作られたもので、スペイン国内はもとより、メキシコまでもたらされたという。[*25]

さらに、著者は、メトロポリタン美術館所蔵のゴスウィン・ファン・デル・ウェイデン（?〜一五三八後）の小板絵がこの版画に基づいて制作されたことを指摘している。両者の枠取り、ことにメトロポリタン作例の画面分割比率は、浦上本と非常によく似ているが、決定的に異なるのは、話の展開方向が向かって左から始まり、上の段から読むようになっていることと、一四番目の玄義が、「聖母の御眠り」であることだ。

浦上本では、聖母の臨終の床は描かれず、「聖母の被昇天」に置き換えられているのである。近年、この部分の写真乾板（図6、7）が堺で発見され、現在は、国立歴史民俗博物館所蔵となっているその原版から、聖母マリアは雲の上で三日月に乗っており、両脇、中空に天使が飛んでいることが判明した。全部で何人になるのかは不明だが、おそらく四人の天使たちと思われる。[*26]

同様の図像選択特性は、構図の異なる茨木作例にも認められることから、カタルーニャの原形は枠のみ受け継がれ、ヴァリエーションとなったものの一つ（おそらくフランチェスコ会と関連したもの）が外海にもたらされ

図6「聖母マリアの被昇天」浦上本《聖母マリア十五玄義図》部分

図7「聖母マリアの被昇天」浦上本《聖母マリア十五玄義図》描起し（武田画）

たと考えられ、日本に伝えられた「十五玄義図像」の一つの起源を考える上で重要である。

ここで注目すべきは、西洋では説話が横に置かれる場合、向かって左から始まる、すなわち、アルファベットが書かれる方向に従って話が展開するが、浦上本は、西村の言う「絵巻物」様式[*27]、すなわち、文字の縦書き文化に対応した配列となっているのである。もし、西洋の伝統にのっとって描かれたとするならば、左始まりでなければ座りが悪いだろう。右側から始まる当該十五玄義は、従って、和様化された十五玄義図と推察される。

また、前述のカタルーニャ作例との比較において、当該作例では、栄光の玄義が最上段に置かれる。これは、「キリストの昇天」、「聖母マリアの昇天」など、天に関係したできごとを画面の上方に置こうとした画家の意図の現れであり、そのような工夫は日本の絵解き文化の反映とも取れる。

最下段の三人の聖人のうち、中央に立つのは、裸足で修道衣をまとったパドヴァの聖アントニウスであることは間違いないだろう。西村掲載写真を見ると、アントニウスは右手に(おそらく)聖書を開いて持ち、その上に幼児キリストが立っている。これは、パドヴァの聖アントニウスが瞑想中に聖書の上に幼児キリストの姿を見たという幻視に基づく図像である。さらに、西村は、聖人が左手に聖杯を持つと述べているが[*28]、写真からは確認できなかった。管見の限りでは、そのような聖アントニウス像はほとんど存在しない。

さて、このような三層の十五玄義図が下部の聖人たちの属性に示されるようなフランチェスコ会独自の図像か否かということに関しては即断することはできない。外海へのフランチェスコ会の伝道はキリシタン時代にあり、それらの足跡は残るものの、禁教期に潜伏キリシタンたちが、それを意識して祀っていたとは思えない。画家にとってアクセスできる図像源は限られていただろうから、会派を問わずに入手できたものを図像源として、信者のために制作したと考える方が自然ではないだろうか。

パドヴァの聖アントニウスは確かにアッシジのフランチェスコの弟子ではあるが、同時にリスボン(ポルトガル）の守護聖人であり、会派を超えて、人気の高い聖人であった。例えば、マカオの聖アントニウス教会はイエズス会士たちが根城とした聖堂であるが、堂内はイエズス会の聖人たちと聖アントニウスの絵が混在している。地縁のあるポピュラーな聖人は会派を問わず信奉されたということではないだろうか。

西村は、技法から当該作をセミナリオ系に位置づけるものの茨木作例に比して画工の習熟度は下がるとみなし、制作年代に関して、「慶長後期から元和年中」（一六世紀末から一七世紀初頭）と推定している。[29]筆者は、上述のように、当該図ヨーロッパ作例から、枠組のみ西洋伝統を踏襲したが、かなり和様化が進んでいるという印象があり、さらに時代の下った禁教期の制作ではないかと考える。

4.《大天使聖ミカエル》像（焼失）（図8）

この《大天使聖ミカエル》像は、内山によると、出津郷のトマス治六方伝来品という。[30]この作品も前出《十五玄義図》とともに焼損したため、模写から判断するしかないのだが、坂本満氏がすでに図像ソースとして、ヒエロニムス・ヴィーリクスWierixの一葉の版画（図9）を指摘している。[31]双方とも、武具をまとった大天使ミカエルが異形の悪魔の上に立ち、長槍で体を貫こうとしている。模写図のミカエルの鎧の両肩には白い羽毛のようなものが認められるが、ヴィーリクスの作例では認められなかった。肩あての解釈崩れであろうか。浦上本

図8 浦上本《大天使ミカエル》像
旧浦上天主堂旧蔵（内山他編 1961 より）

では、左手にアトリビュートである天秤を持ち、ミカエルの武具は、腰のあたりにえびらのある鎧だが、同時に長い裾を後方にはためかせており、武人の装いとは異なる。この点、版画でも武具を身にまとったタイプのものと長衣のものとがあり、その中間型と言える。特筆すべきは悪魔の姿であろう。目をむいて大きく翼を広げ、両足の間に長い尾が蛇をように巻いている。そして、胸にたわわな乳房が認められるのだ。すなわち女として表現されているのである。この点も、版画作例に共通する特徴である。南米では、異教徒を悪魔に例えて、それを成敗（教化）する大天使ミカエルの図像が好まれたが、日本への「武具をまとった大天使ミカエル像」の流入も同じコンテクストから考察することができるだろう。

図9 ヒエロニムス・ヴィーリクス《大天使ミカエル》 1575

上述、《聖母マリアの十五玄義図》《大天使聖ミカエル》像の二点は、禁教期には、隠し戸棚に秘匿され、クリスマスや復活祭の折、真夜中に取出されてごく少数の人々のための礼拝に供され、一九世紀再宣教時に出津教会の内陣に掲げられていたという。[*32]

外海では、一八八五年の七月から九月にかけて、コレラが蔓延し、[*33]積極的に罹患者の治療にあたったド・ロ神父らは、住民の信頼を得て、少なからず、ハナレからカトリックへの改宗者を増やすことに貢献したという。その中で、当該《聖ミカエル》像の持ち主は、感染を恐れずにこの聖画を持ち歩いて、病者の治癒を祈願し、それゆえに病魔に侵されて亡くなったとあり、胸を打つ。[*34]

コレラに関しては、長崎市外海民俗資料館に珍しい「疫病よけ」の小像があったのでここに紹介したい。

5.《ペスト除けの銘文を持つ幼児キリスト》（図10）

一九世紀ぐらいの作例と思われるこの小像は、顔がはっきりしないが、童形で、天使を表す翼の表現が無いところから幼児キリストと考えてよいだろう。興味深いのは手にした石板に書きこまれた銘文である。スペイン語で「あなた（キリスト）に祈りを捧げる人々をペストが襲いませんように　∓ No da/ñara/ la peste/a los q (ue) / te invo (que?) n」と記されているようである。

スペイン語圏は、スペイン本国を始めとして、フィリピン、中南米と多くあり、本像の制作場所を特定するには至らなかったが、宣教師の報告にもあるように外海地方がペスト禍で悩まされた一九世紀後半にもたらされたものであろう。

図10《ペスト除けの銘文を持つ幼児キリスト》長崎市外海歴史民俗資料館（長崎市所蔵）　© 長崎市

6.祈念メダル「キリストと聖母マリア」（図11）

長崎市外海歴史民俗資料館蔵のキリスト教関連資料のうち、キリシタン時代にさかのぼるものはほとんど無いが、ここで言及するメダルは、鈕《ちゅう》が図像面に対して垂直についており、もう一点の同デザインのものと同様に若干年代がさかのぼる可能性がある。ただし、このような祈念メダルは人気があれば、同じ図像が繰り返し使われたために年代や制作地を特定するのは困難である。

「キリストと聖母マリア」の祈念メダルは由緒正しいものであり、ペンダント・ヘッドとして作られたあらゆるメダルのうち最初期に作られたものである。キリストの横顔は、ラファエッロのシスティーナ礼拝堂タペストリーのキリスト像にならい、ニンブスが帽子をかぶっているように横向きに表現されるのが特徴である。当該作例は、銘文の文字が小さく、字配りが安定しており、GRATIAEの最後のAEが独立して刻まれているために、後代に擬古的に作られたものと考えられる。制作年代は、一七世紀までは遡らないが、一八世紀ぐらいにおいてもおかしくはないだろう。

もう一点、同館所蔵、同意匠のメダルはサビによって図様が判別しがたいが、同じくキリストと聖母マリアの横顔を表した無銘のメダルである。東京国立博物館には、正円形（半径二・三センチメートル）で無銘の福知山の発掘品（C一〇六一）があり、一六世紀から一七世紀の製作品とみなされているが、当該作例はさらに時代が下るであろう。

同館には、明らかに一九世紀以降に制作された同意匠のメダルが他に二点所蔵されている（図12）。同形のものは東博にもあり（C九一六）、鈕が正面向きで薄様、横顔にもかかわらず、ニンブスが正面向きに付され、ラテン語銘文には誤りがある。[*35] 技法も明らかに鋳造ではなく、打出しによる製作である。これらは一九世紀以降の流布品と考えて間違いない。

以上、長崎市外海民俗資料館の資料を中心に、外海地方に伝

図11 メダル「キリストと聖母マリア」（同一物の表裏を並置）長崎市外海歴史民俗資料館（長崎市所蔵）銘：MATER/DIVINAE GRATIAE, SALVATOR/MUNDI 18C頃か © 長崎市

図12 メダル「キリストと聖母マリア」長崎市外海歴史民俗資料館（長崎市所蔵）銘：MATER/DIVINAE GRATIA 19C以降 © 長崎市

わったキリスト教関連遺物を通観したが、正木資料のメダルや《雪のサンタ・マリア》像のように明らかにイエズス会系の遺物が見られる他、イグナティウス・デ・ロヨラに対する特別な崇敬が伝わっていること、ポルトガル語からの言葉が多く残る『天地始之事』などの文字資料が残っている点から、外海への最初の宣教であったイエズス会の足跡は他の会派に比して大きいと思われる。美術に関しては、残っているものから判断するしかなく、フランチェスコ会は、セミナリオにあったような画学舎を持ち合わせたとは考えにくく、もし、フランチェスコ会の特徴を持つ図像が伝わっているとしても、その信仰が広められたと証明する手立てはない。また、現在のところ、コフラディアに特化した信仰対象をそれぞれが意識して選択的に礼拝できるほど、図像は豊富ではなかったと考えられる。

【注】

＊1　文献では、「ほかめ」などの別称もあり、現在の外海町、三重、福田までが広く含まれることがある。cf.片岡弥吉他監修『外海町誌』外海町役場、一九七四、三八〇～三九一頁。

＊2　バスチャンは、赤首という大村藩の土地に住み、そこで椿の奇跡を起こす。後に牧野に隠棲したが、捕縛され、長崎で殉教したという。妻子があり、末裔は畑杭のハナレとしてバスチャンより受け継いだ象牙製の磔刑像を所有するとある（一八八八年の報告）。松村菅和・女子カルメル修道会訳『パリ外国宣教会年次報告』1、聖母の騎士社、一九九六、一五六～一五八頁。

＊3　田口芳五郎（一九〇二～一九七八）、里脇浅次郎（一九〇四～一九九六）。

＊4　正木慶文「東樫山の隠れキリシタン（五）」『長崎談叢』四七、一九六八、五四～六一頁、五五頁。（正木慶文『長崎の隠れキリシタン記』、新潮社、二〇〇三年、再掲）。

＊5　通常、白磁製の子安観音像などであるが、当該作例は黒ずんでおり、金属に似せた可能性もある。

＊6　同じものは生月にもあったようだが、現在、所在は不明である。

＊7　これに関しては著作権の関係でここに写真を掲載することができなかった。また次の機会に詳しく論じたい。
＊8　先頭の「S」がベアトゥス（福者）の「B」になっているものもあり、同図像がイグナティウスの列福から列聖まで用いられたことを物語る。しかし、メダルの図像は繰り返し使われるため、銘文表記の多少の異同で年代を厳密に特定することはできない。
＊9　浅野ひとみ「いわゆる《天使讃仰図銅版画》に関する新知見」『千提寺・下音羽のキリシタン遺物研究』長崎純心大学（浅野ひとみ編著、挑戦的萌芽研究課題番号23652026）、二〇一四、七五～八〇頁。
＊10　西村貞「瑪利亜十五玄義図の研究」『日本初期洋画の研究（増訂版）』全国書房、一九七一、一二二～一七三頁、一四八頁。
＊11　松田毅一『南蛮の世界』東海大学出版会、一九七五、二三四～二三八頁。
＊12　*Catholic Encyclopedia*, 2nd ed., vol.10, Washington DC, 2002, p.725.
＊13　「諸々のサントスの特定のエワンゼリヨ」『キリシタン研究』7、一九六二、九六～一一八頁、一〇四頁。
＊14　新村出『南蛮更紗』改造社、一九二四、一～一一頁、一～二頁。
＊15　姉崎正治『キリシタン宗門の迫害と潜伏』一九二六、（再版、国書刊行会、一九七六）、一二九頁。
＊16　Hitomi Asano, Eri Takeda, Hiromi Takabayashi :" *Our Lady of the Snow* in Twenty-Six Martyrs Museum, Nagasaki : Scientific Examinations and an Analysis of Painting Technique," *Junshin Journal of Grants-in-Aid Scientific Research*, 1, 2012, pp.1-72. 武田恵理・浅野ひとみ・高林弘実「初期洋風画の調査で得られた新知見と図像認識との相違――「雪のサンタマリア」と「聖母子像」の調査から――」（ポスター発表）、文化財保存修復学会第三四回大会（東京）、二〇一二年七月一日。

＊17　若桑みどり『聖母像の到来』青土社、二〇〇六、一七五頁。

＊18　宮崎によると、生月のカクレキリシタンのある者は、このような聖画（ご隠居様）を、戦時中に「弾除け」として、一部を切り取り、肌身につけて出兵したという（宮崎賢太郎『カクレキリシタンの信仰世界』東京大学出版会、一九九六、二二〇頁）。当該図像は、顔や手など、聖女の肝要な部分はきれいに残っており、あまり重要でない衣裾のような部分が切り取られた可能性もあるだろう。

＊19　『外海町誌』、四一二～四一三頁。

＊20　Marnas, Francisque : *La "Religion de Jésus" (IASO JAKYO) Ressuscitée au Japon. Dans la seconde moitié du XIXe siècle*, Paris/Lyon, t.1, p.52. マルナス、F.『日本キリスト教復活史』みすず書房、一九八五、二六〇頁。

＊21　一八六七年、バスチャン重蔵方にあった当該「十五玄義図」および、トマス治六方にあった「聖ミカエル」の絵を庄屋が奪ったために刃傷沙汰になった事件。

＊22　『パリ外国宣教会年次報告』1、一三八～一三九頁。

＊23　『外海町誌』、四二〇頁、注2。

＊24　浅野ひとみ・後藤晃一「コンタツ論」『純心人文研究』14、二〇〇八、一一五～一四五頁。

＊25　Fontbona, Francesc : "Estampas, artistas y gabinetes. Breve historia del grabado', *Revista de la Fundación Juan March*, 411, 2012.4, pp.2-8.

＊26　浅野ひとみ・武田恵理「新発見ガラス乾板（個人蔵）第一次調査報告」『純心科研論文集』1、二〇一二、七三～一三〇頁、八五頁。

＊27　西村前掲書、一二二～一七三頁、一五六頁。

＊28　西村前掲書、一五九頁。

＊29　西村前掲書、一五九頁。

＊30　内山善一他『キリシタンの美術』宝文館、一九六一、一九一頁。
＊31　坂本満「南蛮美術総目録　洋風画編」『国立歴史民俗博物館研究報告』75、一九九七、カタログ七二番。
＊32　『パリ外国宣教会年次報告』1、一三八～一三九頁。
＊33　『パリ外国宣教会年次報告』1、一一五頁。
＊34　『パリ外国宣教会年次報告』1、一三九頁。
＊35　東博の図録解説ではDIVINAE GRATIAEとなっているが、実際には最後のEが欠けている。『東京国立博物館図版目録　キリシタン関係遺品篇』東京国立博物館、二〇〇一、二〇四頁。

【付記】調査・写真図版掲載に関して、日本二十六聖人記念館、長崎市外海民俗資料館、田中幹子様、長崎県立歴史文化博物館にご高配賜りました。また、蔵王権現像との比較は岡村多佳夫先生のご教示によるものです。ここに記して感謝申し上げます。

7　野中騒動と聖画

岡　美穂子

はじめに

筆者が外海のキリシタン史に関心を持ったのは、出津に伝わったとされる「マリア十五玄義図」模写画の写真を、黒崎の帳方村上氏の自宅で見せてもらったことに始まる。その絵には、明らかにフランシスコ会に関係すると思われる痕跡が残されていた。それ以来、従来まとまった研究のないフランシスコ会を始めとする托鉢修道会の日本布教に関心を持っているが、未だ全体を見渡せるような研究には至っていない。というのも、彼らの布教記録は、イエズス会の体系的なそれと比較するとかなり限定的と言わざるを得ないからである。そもそもイエズス会以外の修道会による日本布教は、一五八五年の教皇勅令により禁じられたものであった。であるにもかかわらず、外海のキリシタン信仰には、フランシスコ会の痕跡が強く残されている。この不思議な現象を検討するうちに、従来のキリシタン史研究では、イエズス会以外の修道会の布教の解明が十分ではなかったことを痛切に思い至った。

本稿では外海に残された絵画を手がかりに、一七世紀のキリスト教布教と一九世紀に「発見」されたキリシタンの歴史をつなぎ、彼らの信仰の特質に若干の光を当ててみたい。

1．長崎司教区所有の聖母マリア図の謎をめぐって

(1) パリから返還された聖画

二〇一四年五月、長崎市内のカトリック中町教会で、一点の絵画の返還式がおこなわれた。その絵は和紙に描かれた水彩画で、中央には縄紐で囲まれた聖母マリア像が描かれ、その下部に二人の男性のフランシスコ会員と三人の女性が配されたものである。この絵画は二〇〇九年、パリのカプチン・フランシスコ会修道院の文書館で、日本キリスト教史研究者のシルヴィ・モリシタ氏によってその存在が確認された。[*1] その後、モリシタ氏から情報提供を受けた高見三明長崎大司教による諸交渉の結果、同画が長崎に返還されることとなり、その返還式を迎えたというものである。当初は浦上に伝わった可能性が高いものと発表されたが、その後、史料にもとづいた実証により、外海地方の出津のキリシタンに伝わった絵であることが明確となった。[*2]

同画は幕末の長崎居留地で、カトリック信者のヨーロッパ人商人の司牧を名目に来日し、「信徒発見」以降、日本人に対する布教活動を再開したパリ外国宣教会（Missions Étrangères de Paris、以下外国宣教会）と深い関わりを持つものである。当時の外国宣教会の上長ベルナール・プティジャン神父は一八六五年六月二七日付、横浜にいたジラール教区長宛の書簡に、次のように記している。

「六月一五日、ロケーニュ師は、ウスチク（oustihc出津）の一老人から、聖母マリアの御絵を一枚受け取りましたが、その聖母の足元には、アシジの聖フランシスコ、パドヴァの聖アントニオ、聖クララ、それに多分、フランシスコ会員であると思われる二人の聖人がおります。私たちの思うところでは、信者の殆どが、フランシスコ会の神父たちの霊的子供ではないかということです（…）私たちはこの聖画が保存されていることを大変うれしく思っていましたのに、聖画の所有者は、たと

え私たちの天主堂にある全聖画と引き換えでも、これを譲ってくれませんでした」[*3]

プティジャンやロケーニュは、二五〇年以上にわたる禁教政策下で生き延びたキリスト教信仰の証として、熱心に同画の入手を試みたが、結局その画の譲渡は「大浦天主堂にある全聖画と引き換えでも」叶わなかったと記される。さらに翌三〇日付、フランスのパリ外国宣教会神学校校長のルーセイユ宛には、

画像1 無原罪の聖母図
（カトリック長崎大司教区所蔵）

「我々は高さ三ピエ（一ピエは三二・四センチメートル）、幅二ピエの雲上の聖母（原文挿入――無原罪の童貞マリアのようだった）、その足元に、右手にはアシジの聖フランシスコが、左手には幼子イエスを抱くパドヴァの聖アントニオが描かれた聖画をじっくり観察することがありました。聖クララと他の二人の聖人もその神聖な絵の下部に描かれていました。我々はその所有者に、我々が持っているいかなる物とでもその聖画を交換しようと申し出ましたが、持ち主は自分の命よりも大事にしていました。我々は無理強いすることはできませんでした」[*4]

とあり、その絵の詳細な描写と共に、やはり所有者は自分の命よりも大事にしていたので、譲渡は叶わなかったと報告される。

このような経緯で、その絵は慶応元（一八六五）年の時点では、外国宣教会の宣教師たちに譲渡されな

かった。にもかかわらず、その絵は、最近までパリで保管されてきたのであった。その絵がパリにあった理由を説明する史料は現在のところ、一九二三年に作成されたと思われるカプチン修道会文書館の「由緒書」[*5]のみである。その内容は物語調で、個人名は登場せず、伝聞情報を主体に構成されているため、「一次史料」とは言い難い点がある。そのため、そこに書かれている情報を事実として受け止めるには、その他の史料による裏付けが必須であると考えるが、今のところ、その種の史料は発見に至っていない。しかし、唯一の手がかりである以上、そこに記されている情報を紹介することは不可欠であると考え、以下に内容を要約する。

その絵は一九〇八年まで、フランス北西部メーヌ・エ・ロワール県の中心アンジェのサン・クレマン・デ・レヴェー地区の主任司祭の館にあった。当時の主任司祭の名は、ピエール・ダヴィドという。その年、教会での説教を依頼されたアンジェのカプチン・フランシスコ会修道院の修道士（ポール・ドラクロワか）が司祭館を訪ね、そこに日本の工芸品が陳列された飾り棚を見つけた。修道士が主任司祭に、日本への渡航歴を尋ねると、主任司祭は、自分の甥が日本布教に携わった、と説明した。そして、引き出しの中からその絵を取り出して見せ、一八六九年に第一回ヴァチカン公会議のために帰欧したプティジャンから贈られたものであると語った。

モリシタ氏の研究によれば、この主任司祭の名前はピエール・ダヴィド、その甥とは、慶応二（一八六六）年に外国宣教会の司祭として来日し、浦上などで司牧を担当したジャン・バティスト・ポワリエ神父であったという。ダヴィド神父はその絵に関心を持ったカプチン・フランシスコ会修道士に譲渡し、その後本部文書館に保存されることになった。ダヴィド神父はそれを譲渡する際に、それが日本のある村で長年の信仰対象であり続けてきたこと、日本人が殉教してまで二〇〇年以上に渡ってキリスト教を信じていたことなど、歴史的な重要性について語ったものの、同時に「（絵画としては）あまり価値がない」と認識していた、ということである。つまりこの絵は、一八六五年六月にそれを実見したプティジャンでもロケーニュでもなく、その後に来日したポワリエという若い神父が入手し、その親族にプティジャンの手を通じて贈った、というのが、現在のところ関係文書から描き出せる概要である。

おそらくポワリエ神父が所有者から入手したのは事実であろう。しかし、もともと入手を渇望していたプティジャンが、わざわざ自らの手で日本から持ち出し、ほとんど無関係の人物にそれを贈ったという話を事実として肯定するためには、それ相応の説明が必要である。確かに絵画としての完成度は高いとは言い難いが、当時、二五〇年にわたる厳しい江戸幕府の禁教政策下、日本で密かに信仰が続いていた事実の発見に対するヨーロッパ社会の驚きと賞賛は大変なものであった。ヴァチカン公会議の前年、プティジャンはローマで直々に教皇ピオ九世の謁見を得て、日本のキリシタンの歴史について質問を受け、今後の布教活動に対する激励を授かった。[*6] このような状況下、もし一八六九年までに外国宣教会の宣教師がその絵を入手していたならば、ヴァチカン公会議へ持参して、外国宣教会の活動を華々しくアピールする機会を設けたであろうと推察される。しかしそのような事実は知られていない。よって、この絵がフランスへ渡った経緯については、何らかの実証性を持つ史料の発見が待たれる、といわざるを得ないであろう。

「由緒書」の内容とはまったく異なるが、マルナス著『日本キリスト教復活史』には、明治二(一八七〇)年前半の出来事として、馬込、大明寺、出津、高島などでキリシタンの詮索が厳しくなり、出津のキリシタン二人が近いうちに流刑に処されると察して、当時長崎にいたヴィリオン神父とポワリエ神父のもとに、彼らの先祖から伝わった信心用具を持ってきたという記述がある。[*7] この「信心用具(原文objet religieux)」の具体的な内容は不明である。当時、プティジャンはヴァチカン公会議のために帰欧しており、代理責任者であるロケーニュは日本人神学生の養成を安全な場所でおこなうべく、上海、香港の外国人租界を転々としていた。[*8] つまり、本来の長崎における外国宣教会の指揮系統は機能しておらず、また政治体制が代わっても浦上四番崩れの仕置は継続中であり、ヴィリオン神父とポワリエ神父は息を潜めながら日本のキリシタンをめぐる動向を伺っている時期であった。その後、これら出津の信心用具がキリシタンに戻されたかどうかは、定かではない。

（2）絵画としての特徴

新たにパリで再発見された出津の聖母画には、三つの紐の結び目（清貧・貞潔・従順を象徴）のあるコルドン（スペイン語で縄紐の意味）というフランシスコ会の象徴的なモチーフの内側に、雲上の無原罪の聖母マリアが描かれる。その縄紐の外側には、向かって上部左側にアシジの聖フランシスコ、右手にパドヴァの聖アントニオ、下段に三人の女性がいる。向かって左端の女性が、聖体顕示台もしくはチボリウムを持つ聖クララであるのは明らかである。残る二人の女性が誰を表すものかという謎は、そもそもこのような絵が、どういった経緯で描かれたのか、ヨーロッパにも同様のモチーフの絵画が存在するのかを検討した後に、おおよそ明らかになる。

コルドンのモチーフは、フランシスコ会の象徴というだけではなく、「コルドンの組」として外海地方でも組織されたことが確認されるフランシスコ会系のコンフラリアと関連して描かれた可能性がある。この事実を手がかりに、ヨーロッパで描かれた同様の絵画を探してみた。すると、一六世紀末から一七世紀初頭という、出津の聖母画の推定作成時期とほぼ同じくするイタリアのフランシスコ会が組織したコルドンの組に関係する絵画が見つかった。

画像２ アマトリーチェの版画

その絵画は、イタリア中央部ラツィオ州リエーティ県アマトリーチェの聖フランチェスコ教会にある。[*9]キャンバスにはボローニャ派のアゴスティーノ・カラッチの工房で制作されたことを示す文字がある。この画（一九五×一八五センチ）には、アシジの聖フランシスコ、パドヴァの聖アントニオなど、六人のフランシスコ会士の他に、コルドンで聖フランシスコと結ばれ、コルドンの組の会員となることで、その恩恵を受けようとする聖人（女性）が中央に配され、その周りを教皇や複数の聖人たちが囲んで祝福するという構図になっている。その聖人の中には女性聖人の姿も見られる。

コルドンの組は、フランシスコ会出身の教皇シクストゥス五世（在位一五八五年〜一五九〇年）が、一五八五年十二月三〇日付で、その会員に「全贖宥」を保証する勅書を発布したことを契機に、躍進的に会員数を増やし発展した。[*10]コルドンの組の特典を明示した絵画は版画などで量産され、その視覚的宣伝の役割を果たした。アマトリーチェの宗教画には、コルドンの組の立役者シクストゥス五世も描かれている。

出津の聖母画は、アマトリーチェの画と比較すると簡素な作りであると言えるが、それでもコルドンの組会員へと誘う啓示的な要素は十分に満たしている。とくにアマトリーチェの版画とその構図を比較すると、中央に配されたフランシスコ会修道士の衣装を纏った女性は、コルドンの組会員になることで、聖母マリアとの結縁を願う信徒の象徴的な人物像であることが分かる。それゆえ、描き手の意図として、これがある特定の女性聖人である可能性は低いと考える。それでは残る右端の女性聖人は特定できるのであろうか。

アマトリーチェの画に描かれる聖クララ以外の二人の女性聖人は、フランシスコ会員であったハンガリー王女聖エリザベト（修道女）、同じくその姪かつ孫にあたるポルトガル女王聖イザベル（ディニス王妃）、スウェーデンの聖ビルギッタのいずれかであると推定される。聖エリザベトと聖イザベルは修道女の姿に王族を示す王冠を被るという特徴を有する。スウェーデンの聖ビルギッタは模範的なフランシスコ会の修道会コ第三会員で、ビルギッタ会（女子修道会）の創設者として知られる。いずれもフランシスコ会の修道会員ないしは第三会員であった女性の聖人である。とくにハンガリーの聖エリザベトは第三会の守護聖人であることから、コルドンの組関連画に描かれる可能性は高いといえる。このような理由から、出津の聖母画の右端の修道女姿の聖人も、聖エリザベト、聖イザベル、聖ビルギッタのいずれかである可能性が高いと思われる。この女性聖人に王冠が被せられていないことを考慮すれば、王冠のモチーフを伴わない聖ビルギッタであるのかもしれない。冒頭で述べたカプチン修道会文書館所蔵の「由緒書」では、聖クララ以外の女性聖人を、ハンガリーの聖エリザベトとコルトーナの聖マルゲリータに比定する案が提示されている。

かつて筆者は、この右端の女性聖人について、アヴィラの聖テレジアの可能性を考えたことがある。修道女姿の聖人で、日本で活動するフランシスコ会員に特別な意味を持つ女性であると考えたからであった。現在はスペインの守護聖女でもあるアヴィラの聖テレジアは、一六世紀の宗教思想家として著名であり、日本で活動したアルカンタラ派のフランシスコ会士らと同じく、サン・ペドロ・デ・アルカンタラの思想的影響を受けた人物であった。ただし、アヴィラのテレジアの列福は一六一四年、列聖は一六二二年であり、出津の聖母画に聖人として描かれるには、年代的に微妙である。

2. 出津のキリシタン絵画

(1) フランシスコ会の外海布教

宗教改革と対宗教改革の運動の中で、イエズス会という新しい修道会が誕生したことは有名であるが、一三世紀にアシジの聖フランシスコによって創設されたフランシスコ会は中世を通じて分派を繰り返し、さらには対宗教改革運動の影響を受けて、一六世紀には大きくコンヴェントゥアル派(修道会派)とオブセルヴァンテス派(改革派または会則派)の二つに分かれていた。オブヤルヴァンテスの中でもスペインではアルカンタラ派（ペドロ・デ・アルカンタラに由来）と呼ばれる分派が勢いを得て、スペインやポルトガルの海外進出に乗じて、「新世界」での新しい信者獲得に成果を挙げていた。日本で活躍したフランシスコ会士たちの大半はスペイン人で、このアルカンタラ派に属する修道士たちであった。

フランシスコ会による日本布教は、マニラ総督から秀吉政権への第二次使節としてペドロ・バティスタ・ブラスケスら四人のフランシスコ会士が派遣されたことに始まる。一七世紀に朱印船貿易が始まる以前にも、すでにマニラと日本の通商は始まっており、マニラに在住する日本人もあった。マニラ近郊ディラオには日本人の集住地区があり、その地区でキリシタンの日本人信徒を指導していたのがフランシスコ会であった。[*11]

一五八七（天正一五）年、バテレン追放令発布後、イエズス会士たちは大々的な布教活動は控えたため、長崎に留まることは黙認されていた。使節として上陸したフランシスコ会士らは、京都や大坂など上方を中心に、貧者や病者の救済や慈善活動を名目とした滞在が許された。実際には、京都のフランシスコ会の修道院（妙満寺跡）を拠点にキリシタン入信者が増え始めたが、サン・フェリペ号事件を契機に、フランシスコ会士や関係者が捕縛され、長崎に送られて処刑されたのが二六聖人殉教事件である。バテレン追放令後も、大規模なキリシタン取り締まりは実行されなかったにもかかわらず、フランシスコ会士らが処刑されたのは、サン・フェリペ号事件にまつわる領土征服の風聞と積荷没収の正当化が背景にあったと考えられる。[*12]

一六〇二（慶長七）年に江戸幕府がマニラとの通商・通交を開いたことにより、[*13]ふたたびスペイン船に乗って、マニラからフランシスコ会を始めとする托鉢修道会の来日が再開した。翌年、フィリピン総督からの使節としてフランシスコ会士ルイス・ソテロが家康・秀忠に謁見し、江戸に教会を建立する許可を得た。長崎でも布教活動が始まったが、キリシタン信徒の指導はすでにイエズス会による磐石な体制が敷かれており、目覚ましい成果は期待し得ない状況であった。そこでフランシスコ会の宣教は江戸、東北にまでその範囲を拡大していった。[*14]

一六一三（慶長一八）年、江戸幕府が全国的な禁教政策を打ち出し、イエズス会宣教師の大半は多くのキリシタン信徒と共にマカオやマニラへ渡った。フランシスコ会士の一部には日本に隠れて留まったり、新たに密入国する者もあった。翌一六一四年以降のフランシスコ会の布教拠点は、主に伊達政宗の保護がある東北地方へと移行したが、長崎奉行所の目の届きにくい、往来の険しい土地にある長崎近郊のキリシタンたちへの巡回指導もおこなわれた。

旧大村藩領であった外海地方では、イエズス会は領主大村喜前との関係悪化とその棄教により、江戸幕府による禁教政策が始まる以前に、同地での活動が許されなくなり、イエズス会布教時代に集団改宗で誕生したキリシタンの多くが、棄教を余儀なくされた。しかしキリシタン信仰への回帰を望むものも多く、彼らの「立ち返り」を指導したのが、フランシスコ会はじめ托鉢修道会の宣教師たちであった。[*15]江戸幕府の禁教令後、外海地方での信徒指導をおこなった主な托鉢修道会員はフランシスコ・デ・サンタマリア（OFM）、ファン・デ・サンタマルタ（OFM）、ファン・デ・ルエダ（OP）、トマス・ズマラガ（OP）などである。ファン・デ・サンタマルタやファン・デ・ルエダは、外海のキリシタン伝承にある「サンジュアン様」のモデルになった可能性が高い。[*16]こういった背景に裏打ちされた様々な痕跡（絵画の他にはオラショなど）があって、幕末に外海地方を訪れた外国宣教会の宣教師の眼には、外海のキリシタンたちが「フランシスコ会の神父たちの霊的子供（前掲書簡）」に見えたのであった。

（2）マリア十五玄義図

出津のキリシタンに伝わった絵画はパリの聖母画に限らない。まず、実物はすでに存在しないものの、戦前に制作された模写画や画像の一部の写真、写真乾板などから詳細が伺える「マリア十五玄義図」と「大天使ミカエル像」がある。この二点の絵画は、所有者から浦上天主堂に譲られ、天主堂内部に展示されていたところ、一九四五年八月九日の原子爆弾投下で天主堂諸共に焼失した。[*17] また、日本二十六聖人記念館が所蔵する「雪のサンタマリア」も出津のキリシタンが竹筒に入れて保管していたものであったという。これらのうち、明らかにフランシスコ会と関係があると思われるのは、パリにあった聖母画と「マリア十五玄義図」である。「マリア十五玄義図」は同名のものが、茨木千提寺のキリシタンに伝わったものとして二点(東家本、原田家本)存在し、そちらはマリア十五玄義の下部にイエズス会創設者のイグナティオ・デ・ロヨラとフランシスコ・ザビエルが描かれ、一般にもよく知られる。

千提寺の十五玄義図が、西洋の絵画技法や色彩豊かな絵の具が相当取り入れられたものであるのに対し、出津のキリシタン宅に伝わったそれは、かなり日本的な描かれ方をしている。まず十五玄義のうち第一玄義「受胎告知」が、三段のうち最下部の向かって右端から始まり、三段とも右から左へという流れである。描かれる人物像も平面的で、やや稚拙な印象を与える。それでも聖書の重要場面は厳密に再現されており、おそらくこの絵は何らかの手本を元に作成されたと思われる。印象的なのは、十五玄義の下部に、アシジの聖フランシスコ、パドヴァの聖アントニオ、子羊を抱く洗礼者ヨハネと、フランシスコ会関係の聖人が描かれている点である。

冒頭の聖母画を実見したプティジャンらは、一八六五年九月十三日の夜に初めて出津の村へ自ら出掛け、この「十五玄義図」を実見した。マルナスも引用しているこの初めての出津キリシタン訪問について記した書簡は、当時の出津のキリシタン信仰の状況を表す重要な内容を含んでいるので、長文ではあるがここに抜き書きして引用したい。

「(…)私が山の頂きにあって私の隠れ家となる小さい家に着くと、そこには三〇人以上の人が来ていました。私の来訪をだいぶん前から望んでいたこの地の有力者たちが集まっていたのです。(…)この村には少なくとも三〇〇戸あって、各戸には六、七人います。洗礼を受けていない者は一人もいません。役人でさえもキリシタンです。しかしそれらの者は誰一人私をこの隠れ家に訪うてきませんでした。おそらく彼らには前もって知らすことをしなかったのでしょう。または、おそらく彼らは我々に対してなされた最近の禁止命令のゆえに控えたのです。（…）この村には本は全くありませんが、大部分の村民は主禱文、天使祝詞、コンフィテオール・サルヴェレジナ、痛悔誦を暗記しています。多くの人が、かつてあなたに申し上げたことのある痛悔誦を唱えます。私を泊めてくれた家では、信仰による熱心さから、絵を見せてくれました。それにはロザリオの十五の玄義と共に、下の方にはアシジの聖フランシスコ、パドヴァの聖アントニオ、私には名の分からないもう一人の聖人が描かれていました。この村や付近の人々が時々やってきてこの絵を拝みますが、彼らはこれを彼らの神父からもらったものであると信じています。[*18]」

この記述からは、「マリア十五玄義図」が、幕末の出津のキリシタンにとって、生きた信仰対象であったことが分かる。プティジャンが観察した限り、出津は集落全体がキリシタンで、子供も生まれるとすぐに、水方から「洗礼」を授けられていたようである。出津では、役人でさえもキリシタンであるという観察は、この後に起こる「野中騒動」を考えるにおいても重要な記述である。

（3）大天使ミカエル像

一八八七年のパリ外国宣教会南緯代牧区に関する年報では、出津の「マリア十五玄義」と同じくキリシタンの間で信仰対象として大事にされてきた、「大天使ミカエル像」が出津教会に寄贈された経緯が記されている。

「五島から長崎に行く道すがら肥前の海岸に外海地区があり、七～八か村に三〇五七人の信者がいる。二人の宣教師が担当している。一人は黒崎の秦師で司祭館と教会を持っている。他は出津のド・ロ師である。（…）教会の中には、二枚の古い聖画が至聖所に掛かっており、《離れ》の人々の注意を惹き、我々を昔の神父たちの後継者とみなすよすがとなっている。一枚は悪魔を打ち負かしている聖ミカエルの画で、他の一枚にはロザリオの十五玄義が描かれている。二〇〇年以上の間、この二枚の聖画は出津の信者たちの家に命懸で隠し継がれてきた。クリスマスや復活祭、聖霊降臨、洗者ヨハネなどの大祝日が来ると真夜中頃、聖画は隠し戸棚から出され、迫害者に気づかれぬよう、しばらくの間これを預かることの許された近所のごく少数の人々の崇拝のために置かれるのであった。

この二枚の聖画のうち、最初の画を守ってきた家の主人は二年前の聖ミカエルの祝い日（九月二九日）の第一晩課の時にコレラで死んだ。七月中旬から出津でコレラが猛威を奮っていたので、この人は信仰の精神に動かされて、大天使の御保護によってこの悪の終結の恵みを得るため、この聖画を家から家へと持ち歩き、拝ませる役を自分から進んで引き受けたのであった。一日で付近の町々を巡り、使命を終えると、単

画像3 マリア十五玄義図（写本）

画像4 マリア十五玄義図原本の一部
（国立歴史民俗博物館所蔵 ガラス乾板）

純で雄々しい心の彼は家に戻り、数時間後に主における永遠の眠りについたのである。彼がコレラの最後の犠牲者となった。翌日、皆は彼のために祈りつつ、このように摂理的な状況の中で神に召された彼を声高らかに讃えたのであった。そういう訳で、出津の教会が出来上がるとすぐ、宣教師はこの二枚の尊い遺物を立派な旗の上に縫い付けて聖堂内に飾ったのである。[*19]」

同じ報告内には、出津にはいまだ多くの「離れ」がいることが報告されている。「離れ」とはすなわち、旧来のキリシタン信仰を守り、カトリックの再授洗を拒む人々を指す語であった。これらの聖画は、「離れ」の人にとっても、未だ大切な信仰対象であったため、彼らをカトリック教会に惹きつけるためにも、この絵画は出津のカトリック教会堂内に設置されたのであった。その現所有者（おそらく治六）は、伝染病が蔓延する中でこの絵画による「ご利益」を行き渡らせるために、キリシタンの家々へと持参して歩いたという記述は、こういったキリシタン絵画の使われ方の一端を示すものである。

「十五玄義図」と「大天使ミカエル像」はその後、出津教会から浦上天主堂に移されていたが、前述のとおり、すでに現物は存在しない。[*20]

画像５ 聖ミカエル像（浦川書図版）

画像６ 聖ミカエル像（写本）

3．野中騒動と幕末明治初期の外海キリシタン

(1) 野中騒動

「マリア十五玄義図」と「大天使ミカエル像」は、出津の潜伏キリシタンの長年の信仰対象「宝物」であったのみならず、外国宣教会の宣教師たちによってカトリック再布教が始まった頃、新たに受洗した信徒と、先祖代々の信仰としてキリシタンを奉じる人々の間に生じた紛争の契機となった。

「野中騒動」として知られるその紛争は、浦川和三郎師による関係者からの聞き取り調査を交えた再現に詳しいので、主にそれを典拠に考えてみる。[*21]

出津郷は、鍋島藩の飛び地、深堀領にあり、近隣の大村藩領と比較すると、キリシタン監視が緩い傾向にあったため、伝統的にキリシタン共同体が守られてきた。外海地方で大村藩領であったのは、西樫山、牧野、出津の浜郷、赤首、大野、神ノ浦、上黒崎などであり、肥前深堀領は、三重、東樫山、出津、下黒崎などであった。黒崎、出津、樫山が同じ郷でも地域によって異なるように、大村領と深堀領は複雑に入り組んでいた。大村領にも潜伏キリシタンはいたが、深堀領と比較すると、村内でのその割合は低く、それゆえに幕末の浦上四番崩れの前後には、村内で激しい迫害が起こった。深堀領は、出津（浜郷を除く）のように全戸潜伏キリシタンに近い集落もあったが、表向きは東樫山の天福寺（曹洞宗）の檀家であった。

先述のとおり、一八六五（慶応元）年九月一三日夜中、プティジャンらは初めて出津に赴いた。それ以前にも出津のキリシタンが長崎にやってきて、プティジャンらの話を聞いて受洗しており、その際に全村キリシタンであるという出津に対する宣教師らの関心も高まったと考えられる。プティジャンが報告するように、「この村では役人でさえもキリシタン」であった。プティジャンが宿泊したのは、迫頭の木村重蔵宅であった。この家には先祖代々「宝物」として「巻物」の「十五玄義」が伝えられていた。プティジャンの来訪以降、出津では急激なキリスト教への傾倒が見られ、日中から熱心に教理を学ぶ会が結成

されるなど、その信仰は人目を憚らないものとなった。庄屋もまた先祖代々のキリシタンであったが、このように白昼堂々と集まって宗教的な集会を開いては、これまで黙認していた藩庁も見過ごすわけにはいかなくなり、浦上のような大規模な詮索が入ることを危惧していた。非カトリックのキリシタンとカトリック受洗希望者の間で緊張が高まり、昔ながらのキリシタン代表者の庄屋や村役人の木村市之助らが、いち早く受洗した木村重蔵宅から「マリア十五玄義」を、治六宅から「大天使ミカエル像」を盗み出した。留守中に家宅を詮索され、それらの大事な「宝物」が盗まれたことに気づいた重蔵や治六が仲間とともに、野中の木村市之助宅へ向かい、奪還をめぐって刃傷沙汰になった。これが「野中騒動」の概略である。しかしそれらの絵画は、その日の晩に、庄屋の使いから重蔵らの元へ戻され、騒ぎは一旦落着した。

「野中騒動」は信仰対象であったキリシタンの絵画をめぐる騒動としてのみではなく、浦上四番崩れ前後の、長崎近郊集落における旧来のキリシタン信仰とカトリック受洗希望者をめぐる相克を端的に物語る事件として、非常に興味深い。木村重蔵らと庄屋グループの間の軋轢はいったん鎮火したが、それをきっかけに、カトリック受洗に傾きかけていたキリシタングループの中に、旧来のキリシタン信仰の継続を表明する者もあり、『切支丹の復活』が刊行された昭和三年の時点では、出津の集落二六〇戸のうち、六〇戸が旧来のキリシタン信仰にとどまる「離れ」であった。現在も出津では、木村市之助の子孫である木村友好氏を中心に「カクレキリシタン」信仰が存続している。

（2）野中騒動前後の外海キリシタンをめぐる状況

「野中騒動」の後、一八六七（慶応三）年には深堀藩の役人によって出津でカトリック受洗者の調査がおこなわれ、「十五玄義」の所有者木村重蔵ら、三五名の成人男子が深堀藩の役人の手で高島炭鉱へ送られた。その後、成人男子に限らず、女性や老人も含め、出津郷から約三〇〇名が高島炭鉱に送られ、深堀藩の役人が出津郷に直接赴き、カトリック受洗者・受洗希望者を厳しく検めたという。その際多くの受洗者が拷問に遭って棄教した。深堀藩は棄教の証として、深堀にある亀登山円成寺への参詣を強制した。樫山の天福寺が密かにキリシタンを長年擁護してきたことは周知のことであったからである。[*22]

一八六九（明治二）年の年末には、より厳しい弾圧が始まるとの噂が流れ、出津の受洗者の多くが、平戸や黒島などに逃亡した。実際に、主だった成人男子の信徒が深堀に連行され、厳しい刑罰は受けないまでも、投獄されて食事を与えられない、殴る蹴る等の仕置を受けた。そのうちの田中紋七、田中今吉は、一八七〇（明治三）年六月、神ノ島のミゲル忠吉に連れられて、大浦天主堂のヴィリオン神父とポワリエ神父を訪れた。[*23] 第一節で述べたヴィリオン・ポワリエ両神父に、明治三年に二人の出津のキリシタンが信心用具を預けに来た記述を想起させるが、聖具を預けたキリシタンが田中紋七、今吉であったか否かを断定できる証拠はない。しかしながら、明治二年の年末から、旧深堀藩領内でのキリシタン弾圧が厳しくなるという噂は確かにあり、先祖代々伝わった聖具を地中に埋めたり、遠くの親戚に預けるといったことがおこなわれた。長崎大司教区が現蔵する「無原罪の聖母図」も、同様の経緯で大浦天主堂の神父たちに預けられた可能性は、極めて高いと考える。

神ノ島のミゲル忠吉は、大浦天主堂完成後まもなく、浦上の信徒たちに続いて、宣教師たちと面会し、その後外海地方の信徒と大浦天主堂をつなぐ伝道師の役割を果たした。一八六五年九月、プティジャンの出津訪問を手引したのもこのミゲル忠吉であった。その後ミゲル忠吉は弟で神ノ島の水方ペトロ政吉と共に明治四年に佐賀藩のキリシタン弾圧で佐賀に連行され入牢した。[*24]

ミゲル忠吉は、外海や佐賀方面で、大浦天主堂の宣教師の代理として伝道をおこなった。同時期に浦上の岩永又一も外海地方で伝道したが、ミゲル忠吉が旧来のキリシタン信仰の形態に準じて、表面仏教徒を装うことを推奨したのに対し、岩永又一は外国宣教会の宣教師の指示のとおり、家屋内の仏壇、神棚などを取り払って、カトリック信徒であることを公言するよう推奨した。これによって外海のカトリック受洗に関心を持つ信徒の中で、「忠吉附き」、「(又一の)浦上附き」という派閥が形成された。[*25] ミゲル忠吉がプティジャンから諭されて、仏教徒を装うことをやめて以来、問題は収束したが、カトリックの信徒になってそれを公言する急進的な浦上のキリシタンと、旧来のままでキリシタン信仰のみを刷新し、表向きは以前と変わらず仏教徒であろうとする外海のキリシタンの間での相違は、幕末・明治期の長崎周辺でのカトリック受容が画一的ではなかったことを物語っている。そしてその当時の差異は、浦上キリシタンの大半がカトリックの洗礼を受け、近代日本のカトリック教会の模範的存在となったのに対し、外海地方で「離れ」と呼ばれる旧来のキリシタンが根強く残った背景にも影響を落としていると考える。

むすびにかえて　出津にキリシタンの聖画が多く残された理由

浦上四番崩れで没収されたメダイや十字架、絵画、彫像、ロザリオなどは、東京国立博物館に収蔵されているが、絵画は殊の外少ない。[*26] それに比して、外海地方には近代まで少なくとも「雪のサンタマリア」、「マリア十五玄義」、「聖ミカエル像」、そしてパリに伝わった聖母画が保管され、篤い信仰の対象であり続けてきた。しかもこれらの絵画は比較的大型のものである。その事実は単に佐賀・深堀藩が外海のキリシタン信仰に寛容であったという背景にとどまらず、一七世紀のフランシスコ会による布教において、絵画のような視覚に訴える道具が伝道及び共同体の信仰維持に活用された可能性を示すのではないかと考えている。

出津に限らず、他の外海地域でも信仰対象の絵画が幕末まで残されていたようであるが、そのほとんどは慶応三年から本格化する佐賀藩のキリシタン弾圧で没収され、行方しれずとなった。今後、こういった残された信心用具の詳細な分析により、イエズス会以外の修道会による日本布教の実態も、少しずつ明らかになっていくのではないかと期待する。

なお、パリでの調査にあたり、フランス国立科学センターのドベルグ美那子氏、フランス国立高等研究院のシャルロッテ・フォン・ヴェアシュア教授、パリ外国宣教会文書館のブリジット・アパヴォー女史、カプチン・フランシスコ修道会文書館のアンヌ・ル・バスタルド女史、大阪大司教区池長潤名誉大司教等のご助力を得た。篤く御礼申し上げたい。

【注】

＊1　Sylvie Morishita, "Notre-Dame du Japon: Un Tableau Kirishitan Retrouvé à Paris", *Etudes Franciscaines* ,Nouvelle Série 3, fasc. 1, 2010..

＊2　同画に関するモリシタ氏の研究は、その存在の再発見にとどまらず、パリ外国宣教会の諸文書を分析して重要な史実に迫るものである。しかし、モリシタ氏は同画が伝わった集落の名前を《oustekema》と読み、それを「浦上」に関わる地名と推定したため、当初「浦上」のキリシタンに伝わったものとして報道されるなど、混乱が生じた。筆者はモリシタ氏の記述を再確認するべくパリへ渡航し、外国宣教会文書館における調査の結果、モリシタ氏が参照した史料が、長崎地方文化史研究所編『プティジャン司教書簡集』に翻訳される『エリア写本』（長崎純心大学図書館所蔵）のさらなる筆写であったことが判明した。『エリア写本』原本には、同画の所有者は外海地方の「出津」を表す《oustihc》の老人であったと記されている（一二六頁）。また、モリシタ氏は引用書簡の出典を一八六七年六月二七日付と記したが、これは一八六五年六月二七日付けの間違いである。筆者は次の小論で以上の点について修正的見解を発表した。「長崎大司教区所蔵「聖母マリアの御絵」について」『聖母が見守った奇跡――長崎の教会群とキリスト教関連遺産――』信徒発見一五〇周年記念事業・世界遺産推薦記念特別展、長崎歴史文化博物館、二〇一五年、二四―二六頁。『エリア写本』の原文未確認であった頃に、筆者の疑問を扱った小論に、「【歴史手帖】パリへ渡ったキリシタンの

聖画——外海の聖母マリア画が語るもの——」『日本歴史』七九九号（二〇一四年）がある。

＊3　長崎地方文化史研究所編『プティジャン司教書簡集』純心女子短期大学、一九八六年、一二六―一二七頁。原文―プティジャン『エリア写本』（長崎純心大学図書館所蔵）一八六五年六月二七日付ジラール宛書簡。

＊4　Archive du Missions Étrangères de Paris, AMEP（パリ外国宣教会文書館）vol. 569, ff.1355-1362. マルナス・フランシスク／久野桂一郎訳『日本キリスト教復活史』みすず書房、一九八五年、二五六頁。

＊5　Bibliothèque Franciscaine des Capucins,Paris, part Archive, 19M2A-76.

＊6　マルナス前掲書、三五〇―三五一頁。

＊7　マルナス右掲書、四〇五頁。翻訳書では「聖具」。この部分は重要な記述であるので、原書を確認し、「信心用具（原文objet religieux）」と訳出した。Marnas Francisque, *Religion de Jésus Ressuscitée au Japon, dans la seconde moitié du XIX siècle*, Delhomme et Briguet, 1897, p.195.

＊8　マルナス前掲書、四〇五頁。

＊9　本画については、バーチャル・ミュージアムサイトFrancesco Il Santoを利用した。アマトリーチェは二〇一六年のイタリア中部大地震で壊滅的被害を受け、聖フランチェスコ教会もまた、大規模な被害を受けた。幸い倒壊は免れたと聞くが、現在所蔵品の所在については定かではない。

＊10　拙稿「贖宥への祈り——マリア十五玄義と「オラショの功力」」『文学』十三―五号、二〇一二年九月、岩波書店。

＊11　清水紘一『織豊政権とキリシタン』岩田書院、二〇〇一年、三四九―三五二頁。

＊12　清水右傾書、三五二頁。

＊13　一六〇二年に江戸を目指し、家康宛のマニラ総督親書を持ってマニラを出港した船は豊後領内

に漂着した。初期スペイン通交は高瀬弘一郎「一七世紀初頭におけるわが国のスペイン貿易について」『キリシタン時代の貿易と外交』八木書店、二〇〇二年を参照。
＊14 『ディエゴ・デ・サンフランシスコ報告・書簡集』佐久間正訳、キリシタン文化研究シリーズ四、一九七一年、一三頁。
＊15 「ロザリオの組連中書付」東京大学史料編纂所『大日本史料』第一二編五六、二〇〇一年、一二一―一三八頁。
＊16 拙稿「長崎外海のカクレキリシタン信仰に見る托鉢修道会の布教活動」杉本良男編『キリスト教文明とナショナリズム』風響社、二〇一四年。
＊17 拙稿前掲「贖宥への祈り――マリア十五玄義と「オラショの功力」」、同前掲「長崎外海のカクレキリシタン信仰に見る托鉢修道会の布教活動」。
＊18 マルナス前掲書二六〇頁。原文AMEP, volime 569, ffs.1446-1454, 一八六五年九月一七日付け、プティジャンのアルブラン宛書簡。
＊19 松村菅和／女子カルメル修道会共訳『パリ外国宣教会年次報告 一八四六～一八九三』第一巻、聖母の騎士社、一九九六年、一三七―一三九頁。
＊20 二〇一二年、「マリア十五玄義図を戦前に撮影したガラス乾板が見つかり、現在、国立歴史民俗博物館に収蔵される。ガラス乾板のデジタル画像は、同館のウェブギャラリーで閲覧可能。
＊21 浦川和三郎『キリシタンの復活』復刻版後編、一九七九年（初版一九二八年）国書刊行会、四四一―五二頁。
＊22 浦川前掲書には、「延昌寺」（六〇頁）とあるが、古刹亀登山円成寺の間違いであろう。
＊23 浦川前掲書、六五頁。
＊24 長崎地方文化史研究所編『プティジャン司教書簡集』一九八六年、一七六―一七七頁。

＊25　浦川前掲書、七三―七四頁。
＊26　東京国立博物館図版目録『キリシタン関係遺品篇 増補改訂版』、二〇〇一年。

8 外海の文化的景観とその価値

柳澤礼子

1. 概要

長崎市の北西部、西彼杵半島中部に位置する外海地方では、出津川流域で営まれる、近世から続く畑作と石文化を持つ集落が点在している。この地方に算出する結晶片岩《けっしょうへんがん》を主とする独特の地質によって形成された石積みは、海沿いの護岸から斜面の石垣、建物の石壁などに用いられ、海に面する独特の集落景観を形成している。

この独自の集落景観が評価されたことから、二〇一二四年九月には西出津町、東出津町、新牧野町の一部が国の重要文化的景観「長崎市外海の石積集落景観」に選定された。

文化的景観の選定にあたっては、平成二一～二三年度に生業・信仰・建築や石積みなどに関する調査が行われている。今回はその調査を受けてまとめられた外海の歴史と、文化的景観に指定された景観の特性について説明するとともに、調査による外海の文化的価値について述べる。

外海の石積集落景観（出津川河口付近の集落）

2. 外海の歴史

外海地域は、東側を琴海地区、南側を三重地区、北側を西海市に接し、西側は五島を望む角力灘に面している。市中心部から約四〇キロの距離にあり、その大部分は、起伏に富んだ丘陵で形成されており、かくれキリシタン信仰地域として、また、一八七九（明治一二）年に主任司祭として外海地域に赴任したフランス人宣教師ド・ロ神父によって開拓された地域として知られている。

外海地域には、古代から人が住み着いていたとされ、縄文時代から弥生時代に属する出津遺跡が確認されている。九〜一〇世紀には半島各地で滑石を利用した石鍋製作が行われ、日本各地へ流通していたことがわかっている。一四世紀には西彼杵半島の在地領主であった神浦氏の支配下にあった。近世に入り、神浦氏は一六一二（慶長一七）年に大村藩の統治下に入り、外海地域は神浦村、黒崎村となる。この集落のほとんどは五島灘に面した海岸の傾斜地に立地し、水田は少なく、背後の斜面に畑地が拡がっていた。一八六二（文久二）年の『郷村記』には「其地荒野多く、田畠・山少なし、郷里すべて海辺にあり」（黒崎村）とある。また、黒崎村の一部には佐賀藩と大村藩の入合地が存在していたという特徴があり、一八六二（文久二）年の絵図にも示される、藩界を示す傍示石が現在も残っている。

外海地域がキリスト教と深いかかわりをもつようになったのは、一六世紀後半にイエズス会が神浦で布教を行ったことによる。その後最初にキリシタン大名となった

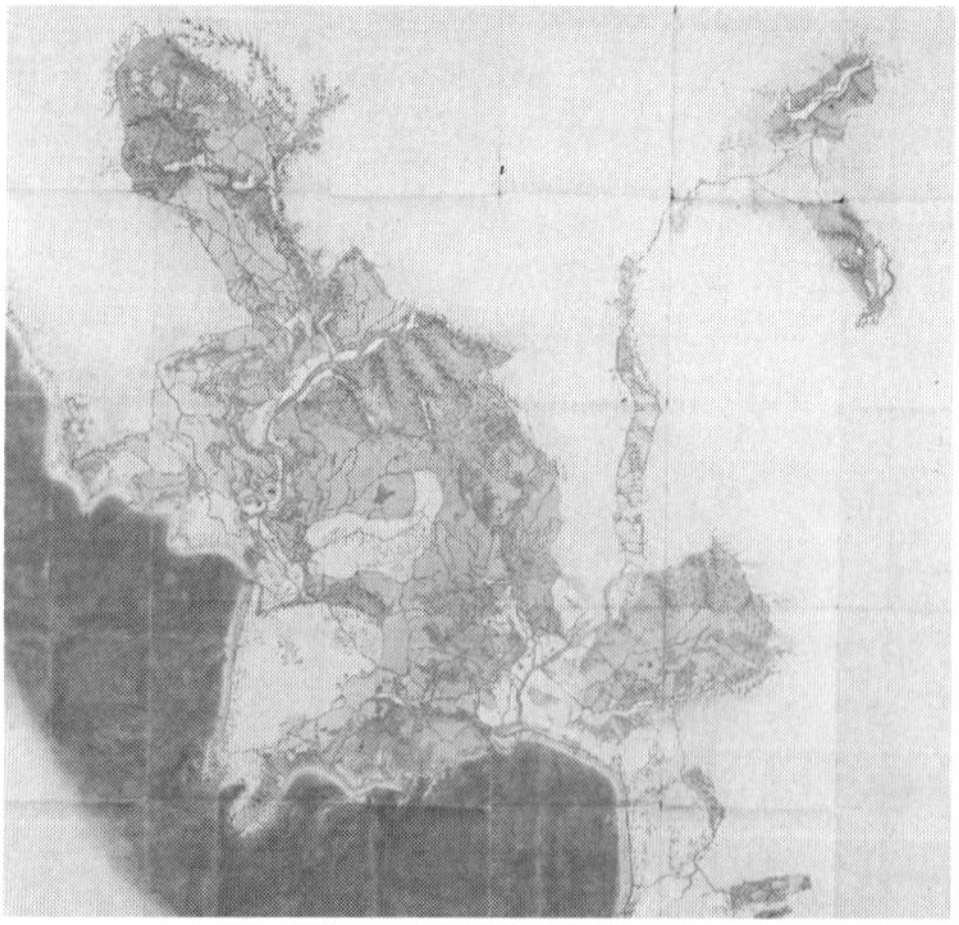

彼杵郡三重村踐村 黒崎村 永田村（文久２年）部分
（長崎歴史文化博物館収蔵）

大村純忠を領主とする大村藩の政策により、村々の港を中心にキリスト教が繁栄した。出津地区には当時の布教所の跡やその主の墓が現在も残されている。

その後、一七世紀中ごろから国家的な政策によりキリスト教が禁じられ、弾圧の時代となっても、人々は宣教師たちから受け継いだ祈りの言葉や暦を日本人の伝道師によって伝えた。集落周辺の山林などには、潜伏時代の信仰を伝える伝承地や信者の墓などの特徴的な墓地が残されている。

またこのころには大村藩内で甘藷栽培が定着し、日常食となっていたと考えられる。一八世紀前半の外海地域では、それまでの大麦、小麦、大豆といった生産品よりも人口増加の対応が期待でき、飛躍的に収穫量が上がる甘藷栽培をいち早く導入していた。享保の大ききん（一七三二）の際にも大村藩では死者がほとんど出なかったことで知られ、当時の『見聞集』のなかには大村藩内で甘藷を栽培していたことや、大岡越前守忠相に甘藷を紹介したことなどが記されている。このことから、現存する段畑石垣などの石積の文化は、甘藷を大量に生産することで成立したことがうかがえる。

そして二五〇年の潜伏ののち、一九世紀の開国後に来日した宣教師たちにより、キリスト教は復活した。そのひとりであるフランス人宣教師マルコ・マリ・ド・ロ神父は、外海地域で潜伏していた人々に再び信仰を伝えるとともに、地域の人々の困窮を極めた生活を救うため、授産事業や医療などの福祉事業にも力を注いだ。彼はまず、復活の喜びを象徴する出津教会堂を一八八二（明治一五）年に建設した。そして一八八三（明治一六）年に布教や授産のため、旧出津救助院を創設し、パン、マカロニなどの授産事業をはじめ、福祉事業や公共事業に力を注いだ。現

ド・ロ神父による旧出津救助院、出津教会堂と周辺の福祉施設

在も、彼の精神を受け継いだ地域の人々によって修道院や老人福祉施設、保育園などが営まれている。現在では、平成一八年に道の駅「夕陽が丘そとめ」がオープンし、柑橘類の「ゆうこう」の加工品のほか、ド・ロ様そうめんなど地元の特産品の販売が行われている。また保存修理が行われた旧出津救助院は、地域の歴史や文化を紹介し、当時の作業を体験する施設として活用され、一般に公開されている。

3．外海の石積文化の特徴

重要文化的景観「長崎市外海の石積集落景観」は自然、技術、生業に区分すると、以下のような特性を持つ。

3―1 自然的特性にもとづく石積文化

長崎市の北西に位置する外海地域は、角力灘及び五島灘に面し、ほぼ全域が山地からなる西彼杵半島の中央部に位置する。本州の変成岩類とは独立して存在する長崎変成岩、主として結晶片岩からなる古生層によって構成され、標高四〇〇メートル内外の起伏を示す準平原山地と、その間を流れる出津川などによって形成されている。

この河川と山地によってつくられた地形により出津川の東側は急斜面となり、河川流域のわずかな平地と出津川西側の河岸段丘上の緩斜面に、斜面地を開墾してつくられた集落が形成されている。

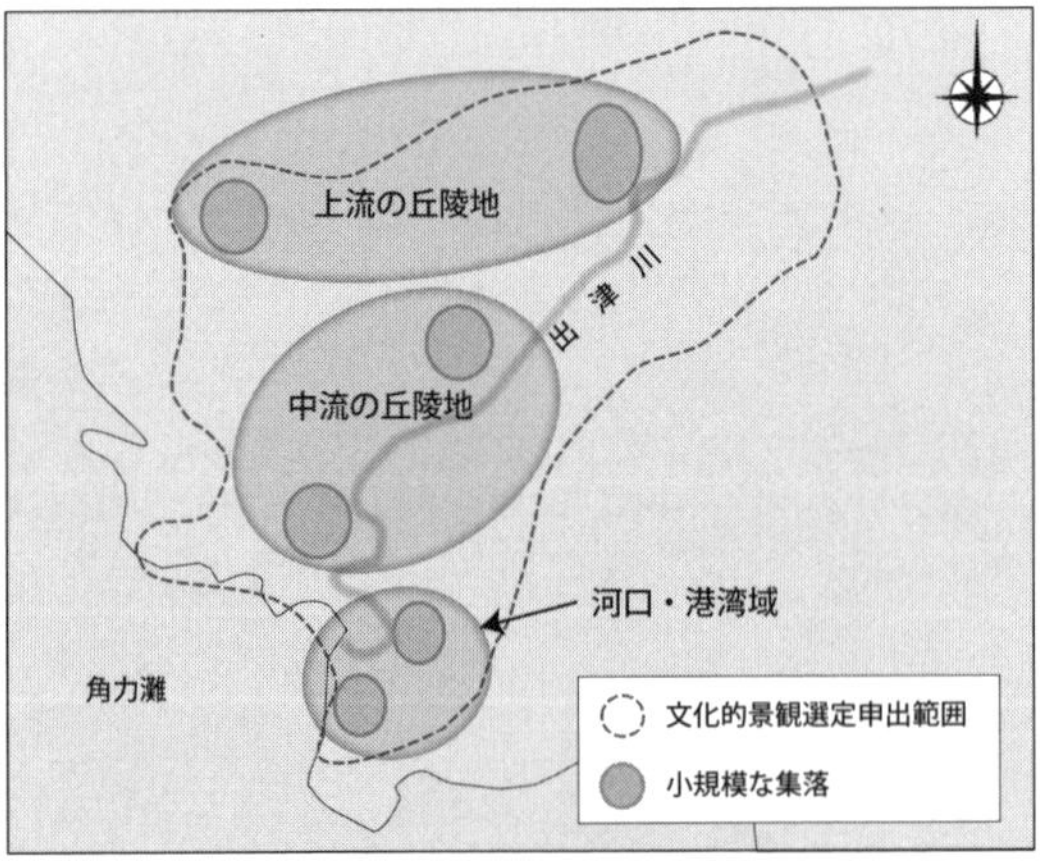

外海における集落の分布

集落の中には、海や川の石のほか、開墾した際に出土した結晶片岩を用いた段畑や宅地の石垣、水路や護岸の石積、住居の石壁など、集落の生活風景の中に存在する多種多様な石積構造物がみられ、特有の石積文化の集落景観を形成している。

これらの石積が築かれた理由は、開墾の際に出る石材が加工しやすい材料であったことが大きい。急峻な地形をもつ土地の開拓では、土が流出せず大きな耕地面積を確保するために、排水機能をもった石垣を構築することが必要であった。また山の頂上付近まで開拓され、木材が不足していたことから、生活のために必要な倉庫や冬期の北西風をしのぐため

河岸段丘上の段畑と石垣

中流の丘陵地の集落

出津川河口の護岸と石塀

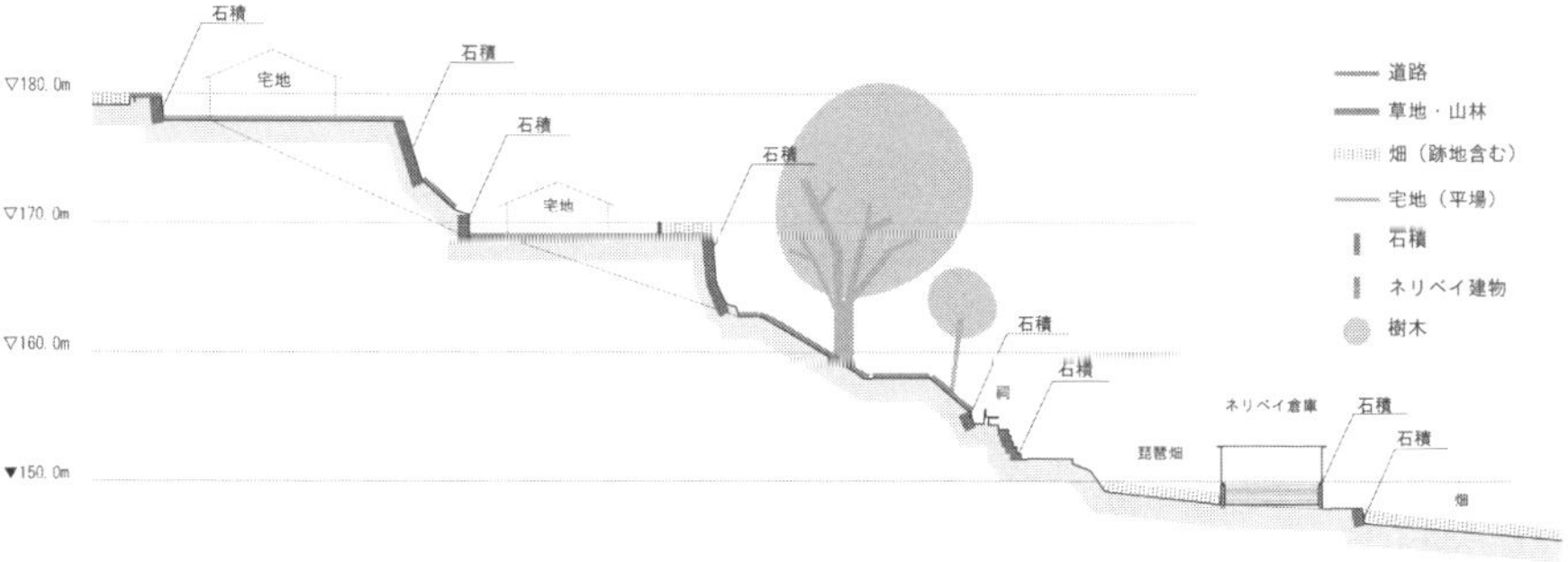

外海の景観構造の例（斜面地の集落構造）

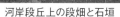

の家屋など、生活のあらゆる構造物を結晶片岩で築く必要もあった。

このようにして築かれた石積の集落は、屋敷地、古道、段畑、墓地などから構成される景観構造が特徴であり、現在もなお、近世からの墓地や里道、段畑が残る小規模な集落が地域の中に点在している。

3―2 多様に展開する石積みとその技術的特徴

外海の石積構造物は構造的に大きく四つの形式に分類される。それらは急斜面に階段状に設けられる「石垣」、海岸線の防風・防潮に不可欠な「石築地」、民家の防風・防寒用として築かれる「石塀」や、居住や収穫物を収める『ネリベイ』と呼ばれる「石壁」などである。またこの地域は、平らで加工しやすい結晶片岩を産出する地域として知られており、水平方向に目が通るように積まれる「算木積み」、及び一部で目の通りが崩れる「算木崩し」による築造技術を主体として発展した。通常、家屋と石垣の石積は異なる技術者によって築かれるものであるが、当地では、いずれも一般民衆の手により同じ手法で築く技術が発展してきたということも大きな特徴として挙げられる。

また、外海のネリベイ建物に似た石積みの民家は、韓国・中国・台湾などにも類例が見られるなど、環東シナ海沿岸文化圏の影響を強く受けていることが想定される。それら各地の民家が主に開墾によって地中から露出した石壁と草葺きの屋根が特徴であることからも、ネリベイ建物

石階段と段畑の石垣

石築地

は東シナ海沿岸に共通する、畑作を中心とした生活から形成された石積構造物であったと考えられる。

その後ネリベイ建物は、明治以降の生活の変化などに伴い、一部は大型化するが、多くは建物の一部となるなど、構造的には多様化していく。しかし、民衆の手により築くことのできるネリベイの技術は代々引き継がれ、現在もなお、外海では倉庫の一部などに残されている。このように、ネリベイ建物は、外海における近世からの生活の変遷を示すとともに、この地域の風土のなかではぐくまれた居住景観を構成する貴重な要素であるということができる。

石階段とネリベイ建物

宅地の石垣と石塀

算木崩しの石積み

大型のネリベイ建物

3—3 生業と密接に関連した石積み文化の変遷過程

外海の生業・生活の変化は石積文化と強い関わりをもっており、特徴によって大きく四つの時期に分類される。第一期は、近世にはじまる甘藷栽培の拡大による、西彼杵半島共通の石積文化の形成期、第二期は、明治時代にはじまる西洋技術の融合による外海独自の石積文化の発展期、第二期は、大正から昭和三〇年代ごろからの民衆による石積文化の新たな大成期、第四期は、昭和三〇年代以降にみられる産業構造の変化による石積文化の衰退と地域振興による復活期である。

第一期である近世には、沿岸部の集落では鰯網漁が盛んな半農半漁の生活、山間部の斜面地では畑作の農業や炭焼きを中心とした自給自足の生活が続いた。一七世紀のはじめには、大村藩内に定着した甘藷栽培の拡大に伴って斜面地が開墾され、宝暦や文久二年の絵図の石垣にみられるような畑地景観の原型が形成された。その後、斜面地の開墾は人口増加とともに大正期まで続き、山の極限まで開墾しつくした畑地景観が作られると同時に、在地の石積技術が発達した。そして近世後半には、新たな開拓地を求めて外海から五島の島々などへ人々が移住したことにより、甘藷栽培や段畑のための石垣技術が伝播し、五島列島各地の生業・生活に大きな影響を与えることとなった。

第二期の明治になると、外海に布教に訪れたフランス人宣教師ド・ロ神父により、出津を中心とした集落にカトリックの共同組織がつくられた。ド・ロ神父は、人々に自立する力を身につけさせるため、新たな農業・土木技術などを地域の人々に伝え、外海における地域密着型の近代化産業の発展に力を尽くした。そして、西洋式の技術を導入し、在地の農業と組み合わせ、開墾した広い農地で食品や衣類などの生産を行い、長崎の居留地などで販売した。ド・ロ神父による近代化の影響は、旧出津救助院のほか、大平作業場のド・ロ神父関連遺跡が知られる。大平作業場の石垣には、石面を平滑にするノミ加工（すだれ加工）が施されており、目地に石灰を混入することで、高い石壁をもつネリベイ建物の（通称、ド・ロ壁）が作られた。このようなネリベイの技術は橋口家住宅（新牧野町、国登録有形文化財）などの一般民家数棟にも採用されている。

ド・ロ神父が生涯を終えた第三期の大正になると、カトリック共同体の活動は停滞したが、一九五二（昭和二七）年より池島炭鉱の開坑準備が始まると、池島へ移り住む人々や炭鉱労働に従事する人々、炭鉱へ食料を販売する人々などによって、外海の農業・漁業は一時期活気を取り戻した。このことによって、半農半石工として活動する技術者をこの地にとどまらせ、隅角部を丸角で納めた曲面石垣や立石積みの石垣など、この地域特有の民衆石積の技術が展開し、現在も見られる石積の集落景観として残存することになった。

第四期の昭和三〇年代以降は、産業構造の変化に伴い、外海における生活も自給自足を土とする生活から、現金収入を必要とする生活へと変化する。また、鰯網の不漁やダムの建設などの自然環境の変化に伴い、出稼ぎに加えて他地域へと移り住む人も増加した。現在行われている畑作は自家消費分の作物栽培が主であるが、一〇月下旬から一一月上旬にはカンコロモチを作るためのカンコロ干しが行われるなど、甘藷栽培は現在でも継続している。

このように、外海の文化的景観は、出津川流域に展開する狭隘な地形と独自の地質、そして海岸性の気候という風土に即してはぐくまれた石積の文化をあらわしている。集落に残る石積構造物からは、地域がたどってきた歴史と近世から続く畑作を中心とした生業の変遷を見ることができる。

4. 外海の文化的景観の保全と整備活用

重要文化的景観選定地域では、景観法に基づく行為規制が全ての範囲に適用されるほか、自然公園法、文化財保護法、森林法、農地法などによる行為規制が適用されている土地が含まれる。地域内では景観保全のため、それぞれの法律に基づいた届け出対象行為を定めている。

文化財保護法で届出が定められているのは「重要構成要素」と呼ばれる、景観の価値をあらわす個別の要素である。これらは地域を代表するもの、その技術や技法・機能などに時代的な特徴がみられるもの、今後の保存管理において修景や整備の対象となりうるもの、土地の範囲や所有者が確定できるものの中から特定されている。実際に要素としているのは、農地、石積み構造物や墓地、二次林などを含む集落内の要素と公共建築物や河川などの公共施設などである。

景観法に基づく行為規制では、文化的景観選定範囲と同様な区域に「外海地区景観形成重点地区」を指定し、二〇一二年四月一日より施行している。景観形成重点地区では、地区の特徴である歴史的な建造物と調和した集落景観を保全するための景観形成基準を設けている。基準の中心は建築物や工作物の高さ制限（一〇メートル以下）、外観の色彩の基準設定であり、地区内のほぼすべての建築物・工作物が対象となる。

そのほか、公共事業の整備にあたって配慮すべき事項や景観になじまない構造物などに対する修景の考え方、景観を構成する石積み構造物の修理の考え方などをまとめた整備活用計画を定め、選定地域内の景観保全を推進している。

しかし、重要文化的景観を将来にわたって維持し、地域を活性化していくためには、保全という視点だけではなく、重要構成要素となった建物の修理や活用、農地の再利用などの事業も重要である。しかし、整備に伴ってそれまでなじみのあった景観や建物の外観が変化してしまうことなどから、関係者の合意形成が難しく実施する機会が少ないのが現状となっている。

5. 外海地方の文化と交流

外海の石積み景観が作られた背景には、中世から近世にかけての東シナ海沿岸での交流の歴史がある。その後一八世紀末から五島列島へ移住が開始されたことにより、石積みの文化は五島列島にまで拡がったものと考えられる。これらをつなぐ重要なキーワードは海を通じた交流とキリスト教信仰であるが、文化的景観の選定基準には信仰が含まれないため、外海の石積み景観における特性ではあまり触れられていない。そこで、外海の文化的景観の重要な要素でもある、信仰を通じた交流の価値について、少し述べておきたい。

外海の集落のほとんどは五島灘に面した海岸の傾斜地に立地し、水田は少なく、背後の斜面に畑地がひろがっていた。『郷村記』には「其地荒野多く、田畠・山少なし、郷里すべて海辺にあり」（黒崎村）とある。これらの集落は、中世から東シナ海を通じた南蛮貿易港であり、多くの交易船が周辺の海域を行き来していたと想定される。

このような流通で栄えた港は横瀬、大瀬戸、神浦、三重、式見、福田などである。出津や黒崎は大型船が入らないため、港としてはあまり栄えてはいなかったが、大村藩内で港のある村には、一七世紀はじめまでキリシタンが数多く分布していたことがドミニコ会士の文書からも知られ、海外貿易とともに文化的な交流があったことがうかがえる。

また外海の特徴として、黒崎村や三重村の一部にある佐賀藩と大村藩の入合地の存在がある。大村藩の資料である『大村家記』によると、一六〇五（慶長一〇）年に黒崎村を含む外目村が幕府領から再び大村藩領になった際、その一部が佐賀藩深堀領となり、幕末期に至ったとされている。それらは一八六二（文久二）年の『彼杵郡三重賤津村、黒崎村、永田村図』に描かれた村であり、現在の西出津町、東出津町、下黒崎町、永田町の一部にあたる。この二つの藩の違いは、キリシタンの取締や移住に関する政策や、土地開発に影響を及ぼした可能性が高い。

もうひとつの特徴が、水田に適さず斜面地の多い外海でも生産が可能な甘藷であった。長崎での甘藷の経路は判明していないが、戦国時代から東シナ海を通じた海外

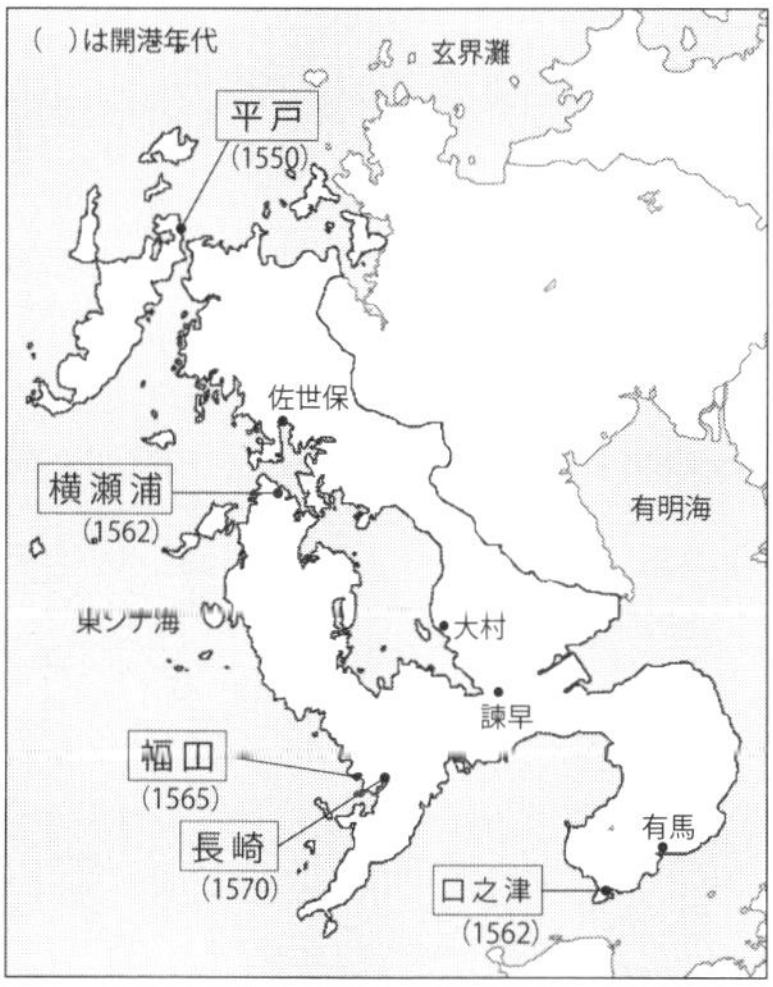

南蛮貿易港

交流のあった大村藩では、中国から直接甘藷栽培が伝わった可能性もある。このように一七〇〇年代のはじめごろには藩内で甘藷が定着し、日常食となっていたと考えられる。

甘藷の栽培がひろまり、開墾が進んだことにより、集落の背後の斜面に段畑が作られていった。人々は開墾にあたって土の中から露出した結晶片岩を使い、石を積んで段畑や屋敷地をつくり、自分たちが住む家をつくった。家の壁は土中から出た平たい石と泥を使って積み、屋根材は古くから主食として栽培されていた裸麦を用いて葺いた。

そしてこの土地で生活していくため、人々はさまざまな用途にこの石を利用した。防波堤や川の護岸石積みのほか、海際では防風や防潮のための石築地をつくり、屋敷地を囲んだ。一部では石築地に屋根を差し掛け、住居とする場合もあった。このほうが防風上も好都合であったであろう。また石垣以外にも水路や階段、炭小屋などにも結晶片岩や泥が用いられており、石の技術が発達していたことがうかがえる。

このような文化が発達した理由として、東シナ海沿岸の技術交流も考えられる。近世初期には大村藩に陶器や磁器の製作で朝鮮人や中国人の技術者が入ってきており、同時期に石積の技術が西彼杵半島に入ってきた可能性もある。

平成二二年から二三年にかけて行われた外海地方の文化的景観選定のための調査では、外海と呼ばれる西彼杵半島西側だけでなく、西彼杵半島東側や、同種の変成岩帯が形成されている大分県豊後水道沿岸、周防灘の離島なども対象とした。また朝鮮半島、台湾、中国の華東地方沿岸などの東シナ海沿岸地域でも石積み文化をもつ集落が確認された。

このように、近世まで西彼杵半島が海外貿易を通じた大陸との交流の窓口であったことからも、外海地方が環東シナ海文化圏の影響を強く受けていたことが想定される。

そして外海の文化が五島列島に伝わるのが、大村藩から五島列島への移住である。記録によれば五島への移住は一七七二（安永元）年の三井楽が最初とされるが、こののち一九世紀中ごろまで、断続的に五島への少人数での移住が続く。当初の移住は島民の人口が減ったために開拓者が必要である、という五島藩からの要請があったためとされているが、次第に家族単位で秘かに移住する者もあらわれた。

文政年間から幕末にかけて、主に上五島に移住した人々の戸籍（人附居着地百姓帳）によると、五島へ移住した農民の出身地の多くは神浦、大野、三重などの大村藩領であり、五島内では同じ集落出身によるコミュニティが作られていたことも判明している。

このように見ると、五島での開拓と五島における近世のキリシタン信仰は大村藩の農民たちにより伝わったものであり、厳しい開拓の生活のなかでの団結による強い信仰が五島に残ったことが、五島列島におけるカトリックの教会群建設にも関連しているとも考えられる。

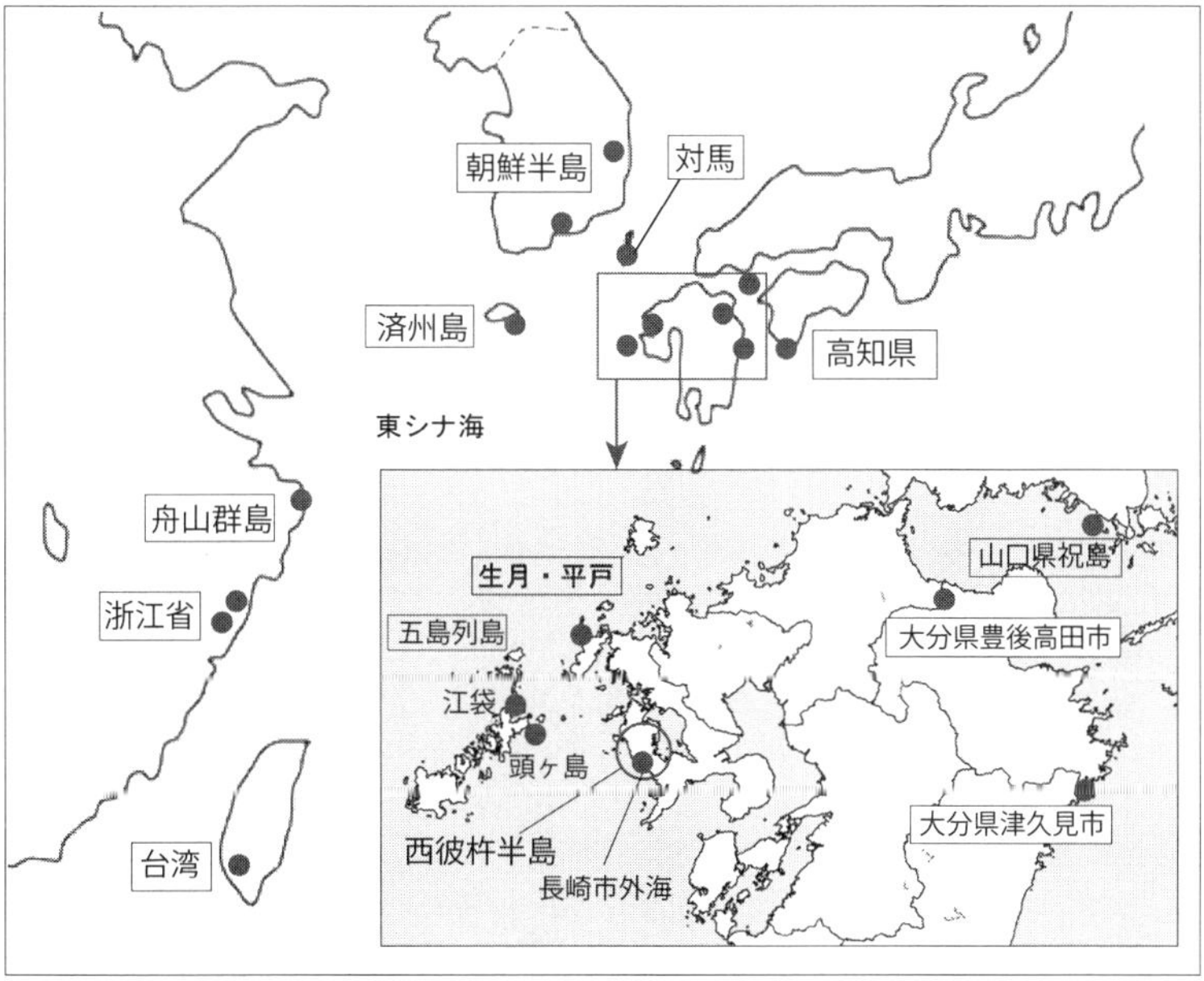

環東シナ海圏のネリベイ建物分布

五島へ渡った外海の農民たちは、彼らの生業である漁業や農業、あるいは石積などの技術を活かして五島各地に移住の集落を形成し、その後の二次・三次移住により、集落が発達していったと言えるだろう。

なお、佐賀藩では移住に関するまとまった記録が確認されていないこと、文政期以降に五島へ移住した人々の出身地に出津、黒崎など佐賀藩深堀領の集落がほとんど見られないことからみて、佐賀深堀藩領からの家単位での移住は少なかったと想定される。ただ、記録上確認はされていないものの、外海での厳しい生活の中で佐賀藩から五島へ渡った者もいたことは十分想定できる。しかし大村藩とは異なり、家族単位での移住は少なかったこと、そして集団で移住しなかったからこそ、出津・黒崎などの集落で、近年までかくれキリシタン組織が継続してきたということも考えられる。

6. おわりに

外海各地での調査を通じて、決して豊かではない土地を可能なかぎり開墾し、生活の場や墓地までも石を使い、地域で強い結束と信仰を持って暮らし続けた人々の痕跡をあちこちで目にすることができた。結晶片岩を産する西彼杵半島の西側では黒崎、大野、雪浦、多以良など、そして東の大村湾側では長浦や形上などに明治以降と想定される石積みやネリベイ建物が確認された。いずれも現在暮らす人々の祖父や曾祖父らがその地を開拓した際に、自分たちで築いたものであるとのことであった。また、五島列島の集落で見かけた小さな外海の結晶片岩の墓石からは、移住してその地に根付いた外海の人々の姿が浮かぶようであった。

残念ながら近代化の中でそれらの文化は失われつつあり、現在目にする外海の石積景観はその痕跡に過ぎないが、外海とそこから派生した五島列島の石積み集落は、東アジア各地に残る辺境の集落のひとつの姿であると言える。今後、文化的景観の保護や整備などを通じて、数少ない石積みやネリベイ建物などを残していくことも重要だが、それと合わせて本来の農地としての維持管理が継続、あるいは復活できるしくみを作ることが、この地域に残る景観を後世に伝えることになるのではないだろうか。
折しも、景観構成要素となっているネリベイ建物の一棟は今後、修理と活用に向けて事業化が進みつつある。角力灘に面した山の斜面で、外海の人々が生活していた風景がよみがえるのを、願ってやまない。

（参考文献）「長崎市外海の石積集落景観保存調査報告書」二〇一三年三月、長崎市発行

9 外海の潜伏キリシタン墓

――佐賀藩深堀領飛び地六カ村と大村藩領の潜伏キリシタン墓の比較

大石一久

はじめに

垣内集落は、現在は長崎市多以良町に属しているが、江戸時代は旧佐賀藩深堀領飛び地六カ村の一村（画像1）である。昭和四〇年代まで全住民が潜伏からカクレのキリシタン集落であり、最後の帳方（信徒集団のリーダー）であった松崎玄右衛門翁が亡くなるころまで土葬の伸展葬で埋葬されていた。

垣内墓地（画像2）で確認される長墓は、初期キリシタン時代の伏碑（円柱形伏碑や板状形伏碑）に系譜が求められるもので、集落全体の「先祖様の墓」として近世から現在まで継続して手厚く祀られている。[*1] このこと自体が希有な事例であるが、長墓群は、一部の特殊な事例を除き、旧深堀領六カ村すべての墓地で見られるものであり、当該地域にあっては一般的な墓制である。

それに対し、深堀領飛び地を取り囲む大村藩域の潜伏からカクレのキリシタン集落では、とくに一六五七（明暦三）年の郡崩

画像1 旧佐賀藩深堀領飛び地（黒塗り部分）

れ以降厳しい検索を受けて長墓はすべて破棄され、他藩同様、すべて仏教式の方形墓（座棺で埋葬）に統一され、一八七三（明治六）年の高札撤去以降になってようやく近代のキリスト教墓（長墓）が築かれてくる。

このように垣内墓地を含めた深堀領飛び地六カ村の墓地は、集落の共同墓地としての性格を有しながら、江戸時代を通じて御禁制のキリシタン長墓が築かれていたことは間違いなく、これまでの通説を覆す極めて特殊な事例である。しかも、飛び地を取り囲む旧大村藩領の潜伏・カクレキリシタン集落（尾崎や牧野など）の墓地との比較において、文化財の資産的価値はより一層高まってくるものと思われる。

本稿では、旧深堀領飛び地六カ村の墓地の中で一番典型的な遺構と位置付けられる垣内墓地を中心に、そこで確認される長墓（地上標識）と墓地景観に焦点を当てながら概要を記す。また大村藩領の事例としては尾崎墓地を取りあげ、禁教期における両地の比較から垣内墓地の特異性に言及したい。

なお、ここでいう初期キリシタン時代とは、ザビエル来航の一五四九年から最後の宣教師といわれるマンショ小西が処刑された一六四三年ころまでを指すことを断っておく。

画像２ 垣内墓地〔最下段〕

1. 垣内墓地の長墓とその編年

長崎市多以良町に属する垣内墓地は、文久二（一八六二）年の「彼杵村三重樫山村、平村図（文久二年壬戌夏仕立　壱町弐寸）」（長崎歴史文化博物館蔵）に「ハカ」と記された墓地であり、地形上は崖状の斜面で海に注ぐ河口附近に位置している（画像3―1・2）。墓地景観は、急斜面の山肌の最下段をやや斜面をもって削平した平地に六四基の墓石が四〇～五〇センチメートル間隔で配石されており、石材はすべて地元産の結晶片岩である。[*2]

絵図記載の事実は、非常に重要な情報を今に伝えている。つまり、当墓所は、幕末（文久二年）の段階ですでに墓地として機能し現状の長墓群が築かれていたことを示しており、しかも深堀領の役人らは墓地の実体を把握していたことも理解される。また、絵図記載の墓地面積は、絵図では九〇平方メートル、現状は一二〇平方メートルとなっており、北西側の一段高くなった約三〇平方メートルの墓地が幕末（文久二年）以降に築かれたことがわかる。さらに、絵図に記載された「ハカ」は当墓所の一カ所のみであることから、「ハカ」記載墓所上方の急斜面の山肌に築かれている墓は文久二年以降の築造であることも示している。要するに、ここで問題にす

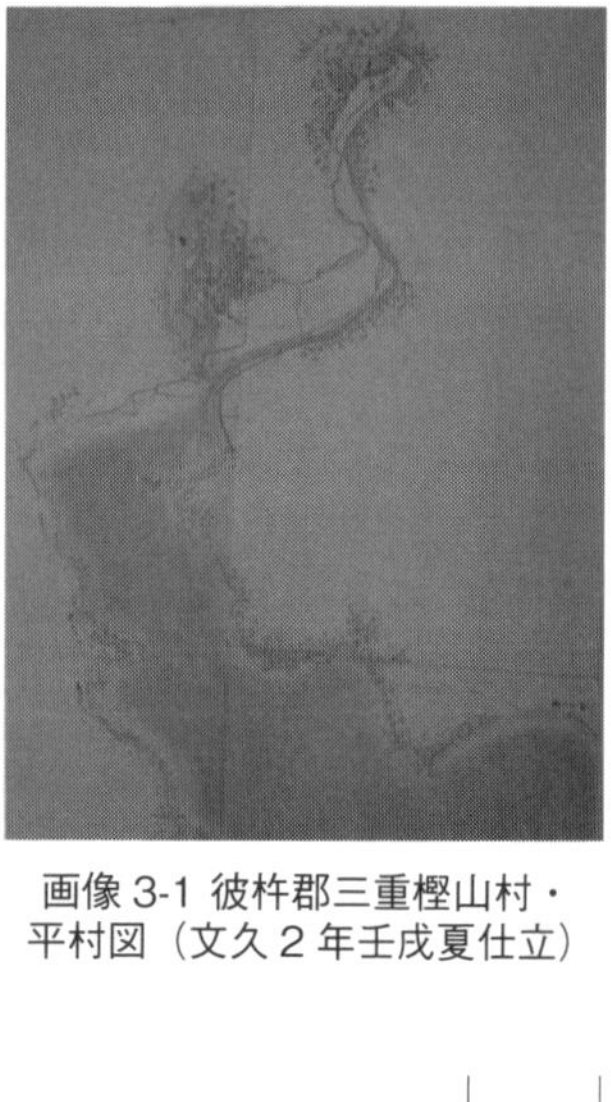

画像 3-1 彼杵郡三重樫山村・平村図（文久 2 年壬戌夏仕立）

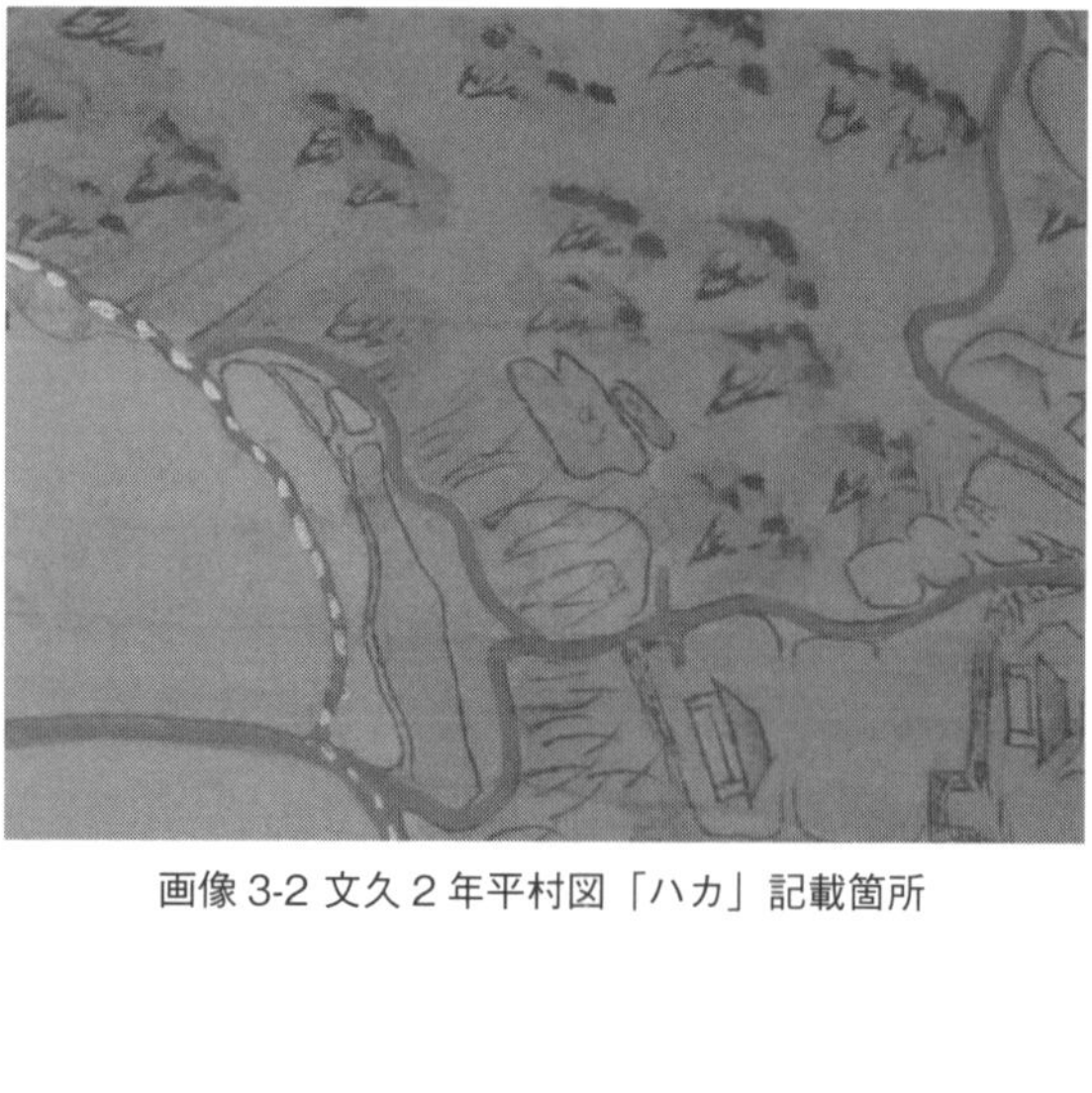

画像 3-2 文久 2 年平村図「ハカ」記載箇所

る最下段の「ハカ」記載墓地は遅くとも文久二年段階までに築かれたのであり、その後、上方の墓所が築かれ現代の墓に至ったものと考えられる。

〔発見の経緯〕

垣内墓地に最初に注目したのは、長瀬雅彦・西田奈都両氏が文久二年の「彼杵村三重樫山村、平村図」に垣内集落を見出したことにはじまる。この絵図は、旧佐賀藩深堀領の各集落を山林、田畑、家屋、道、石垣など事細かな情報を「壱町弐寸」(一町を二寸に縮めて図化。一八〇〇分の一)の縮尺で描いたもので、その情報の一つに「ハカ」があった。そこで両氏は、絵図に記載された垣内集落の「ハカ」を調査したところ、絵図に記載された場所にほぼ同じ広さの「ハカ」を確認、さらに等間隔に配列された長墓群を発見した。

その後筆者を含めて数回調査を実施し、「ハカ」の位置が文久二年記載当時と同じ場所ではぼ同じ広さ(絵図では九〇平方メートル、現在は一二〇平方メートル)であること、また墓碑総計約六四基の大部分が地元産の結晶片岩を石材にした長方形状の板状蓋石付積石長墓や蓋石を伴わない積石長墓であること、しかも急斜面の山肌を意識的に削平したやや傾斜をもった平地に四〇~五〇センチメートルの等間隔で各墓碑を配置していること、また幕末(文久二年)から明治以降と思われる墓地は主に急斜面に個人墓(一部に昭和三〇年代以降「安楽堂」を安置)として築き、昭和四〇年代ころからはカロウト式の累代墓(空洞化した基壇部に骨壺を納める家族墓、先祖墓)が急斜面の最上段に築かれていることなどを確認した。最下段の平地状に削平された絵図記載「ハカ」の長墓群と、主に明治以降に築かれた急斜面の墓地は、極めて対照的な墓地景観をなしている。

〔墓碑の配置と編年〕

キリシタン長墓に相当する墓碑約六〇基は、形状から大きく二種類に分類される。板状の小ぶりな石材を積んで長方形状にした積石長墓タイプと、長方形状の大きな板状一枚石を蓋石にした板状蓋石付積石長墓タイプに分かれる。後者の板状蓋石付積石長墓タイプが当墓地における長墓のモデルタイプであり、主に墓地の西側から南側部分に集中している（配置図Ⅰ）。

ただ、六四基のうち四基ほどの小型の積石墓は方形または円形状をなしており、他の長墓の形状とは違いが見て取れる。このタイプの墓碑は、長軸辺が一〇〇センチメートル以下の墓で、板状蓋石付積石長墓など大型長墓間の狭いスペースや、土手に近い墓地北東部隅に築かれている。大型長墓間の狭いスペースに築かれた墓碑は、おそらく子供用墓地として後代（主に文久二年以降）に空き地を見つけて築いたものかもしれない。また墓地北東部隅に築かれている墓碑は、文久二年以降に築かれた三〇平方メートルに相当する墓地と考えられ、土手際という地形上の制約を受け長墓のスペースが取れなかったのかもしれない。ただ、上記した内容はあくまでも発掘調査を伴わない見解であるため、改葬の問題も含め、今後の課題である。

配置図Ⅰ　垣内墓地

ところで、当墓碑群の中で形式編年がある程度可能な長墓は、一番西側（すぐ傍は崖下）にある細い板状碑を最奥に立てた板状蓋石付積石長墓（第三二号墓碑）であり、その形状から初期キリシタン時代の伏碑の系譜を受け継ぐ長墓であることは明白である（図面1・画像4）。長墓の長軸辺は一六三センチメートル、短軸辺は一〇三センチメートル、最奥に立てられた板状碑は最大横幅二二センチメートル、地上露出背高五〇センチメートルを計る。

長墓に板状碑を立てる事例は一六二二（元和八）年銘の川棚「冨永二介妻」墓碑（画像5）があり、配石長墓の手前から約三分の二の位置に「CRVS」（クルス）などの銘文を陰刻した自然石碑を立てている。また元和七年銘東彼杵「一瀬志ゆ阿ん」墓碑も本来は長墓に立つ立碑部分と考えられ、碑面中央に刻まれた花十字紋から十字架を意識して建碑されたことが想定される。さらに同じ結晶片岩製の板状平型伏碑である柿泊第一号墓碑は全長（一九二・〇センチメートル）に対し手前から九一・五センチメートルの位置（ほぼ半分の位置）に十字架を立てたと思われる孔を穿っており、製作時期は一七世紀前期と考えられる。

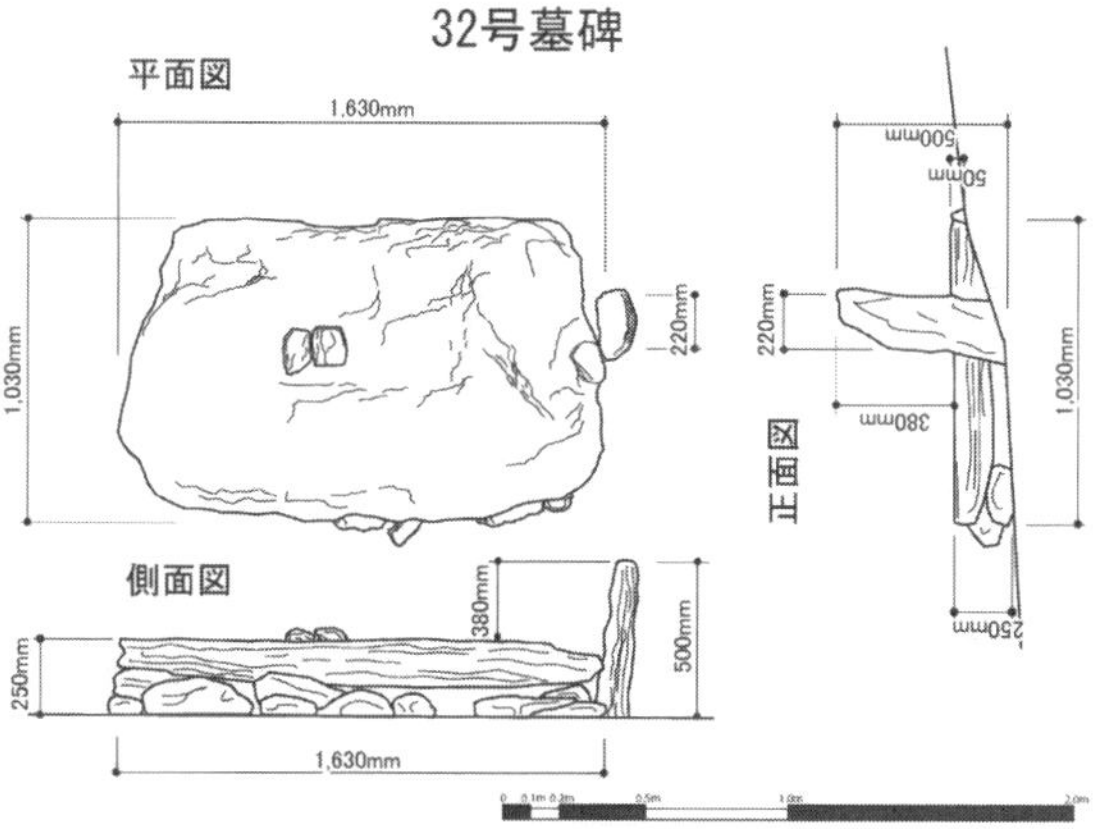

図面1 板状蓋石付積石長墓（第32号墓碑）

画像4 板状蓋石付積石長墓（第32号墓碑）

画像5 川棚「冨永二介妻」墓碑

キリシタン墓碑の胴背面に孔を穿った墓碑は柿泊第一号墓碑を含め全国で八基確認されているが、一六〇四（慶長九）年銘土手之元第一号墓碑（画像6）が胴背面の中央やや手前に孔が穿たれているのに対し、一六一九（元和五）年銘重岡「るいさ」墓碑の孔は胴背面の後方に穿たれている。その他、胴背面に花十字紋を刻んだ墓碑の事例を含め、製作時期が新しくなるにつれ、胴背面の十字架は後方に移動していく傾向にある。[*3]

以上の点から考えれば、当墓碑の最奥に立つ板状碑は本来は十字架碑を意識して立てたと考えられ、その製作は、板状碑の位置から想定して、おそらく一六〇〇年代半ばかその前後ころに建碑されたのではないかと思われる。であれば、同墓地で確認される第三二号墓碑とほぼ同タイプの大型板状蓋石長墓約一〇基も、第三二号墓碑とほぼ同時期ころに製作された可能性が出てくる。また、古いタイプに位置づけられる板状蓋石付積石長墓は西側と南側（現墓地入り口付近）に集中していることから、当墓地の形成は西南側から始まった可能性が高い。おそらく墓地西南区域は、改葬をせずに「先祖様の墓」として建碑当初のまま伝統的に守り続けてきたスペースだったように思われる。

画像6 土手之元第1号墓碑（雲仙市）

ところで、当墓地の墓碑群はすべて無銘である。垣内と同じ深堀領飛び地の潜伏・カクレの墓地である野中墓地などでは、一八七三（明治六）年の高札撤去以降、ほとんどの長墓に洗礼名や実名、死亡年などの文字が刻まれてくる。それに合わせて墓碑の構造も、板状蓋石形式の長墓から積み石状の長墓（一部に円形状の積み石墓）に変化してくる。後述する大村藩領の潜伏・カクレの集落墓地でも、明治六年以降登場する長墓にはひときわ大きく十字架などを刻みだす。ということは、大村藩に比べ極めて禁教対策が緩やかだった深堀領とはいえ、御禁制の長墓は築けるけども、洗礼名や十字架などはいうに及ばず実名であっても刻むことはできなかったのだろう。このことから考えれば、すべて無銘である当垣内墓地の長墓はいうまでもなく、方形や円形の積み石状墓碑も明治六年以前に築かれた可能性を残している。

各墓碑の配列方向については、基本的に正面が南東方向に向いている（「配置図Ⅰ」参照）。ここでいう正面とは、細い板状碑を最奥に立てた板状蓋石付積石長墓を基準にした場合で、十字架碑と思われる細い板状碑が立つ側が後面に位置すると解釈する。ただ墓地北側隅の数基は軸線がずれてやや南方向に向いているが、これは地形上の問題が影響していると考えられる。

ところで、幕末（文久二年以降）から現代にかけての墓は、自然地形を活かしたまま、当墓地の北東側に位置する急斜面の山肌を帯状に削平して築かれている。文久二年の絵図に記載されていない場所で、下段の方には積石状の個人墓、途中から上段にかけては現代のカロート式石塔（累代墓・家族墓）が築かれている。下段の積石墓は、正面側に内部空間を設けた積石だけのものと、その上に昭和三〇年代以降安楽堂を置いた墓となっている。正面観は一見して方形状の積石墓に見えるが、安楽堂を取り除くと正面側の軸辺をやや長くした長墓風に築かれており、土葬時代の地下遺構が伸展葬であったことを示唆している。実際、昭和四〇年代に亡くなった帳方の松崎玄右衛門翁は、同じ安楽堂を据えたタイプの積石墓であるが、地元の聞き取り調査（話者：故松崎武氏）では土葬の伸展葬で埋葬されたという。

なお、現在は墓地上方の丘上に中世石塔群（画像7）が移設されているが、本来はここで問題にしている最下段の墓地（文久二年絵図記載墓地）西側部分の崖下にあたる位置にあったという。中世石塔は宝篋印塔と五輪塔の残欠、それにキリーク（阿弥陀如来）種字陰刻

画像７ 垣内・中世石塔群

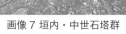

の自然石板碑が確認され、外海南部にあっては、大村領の牧野石塔群同様に最大の石塔群である。宝篋印塔や五輪塔はその形態から一四〇〇年代半ばから一五〇〇年代の範囲に入るものであり、キリーク種字陰刻の自然石板碑は一五〇〇年代半ばから後半に建碑されたものと考えられる。

このことから考えると、当垣内集落には、かつては中世石塔を建塔できるだけの有力勢力がいたことは間違いなく、当地域における中心的な重要地域であったことが想定される。[*4] 後背地の少ない当地で中世石塔を建塔するだけの有力層がいたことは、その経済的背景に海を主体にした活動があったと思われるが、当地を含めた肥前地方で江戸期の無姓者層が墓石を建立できるのは早くて一六〇〇年代後半、主に一七〇〇年代半ば以降と考えられる。それに対し、垣内では一五世紀から一六世紀にかけて中世石塔を建塔できる有力階層が存在していたことは明らかである。[*5] このことを前提にすれば、垣内集落では、おそらくこの有力階層のキリシタン化に伴って一七世紀半ばころからキリシタン長墓の建碑が始まったのではないかと想定される。この点は、同じ中世石塔が確認される牧野（大村領）や黒崎（深堀領）でも想定される。

また、キリーク種字陰刻の自然石板碑は、キリシタン宣教直前に当地に阿弥陀信仰が広がっていたことを示唆しており、阿弥陀信仰とキリシタンとの関係など当時の宗教事情を探る上で貴重な資料を提供している。

2. 垣内墓地をめぐる歴史環境とその特異性

垣内集落は、江戸時代、佐賀藩深堀領の飛び地として彼杵郡三重平村に属していた。周囲はすべて大村藩領に属していたが、大村領三重村の枝郷として「黒崎村、畝刈村、平村、長田村、悉津村、樫山村」があり、六カ村とも大村藩と深堀領との相給で、各村々が大村藩と深堀領に細かく分割・知行されていた。[6]とりわけ深堀領飛び地の実態は大村藩域に浮かぶ孤島の状態であり、まさに点として散在していた。

ところで、「深堀家文書」(『佐賀県史料集成』古文書編 第4巻)の建武三年十一月十九日(一三三六年)の条に「肥前国彼杵庄南かたのうち、ミえ・くろさき」とあり、深堀関係の重代相伝の領地として出てくる。ということは、深堀氏による近世の飛び地六カ村は、中世来の分地支配が後々まで存続した結果と考えられる。

垣内集落の場合、東西約四七〇メートル、南北約二五〇メートルの三角形状をなした村で総面積は約六ヘクタールほど、石高はわずか三石余の小さな集落である。それだけに飛び地の各村々は大村藩領と深堀領で複雑な知行支配がなされ、とくにキリシタン取締りにあたっては両者間で大きな温度差があったものと思われる。

(ア)深堀領垣内のキリシタン環境

旧深堀領の潜伏・カクレキリシタン集落の墓地は、次項で述べる旧大村藩領の潜伏・カクレキリシタン集落の墓制とは対照的である。

旧大村藩領では、郡崩れ以降徹底した検索と破壊行為でキリシタン特有の長墓は姿を消し、幕府の「墓石は立てて戒名を刻むべし」の規定に則っとり、全国の事例同様に仏教墓に統一された。[7] それに対し、旧深堀領の潜伏・カクレキリシタン集落では今なおキリシタン長墓が現存して祀られ、しかもその墓地景観は削平された墓地に長墓がほぼ等間隔(四〇～五〇センチメートル間隔)で配置されるというキリシタン特有の墓地景観をなしている。[8] 出津の野道共同墓地や五島・久賀島の五輪墓地、新上五島の頭ケ島教会堂墓地、平戸市田平町の田平教会堂に接した瀬戸山墓地など明治六年以降に築かれた近代キリスト教墓地に通じる景観をもっており、旧大村藩領の潜伏・カクレキリシタン集落における仏教式墓地つまりは自然地形を活かしながら築く日本伝統の墓地景観とは異質である。つまり、一六世紀後半に伝播したキリスト教文化は、伏碑という整形されたキリスト教墓碑の形式を我が国に伝える一方、そのセットとして墓地自体のあり方までも伝えた可能性が高く、その代表的な遺構が旧深堀領平村垣内の潜伏キリシタン墓地であろう思われる。

ところで、垣内集落のカクレキリシタンについては、かつて古野清人氏が一九六六（昭和四一）年に発表した『隠れキリシタン』[*9]の中で触れている。それによれば、一九五二（昭和二七）年当時は二二戸（文久二年絵図では九戸）があり、田畑・村岡・山中・松崎・中村・波崎・村下など十一の姓で構成され、そのうち中村姓は樫山から、波崎姓は馬込島から、村下姓は高島からの移住となっている。寺は、同じ深堀領の飛び地で伝統的に外海キリシタンの信仰的中心であった東樫山の天福寺がかりであった。また同書には文久生まれのドメゴス田畑老の話が収録されており、「昔は後生をせねばならぬといって、達者なとき家人に何々を棺に入れてくれと頼んだ。樫山にある木の枝を入れてやり、着物を入れてやった」「帳面を入れてやるのはお帳役さんに限っている。今までの日繰りを持っていくと後がなくなるといった」「人間が死んでからどこに行くかはオラショに出てくる。エキレン寺からパライソの港に…」とあるが、墓制とくに地下遺構（埋葬）や地上施設（地上標識）については採集されていない。

垣内集落での墓制に関する聞き取り調査は、二〇一〇年一〇月に実施した。今回の聞き取りでは、まず昭和四〇年代で垣内カクレキリシタンの信徒組織は消滅し、その後は個々で信仰を維持しているものもいたが一九九七年で消滅、大部分は旧来からの檀那寺であった東樫山の天福寺檀徒になっているとい

画像 8-1 垣内カクレキリシタンの最後の帳方・松崎玄右衛門翁

う。昭和四〇年代に九〇歳で亡くなった松崎玄右衛門翁（画像8－1・2）が垣内最後の帳方で、息を引き取る前に「白い人形やオラショなどを続けろ」といわれたそうだが誰も続ける意思がなかったため、白い人形などは棺桶に一緒に入れて葬ったという。ここでいう「白い人形」とは、おそらく磁器製のマリア観音を指していると思われるが、今でも個人的にマリア観音（中国福建省徳化窯産）を祀りオラショを挙げている方がいる（画像9）。

埋葬とくに地下遺構については、現在は火葬で遺骨を墓石内の納入空間に納めるカロウト式石塔の家族墓（累代墓）に変化しているが、昭和四〇年代ぐらいまではすべて土葬の伸展葬で個人墓として葬ったという。また文久二年の絵図に描かれている長墓群の墓地については、誰の墓かわからないが集落で祀っているという。実際、各墓碑には新しい湯飲茶碗が置かれており、現在も祀られていることがわかる。

この聞き取りでとくに留意すべきことは、かつては土葬の伸展葬で個人墓であったという点と誰の墓かわからないという点である。かつて個人墓で土葬の伸展葬であったという点は、公営の火葬場が整備され火葬が一般化する昭和四〇年代以前のことであることは間違いないが、どのくらい遡

画像9 垣内潜伏時代のマリア観音像
（中国福建省徳化窯産）

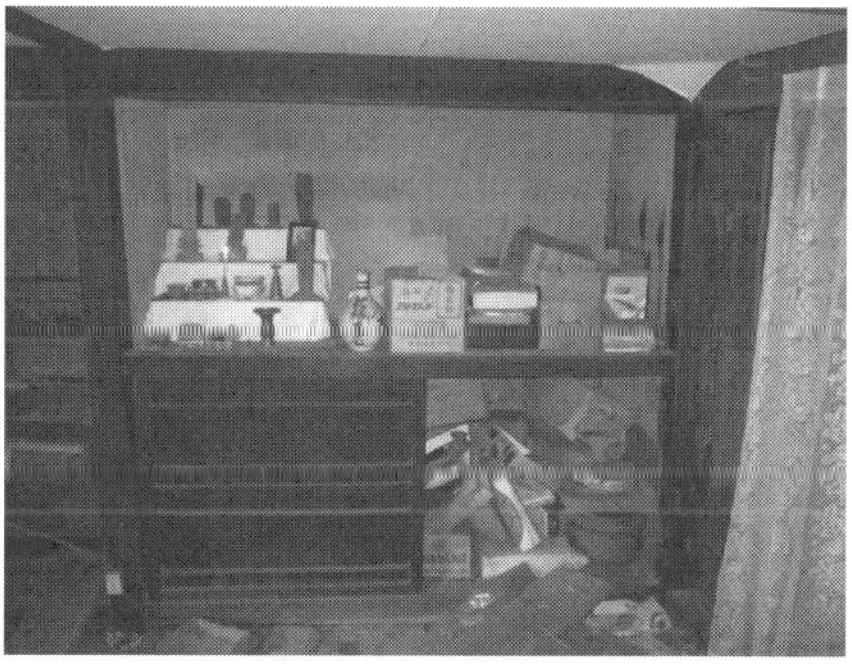

画像8-2 松崎玄右衛門翁宅に
残された祭壇（納戸上段左）

るかは実際に地下遺構を発掘しないと判断できない。ただ、文久二年の絵図に「ハカ」と記載され、しかも「ハカ」の地上施設として築かれている長方形状の板状蓋石付積石長墓や蓋石を伴わない積石長墓の最古が形態上江戸前期まで遡る可能性があることを考えると、垣内における土葬の伸展葬は、文久二年以前、おそらく江戸時代の前期まで遡ることが想定される。この点は、垣内墓地だけでなく、外海の旧深堀領の潜伏キリシタン集落六カ村でも、近世を通じて伸展葬の土葬が伝統的葬法として継承されてきた可能性が高い。

ただ、伸展葬といえど、単に体をまっすぐ伸ばして顔を天にむける葬法だけではなかったらしい。片岡弥吉著『かくれキリシタン――歴史と民俗――』によれば、東樫山では「両手を顎の下にくみ、足は膝を立てて腹に抱き込む。赤ちゃんが腹にあるような格好」であったり、「頭が南に顔を西にむけて横向きに葬られるように納棺」、「頭は西におき、顔を南にむけて葬る」などしたという。また黒崎では、「男は顔を右にむけ、女はその反対にして横むきに納棺」、半泊では「頭を西におき、顔は東に向けて葬むる。それは、起きて坐った場合、東をむいてオラショができるため」などの事例が報告されている。[*10] 実際の埋葬は各集落で微妙に異なっていたようである。

次に、各長墓が誰の墓であるか誰も知らないが、ただ祀りだけは欠かさずやっているという事実である。この話は非常に興味深い内容を含んでいる。実際、垣内墓地の長墓を含め、近世まで遡ると考えられる旧深堀領飛地で確認される長墓はすべて粗く長方形状に整形された結晶片岩を部材に使用している

画像 10 カルワリオ十字架陰刻墓碑
（三ッ山墓地）

が、明治政府がキリスト教徒を黙認する明治六年以前の墓碑はすべて無銘である。カルワリオラテン十字を陰刻した板状墓碑（画像10）やラテン十字に「〇ヤ」（「マリヤ」の意か。画像11―1・2）などを刻んだ板状墓碑（牧野集落墓地）など十字架の意匠や故人の実名などを陰刻した墓碑は明治六年以降の墓碑であり、それ以前は全くの無銘だったと考えられる。そのため数年もすれば誰の墓かわからなくなるのは当然のことである。潜伏キリシタンにとっては、たとえ弾圧が緩やかだった深堀領とはいえ長墓を建碑するのが精一杯で、十字架の意匠や洗礼名はいうに及ばず実名でさえ刻むことなどお上に逆らうこはできなかったと考えられる。

また、同じ深堀領に属した野中集落では、集落手前に広く斜面を切り開いた墓地がある。もちろん、野中集落の共同墓地である。墓地の周縁部には近代以降現代までの俗名を刻んだ不整形板状伏碑やカロウト式の累代墓（家族墓）が築かれているが、墓域の中心部分は以前（おそらく近世前期以降）からの墓地で、誰でもが使ってい

画像 11-1「〇ヤ」板状墓碑（牧野集落墓地）

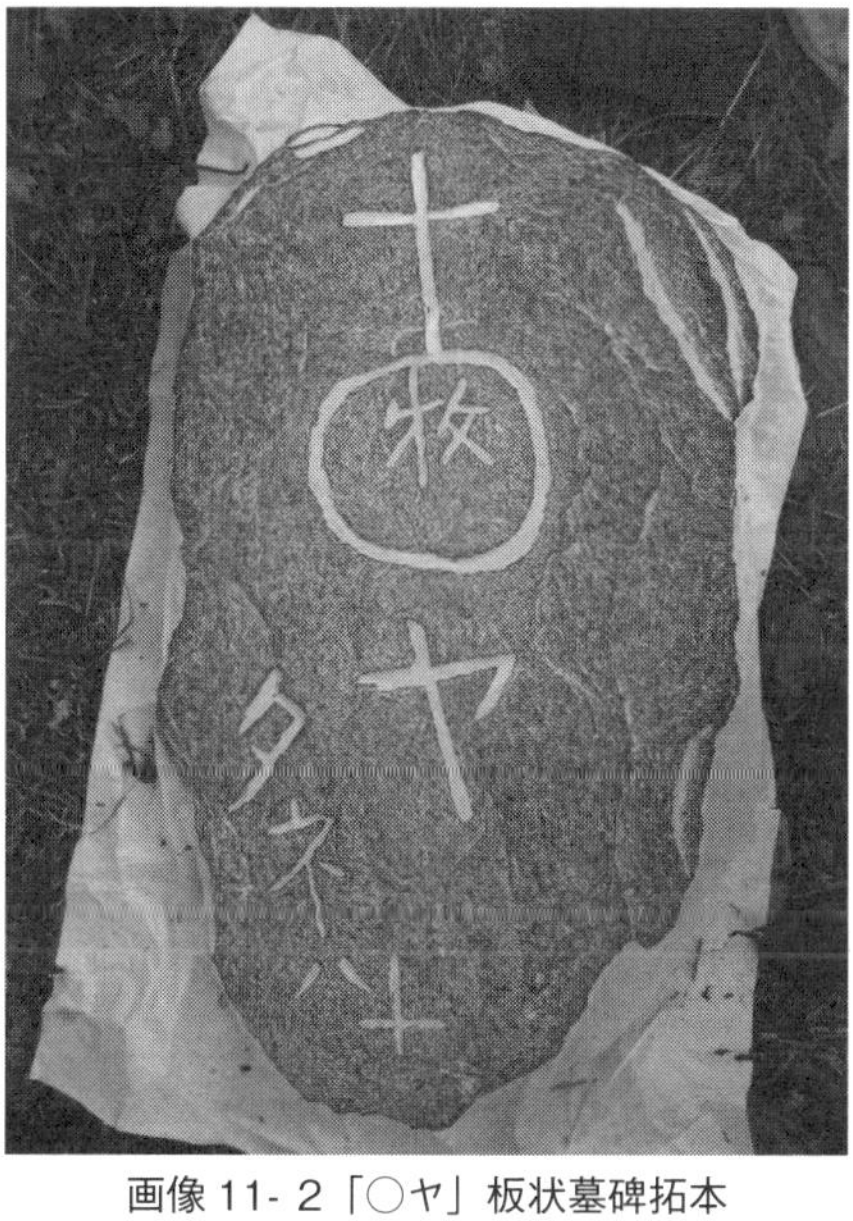

画像 11- 2「〇ヤ」板状墓碑拓本

い共同墓地であったという。しかも家族ごとまとまって埋葬する区画などはなく、亡くなった順に埋葬していたという。だから家族でも埋葬地はバラバラであるし、さらに地元産の結晶片岩製の墓碑は無銘であるから、数年経てば誰の墓だったのかわからなくなったという。そのこともあってか、時には他の集落のキリシタンの人達が夜やってきて勝手に埋葬していくので、地元民にとっては迷惑なことだったという話も伝わっている。

この野中地区での聞き取りでとくに注目すべきことは、もともと野中墓地では家族（イエ）ごとの決まった区画がなく亡くなった順に埋葬するという点である。この話は現代のキリスト教墓地に通じる内容であるばかりか、初期キリシタン時代の慣習を今に伝える貴重な証言と思われる。

近代キリスト教墓地で典型的な墓地といえば、平戸市田平町の田平教会堂に付随する瀬戸山墓地である。この墓地は一九一八（大正七）年に長崎教区三代目ジャン・フロート・コンパス司教により聖別（祝別）されたキリスト教墓地で、周囲は聖と俗を結界する石壁で囲まれている。現在はカロウト式の家族墓（累代墓）が大部分を占めるが、なかには積石長墓など旧来の墓碑が残っている。墓碑は、平成二二年度の調査で総計五九七基（一基はクルザード）を確認した。

ただ問題なのはそれ以前の墓地築造当時の葬制で、中心にたつクルザード（大十字架碑）を軸にして前方は大人用、後方は子供用に区分され、それぞれ左側が男性用、右側が女性用の専用墓地になっていた。つまり墓地は四区画（左側前方が男性大人用で後方が男性子供用、右側前方が女性大人用で後方が女性子供用）に区分され、しかもそれぞれの区画では亡くなった順番ごとに前の墓碑に詰めて埋葬されていた。だから、同墓地内ではあるが家族は男・女の性別、大人・子供の年齢差でもってバラバラに埋葬され、家族墓（イエ墓）で構成される仏教墓とは異質な墓制が展開されていた。

現にそのことを裏付ける旧来の墓碑も残っている。墓碑は西向きに立てているが、埋葬はすべて土葬の伸展葬で、しかも復活で起き上がった際に目前に大十字架（クルザード）がくるように足をクルザードに向けて葬ったという。個別的な「イエ」を基準に家族でまとまる仏教墓とは異なり、田平・瀬戸山墓地は教会堂（または在家の信仰組織）に集う信徒全員が「大家族」の意識で墓地形成がなされたと考えられる。

これと同じ葬制は出津の野道墓地、五島・久賀島や小値賀町野崎島などのキリスト教墓地でも想定されるが、瀬戸山墓地ほど性別や年齢差で埋葬地を区画割し、亡くなった順に埋葬する葬制が明確に裏づけられる墓地はなく、まさに近代キリスト教墓地の典型といえる墓地である。しかも瀬戸山墓地での「亡くなった順に埋葬した」という事実は近世まで遡ると考えられる野中墓地での葬制に通じるものがあるばかりか、性別や年齢差で墓域が区別される点を含め伝統的な潜伏キリシタン時代の葬法を昭和時代まで伝えた事例と思われる。

以上の各事例を前提に、ここで問題にしている垣内墓地で、長墓が誰の墓であるか誰も知らないがただ祀りだけは欠かさずやっているという事実は、墓碑自体が無銘であることと、誰の墓か意識されやすい家族墓（イエ墓）ではなく、亡くなった順に前の長墓に詰めて埋葬したことが大きな要因であったように思われる。つまりは自分らの信徒組織に集う全員が「大家族」（同族）の意識で墓地形成がなされた結果と考えられる。この点は、本家のイエ墓を軸に分家の墓を配置するという日本の伝統的な同族の墓地構成とは異質であり、キリスト教という異文化の影響が見て取れる。

また、潜伏期からの旧来の墓地（最下段の絵図記載墓地）がその後改変されずほぼ手つかずのまま現代まで残ったのも、垣内集落の潜伏キリシタン全員に関わる「みんなのご先祖さま」（先祖墓）という意識が強く働いたため、個々の被葬者名はわからないが、集落全体で大切に祀ってきたのではないかと思われる。であれば、ここでは先祖崇拝という日本伝統の思想・風習が影響していると思われる。

つまり、亡くなった順に埋葬するという行為にはキリスト教という異文化の影響が考えられるが、その墓地自体を共同体の先祖墓として祀る行為には日本伝統の思想が見られ、潜伏キリシタン集落という特異な共同体ならではの混在した葬祭文化が考えられる。おそらく、その典型的な潜伏キリシタンの墓地が垣内墓地であったと思われる。

（イ）垣内以外の深堀領飛び地の墓地

外海に散在する佐賀藩深堀領の飛び地六カ村はすべて潜伏からカクレのキリシタン集落であり、その共同墓地には、一部の例外を除き、すべてキリシタン特有の長墓が築かれている。また、長墓という地上標識の形状や聞き取りの結果から推察して土葬の伸展葬で埋葬されたことはほぼ間違いない。

ところで、一八六二（文久二）年の「彼杵村三重樫山村、平村図」に示された「ハカ」は全体で約六〇カ所以上（そのうち約半数が現在も墓地として機能）が確認され、それらは一部の特殊事例を除き全て長墓で築かれ、しかも共同墓地としての機能をもった墓地である。このことは、文久二年段階で飛び地集落全六カ村の住民が伸展葬を前提としたキリシタン長墓を築き、しかもその事実を佐賀藩深堀領の役人自体が認知していたことを示唆している。また、約六〇カ所以上に及ぶ共同墓地は、潜伏時代における末端の信仰組織（グループ）の存在と分布を示唆している。つまり、共同墓地の数だけ信仰組織があり、共同墓地の所在地に末端の信仰組織が各々存在していたのではないかと思われる。

ここでは、先述した垣内墓地同様に深堀領飛び地の潜伏集落墓地を代表する三カ所を概観し、垣内墓地で見られる長墓が一部の特殊事例ではなく、当地域にあっては近世での一般的墓制であったことを示したい。

【野中墓地】

野中集落（西出津町）は、世に言う「野中騒動」の舞台となった場所である。野中騒動とは、一八六七（慶応三）年、二枚の聖画（「十五玄義図」と「聖ミカエル図」）をめぐる潜伏信徒間内部の騒動をいう。宣教師の再来日を受けて聖画（信仰）を公にしようとする急進派に対し、村役など穏健派は時期早々として公になることを恐れ、旧来同様に隠蔽を主張した。その際、穏健派である野中の村役・木村市之助宅が騒動の舞台となった。この問題が影響してか、野中は今も一部を除きカクレキリシタンの集落であり、現在の帳方は木村友好氏である。

野中墓地は、集落手前の緩やかな斜面をなす山肌に築かれており、垣内墓地のように意識的に削平した状況は見出せない。現状の墓地構成は、前項で述べたように文久二年絵図記載の墓所を中心に、その周辺を近代から現代の墓碑が取り囲むように築かれている（画像12－1、2、3）。

墓域中心の絵図記載墓所は、現在は荒れ果ててほとんど原形を留めていないが、すべて結晶片岩の積み石長墓であり、目視ではあるが現状で約二〇基以上の長墓が確認できる。また、地元民の話によれば、かつては亡くなった順に埋葬し、しかも時には他の集落の人

画像 12-1 野中墓地（一部）

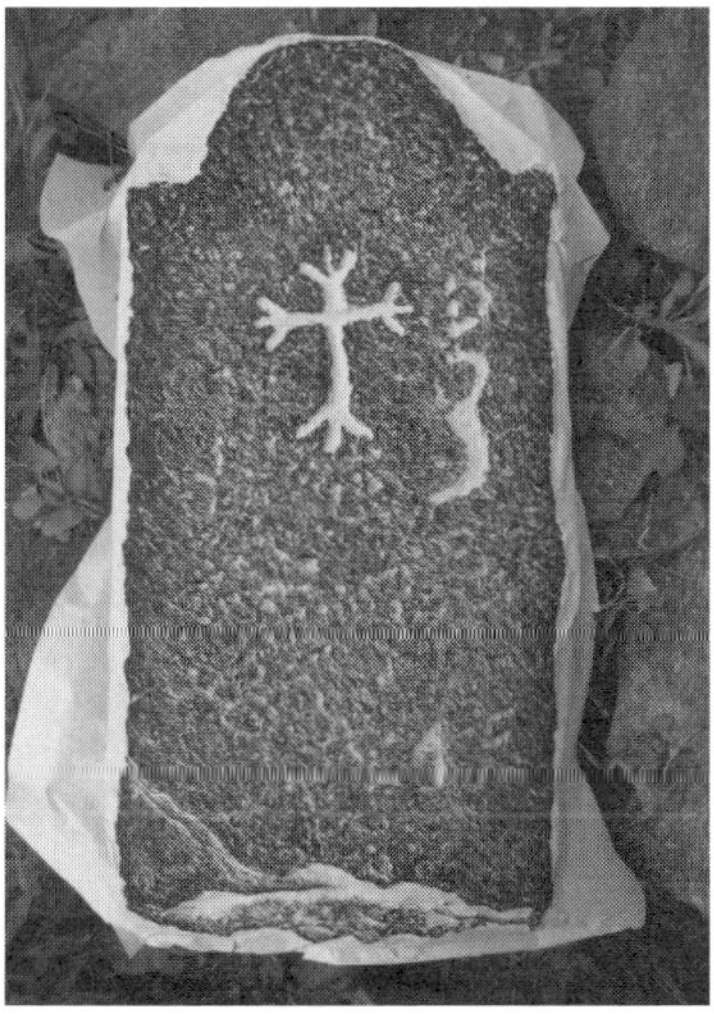
画像 12-3 十字紋入り墓碑拓本

画像 12-2 近代以降の十字紋入り
カクレキリシタン墓碑（野中墓地）

たちが夜勝手に埋葬していったというから、被葬者が誰であるかほとんどわからないという。そのため、絵図記載墓域の長墓にも改葬があった可能性がある。

当墓地は、潜伏時代の長墓遺構群としては、その残存状態はあまり良くない。ただ、その周囲を取り囲む近代以降の簡素な銘文入り長墓や現代のカロウト式墓は、現在も信仰を守るカクレキリシタンの人たちの墓であり、仏教形式墓を確認することはできない。つまり野中墓地最大の特徴は、潜伏時代からカクレキリシタン時代までの墓制が継続して認められる点にあり、その文化遺産としての価値は非常に高いと思われる。

なお、当墓地で近代以降に築かれた周辺部の長墓には、必ずといっていいほど赤い石が置かれている（画像13）。単に置いたというのではなく、むしろ「供えた」という表現が適切なのかもしれない。文久二年絵図記載の墓地中央部にもあったのかもしれないが、墓碑自体の損壊が激しく未だ確認していない。垣内墓地など他の飛び地集落のほとんどの墓地では白色の石であるが、この野中墓地だけが赤い石である。大きさは小石から拳大ぐらいが普通で、垣内墓地などの白色の石は大きいもので人頭大ぐらいある。その理由を野中や垣内の方々に尋ねてみるが、ご存じの方はいない。

この赤色や白色の石にどれだけの意味があるのかわからない。ただ気になるのが死人が出た際、遺体の顔にかつては赤い布、戦後は白い布を被せて葬る習俗があったという。片岡前掲書『かくれキリシタン――歴史と民俗――』によれば、浦上三番崩れ

画像13 赤い石（茶碗斜め左上）を供えた長墓（野中墓地）

で一八五七（安政四）年に入牢した浦上の帳方吉蔵の供述に、死者の「頭上に赤色の切《きれ》を被せ」とあり、潜伏時代からの習俗であったことがわかる。

家野町（長崎市）では死者の頭に赤タオルを被せる習慣があり、それが終戦後は白いタオルに替わった。しかも納棺の際、赤い布切を持たせてやるのがしきたりだったという。五島では「赤い切」は「二十六聖人の御ころも」といい、家野町同様に赤く染めた麻布の小片を死者の身につけ「おみやげ」として納棺したという。[*11]この納棺の際の習俗が墓碑に置かれた赤色、白色の石に影響しているのかどうか俄に判断はできないが、意識的に供えたものであれば「赤い切」の習俗が反映している可能性もある。とくに、今もカクレキリシタンの集落である野中集落だけが赤い石に拘っていることを考えれば、旧来の潜伏時代の習俗が遅くとも近代までは残っていたのかもしれない。

【東樫山墓地】

樫山地区（樫山町）は、集落のほぼ中央を走る県道や川を挟んで旧深堀領の東樫山と旧大村藩領の西樫山に別れており、江戸時代は両村とも潜伏キリシタンの集落であった。とくに東樫山は、聖なる赤岳とその聖山を背後に深堀領飛び地全村の菩提寺・天福寺（曹洞宗）が建つ場所であり、強固な潜伏組織に支えられた外海キリシタンの中心的集落であった。ただ、明治六年の禁教高札撤去後はカトリックへの復教はせず、現在約九割の方々が仏教徒である。そこには天福寺のキリシタンに対する宥和対策が原因しているという。

天福寺は、一六八八（元禄元）年に深堀領飛び地全六カ村の檀家寺として深堀菩提寺七世の天瑞萬奇大和尚が建立した寺院（曹洞禅宗）である。一六六〇（万治三）年創建の大村藩領三重の正林寺（真宗）に遅れること約三〇年後である。元禄元年の創建であるから、それまでの飛び地の住人と寺院との関係がいかに希薄であったかをよく示している。おそらく元禄元年創建までの宗旨改めは庄屋などが肩代わりして行う俗請けが一般的ではなかったかと思われ、深堀領自体のキリシタン取り締まりの遅れと消極さを示す事例と思われる。

非常に遅れて創建された天福寺は、飛び地の住人が潜伏キリシタンと知りつつも檀徒として迎え入れ、一種の隠れ蓑的な立場で潜伏キリシタンを保護したという。つまりここでは、キリシタンの検索と消滅目的で制度化された寺請制度が逆に潜伏キリシタンの保護と存続に利用されるという皮肉な現象を引き起こしている。そのため、明治六年の禁教高札撤去後、一時「明治初年佛国式天主教侵入するに及び檀徒の過半数を奪われ、該寺は孤城落日の姿なり」(大正七年『三重郷土史』)の状態に陥ったが、潜伏組織の維持が困難になってきた昭和五〇年代に、かつてお世話になった天福寺に集団改宗し寺の存続に立ち上がったといわれる。

ところで、東樫山地区の文久二年絵図記載の墓地は、赤岳を目前にした小高い尾根沿いに築かれている。中でも頂き部分のなだらかな平地には結晶片岩の一枚石を蓋石にした無銘の長墓が数基(画像14)確認され、そこから赤岳に続く北東部のなだらかな斜面に累々と積み石長墓が築かれている。現在は荒れ果てているが、その長墓群は、すべて方形墓の仏教墓(画像15)で統一された西樫山(大村藩領)の墓地とは対照的である。本来は墓制についても睨みを利かすべき天福寺ではあるが、寺院が建つ東樫山村であっても御禁制のキリシタン長墓が継続して築かれていることを考えると、寺院としての墓制取り締まりの機能がほとんど果たされていなかったことを示している。飛び地の中心地でさえこのような状態であるから、他の飛び地集落は推して知るべ

画像14 東樫山の長墓(一部)

画像15 西樫山集落の方形仏教墓(一部)

しである。

また、赤岳中腹の皇太神宮は、旧来は弁財天を祀っていたというが、この社地はキリシタン七名の処刑者が葬られた墓地という伝承が残っている。[*12] 仮にこの伝承が事実であれば、七名の処刑者を殉教者として祀りながらも、その近くに潜伏信徒らが墓地（絵図記載墓地）を構えることで死後の安寧を祈ったのかもしれない。

なお、絵図記載墓地へ至る登り口近くの集落に一番近い墓所には、大型の方形積み石墓や戒名を刻んだ整形立石墓塔、さらには現代のカロート式墓など仏教形式墓だけの墓地が確認される。紀年銘などから明らかに近代以降の墓地であるが、おそらく明治六年以降天福寺掛かりとなった人たちの墓と思われる。

【河内墓地と山口与左衛門墓】

深堀領飛び地六カ村の近世墓は基本的にキリシタン長墓で占められているが、ただ一部に仏教式の方形墓に近い地上標識が確認される。その特殊な事例が、旧深堀領黒崎村の子役人で庄屋を勤めたという山口与左衛門（墓碑銘文では「山口与左門」）の墓である。松川氏のご教示によれば、山口一族は子役人として黒崎村各地区に配属されて村全域の統括を任された一族であり、その一人が黒崎村の鏡巣地区を任された山口与左衛門で、彼自身も潜伏キリシタンだったという。

与左衛門の墓は、河内地区（下黒崎町）の高地台に築かれた墓地にあり、現在はその上方を国道が走っている。住民の方は、墓に特別な名称はないとしているが、ここでは墓地台帳に従って河内墓地とする。

河内墓地は、垣内墓地などと同じく文久二年の絵図に記載された共同墓地であることから、江戸末期にはすでに築かれていたことがわかる。現在、上段部には最新のカロート式墓が作られて旧来の景観が失われてきているが、中段部から雑木に覆われた下段部にかけては、緩やかな斜面状ながらも一部削平された平地に無銘の長墓群が確認される。しかも最下段部には拙い「十字架」紋などを陰刻した明治六年以降の長墓も認められ、近世から近代にかけて築かれた潜伏・カクレのキリシタン墓地であることは明白である。潜伏時代は無銘の長墓、黙認以降は簡素な十字架意匠などを刻む長墓という点も、他の飛び地集落の墓地と同じである。

山口与左衛門の墓は、墓地の中段に築かれ、現代のカロート式墓と旧来の長墓群の境部分に位置している。墓自体は、結晶片岩を部材にした方形に近い積み石墓で、その上部に「享保十二丁未」(一七二七)の紀年銘を刻んだ自然石碑を建てている。与左衛門墓の寸法、墓碑銘文は以下の通りである(画像16―1・2)。

[積み石墓　単位センチメートル]

(基壇)背高:四五・〇　正面横幅:一四二・〇　奥行:一二五・〇

(墓碑)最大厚:一一・〇　最大幅:八九・〇　最大高:六九・〇

画像 16-1 山口与左衛門の墓

画像 16-2 山口与左衛門墓拓本

（墓碑銘文） 享保十二丁未 ／ 石峰宗鐵信士 ／ 四月廿五日 ／ 山口与左門

この形式は大型の方形状に近い積み石墓であり、また墓碑自体の銘文から「石峰宗鐵信十」の法名をもつ仏教式墓として築かれたことは間違いない。ただ、大村藩領で確認される当時の仏教形式墓である方形積み石墓が上部の自然石碑を中央に立てるのに対し、この与左衛門墓の自然石碑は、正面から七二・〇センチメートル、奥まで四二・〇センチメートルの位置にあり、基壇中央からやや後方に立っている。この点は、明らかに異質である。

また、与左衛門墓が方形に近い積み石墓を地上標識とするところから、埋葬は座棺と思われがちだが伸展葬の可能性がある。というのも、旧深堀領飛び地の一カ村である黒崎地区での聞き取り（二〇一六年一月十七日、話者：竹山淳氏）では、土葬の埋葬はすべて伸展葬というのが当地区の人たちの認識であり、旧大村藩領における土葬時代の埋葬が座棺であることに驚かれた。「座棺みたいな窮屈な場所に、よく仏教徒は埋めるな」ともいう。それだけ座棺での埋葬は信じられないという感想である。

公営火葬場が整備されてくる昭和四〇～五〇年以降は旧深堀領飛び地六カ村でもすべて火葬のカロウト式墓石が一般化してくるが、近代以降、たとえ地上標識が方形の積石墓（上部にブリキ製の安楽堂を据え置く場合も含む）であったとしても、土葬の場合はすべて伸展葬であったという。実際、昭和四〇年代に亡くなった垣内集落最後の帳方であった松崎玄右衛門翁の墓は方形に近い積石墓に安楽堂を据え置いているが、埋葬自体は伸展葬であった。

さらに、深堀領では、旧大村藩とは違い、埋葬のあり方や地上標識の形状まで規制を加えた形跡が認められない。大村藩では、一六五七（明暦三）年の郡崩れ後に長墓調べをし、葬儀・葬送さらに埋葬まで仏教式に改めさせ、監督役人の検使目付や横目を通して徹底した取り締まりを実施した。そのために、後述するように、大村藩域ではたとえ潜伏のキリシタンであっても地上標識は方形の仏教式墓、埋葬は座棺に統一された。ただ、旧深堀領では、これまで述べてきた垣内墓地や東樫山墓地などの事例から考えて、そのような規制はほとんどなかったと思われる。

以上のことから考えると、与左衛門は、方形に近い積み石墓をもちながらも、周囲に散在する長墓群同様に伸展葬で埋葬された可能性が高い。

ところで、与左衛門墓を除く旧来からの周囲にある墓は、他の深堀領飛び地の墓地同様に、すべて無銘の長墓で占められており、住民すべてが潜伏キリシタンであったことを示している。それにも関わらず、何故に与左衛門墓のみが方形状の積み石墓に法名を刻んだ墓碑をもつ仏教式墓で築かれているのか謎である。伝えでは、彼自身も潜伏キリシタンであったというから謎は深まるばかりである。

ただ、山口与左衛門は、子役人（庄屋）という集落指導者の立場の人物である。そのため、あえて戒名を刻んだ仏教式墓を築いたのかも知れない。というのも、与左衛門墓に刻まれた「享保十二天」（一七二七）の時期は、周囲の大村藩領では一六五七（明暦三）年の郡崩れを受けて厳しいキリシタン対策が実施されていた。この点は「大村藩領の潜伏・カクレキリシタン墓地」の項で後述するが、一七世紀後半から一八世紀前期にかけて、大村藩は総力を挙げて仏教式方形墓への統制とキリシタン取り締まりを進めており、その影響がいつ深堀領に及んでもおかしくない時期に与左衛門墓は築かれている。この点を考慮すれば、万一、深堀領で墓地検索が実施された場合に備えて、住民の代表という立場からあえて大きな板状碑に「戒名」を刻んだ仏教形式的な方形状の墓を築いたのかもしれない。つまり、地元をあずかる子役人（庄屋）としての回避策である。おそらく、このような何らかの強い意図がない限り、方形墓に近い仏教式墓は築かなかったと思われる。今後の検討課題である。


以上、垣内以外の深堀領飛び地の墓地三カ所を紹介したが、その他にも菖蒲田墓地（西出津町）、中墓墓地（下黒崎町）、枯松平墓地（下黒崎町）など文久二年絵図の「ハカ」記載全ての墓地で当時の長墓群が確認される。とくに出津教会東側の山中にあたる畑杭墓地は、土葬が墓地下方の集落の飲料水に悪影響を及ぼすという理由から、ド・ロ神父により新たに墓地を築くことを止められたという。ド・ロ神父が外海地方の主任司祭として赴任したのが一八七九（明治一二）年、亡くなったのが一九一四（大正三）年であるが、一八九八（明治三一）年には出津の野道に共同墓地を築いているのでおそらくその間に畑杭墓地での埋葬を止めさせたと思われる。文久二年の絵図には「ハカ」の記載があることを考えれば、畑杭墓地は近世から明治の前半ころまでの長墓群と思われる。そのためか、旧来の無銘の長墓約二〇基ほどが、削平された墓地景観を含め、ほぼ原形を留めたまま残っている。

このように、近世から近代にかけて継続して築かれたキリシタン長墓群は、外海の深堀領飛び地では当たり前の光景だが、おそらく全国で唯一の遺構群であろう。大分県内の下藤墓地（臼杵市）や臼杵市及び豊後大野市内の「クルスバ」と称される墓地（御霊園、岡なまこ墓〔画像17〕など）、さらに熊本県天草市のペーが墓や岩宗墓地などでも粗形の板状伏碑形長墓が確認されるが、その建碑時期は一七世紀半ば前後ころまでの一時期だけであり、その後は仏教式の立石墓塔が立てられたり、または墓地自体が放棄された状態で現在に至る。*13 外海の深堀領飛び地墓地のように、共同体自体が潜伏からカクレのキリシタン集落であり、しかもその所産とも言うべき共同墓地が近世から近代まで継続して御禁制のキリシタン長墓で築かれていたという事実は、当地以外では確認できない希有な遺構群であり、まさに禁教期の貴重な歴史遺産ということができるであろう。

画像17 岡なまこ墓（大分県豊後大野市）

なお、深堀領本地でのキリシタン墓地である善長谷墓地（長崎市大篭町）や大山墓地（長崎市大山町）では、潜伏キリシタンの墓がいくつか散見される。ただ、外海のように近世初期からの潜伏キリシタンが存在したわけではなく、あくまでも幕末に外海から移ってきた人たちの墓である。そのため、墓制から深堀領本地でのキリシタン対策を窺い知ることはできない。

(ウ)垣内墓地の特異性

深堀領飛び地六カ村の共同墓地、なかでも垣内集落のキリシタン長墓墓地は、以下述べる各点から日本キリシタン史上極めて貴重な遺構であることが位置づけられる。

①これまで存在しないと考えられてきた初期キリシタン時代の伏碑の系譜を受け継ぐ長墓が、禁教弾圧期の江戸時代を通じ継続して建碑され続けてきた潜伏・カクレのキリシタン墓地である。

江戸時代、禁教対策として「墓石は立てて戒名を刻むべし」の掟が出されたため座棺を前提にした仏教墓塔が全国津々浦々で立てられ、長墓はキリシタンを象徴する墓として厳禁されていた。そのため、江戸・禁教期を通じてキリシタン長墓が継続して築かれることなどありえないというのがこれまでの通説となっていた。ところが垣内墓地を典型とする外海深堀領飛び地の共同墓地では、禁教期を通じて近代まで継続して御禁制の長墓が建碑されていた。この点は、これまでの通説を覆す新事実であり、当時のキリシタンを取り巻く環境を考える上で学術上極めて貴重な遺構群ということができる。

②急斜面の山腹をわずかな斜面を残しながらも広く削平し、そこに初期キリシタン時代の伏碑の系譜を受け継ぐ長墓を四〇~五〇センチメートル間隔で配置するあり方は初期キリシタン時代からの墓地景観を今に伝える貴重な遺構であり、基本的に自然地形をそのまま利用する日本伝統の墓地景観とは異質である。つまり、一六世紀後半に伝播したキリスト教文化は、我が国に、埋葬では伸展葬、地上標識では長方形状に整形された伏碑という独特の墓碑形式を伝える一方、そのセットとして墓地自体のあり方ま

でも伝えた可能性が高い。しかも、この異文化の影響はその後の近代キリスト教墓地でも認められ、初期キリシタン時代に伝えられた新たな墓地景観が確認できる。

初期キリシタン時代の墓地景観が想定できる墓地(共同墓地)といえば、公認期から禁教期に位置付けられる下藤墓地(臼杵市野津町)と潜伏キリシタン時代の垣内墓地である。下藤墓地は、やや傾斜をもった平地状の墓域に長方形状の石組遺構や地上標識としての粗形板状伏碑形墓碑が六六基配置されている。[*14] ただ、下藤墓地の場合、元々のなだらかな自然地形を利用して墓地に改造した可能性がある。それに対し、垣内墓地は急斜面の山腹を意識的に削平して墓地としており、初期キリシタン時代に伝えられた異文化の影響を直に見て取ることができる。しかも、この垣内墓地の延長線上に一八七三(明治六)年以降に築造された近代キリスト教墓地があるものと解釈される。

近代キリスト教墓地の墓地景観としては出津の野道墓地や五島・久賀島の細石流墓地、五輪墓地、典型的な事例としては一九一八(大正七)年に聖別(祝別)された田平教会堂付随の瀬戸山墓地などがあげられ、その墓地景観は垣内墓地の延長上に位置づけられる。

ところで、初期キリシタン時代に年齢や性別の区別で埋葬していたかどうか現段階での確認はできないが、墓地の選定に宣教師が関わり、墓地の祝別を行ったことは宣教師の記録に見られる。五島での出来事として「一五七二年、イタリア人アレシャンドゥレ・ヴァラレッジオ師が日本からの帰途、インドより、ポルトガル人のイエズス会の司祭らにしたためた書簡[*15]」の中で、宣教師が墓地の選定を行ったこと、墓地選定後は墓域を壁で囲い、墓地に大十字架を立て、諸聖人の祝日の日(十一月一日)に墓地を祝福したことなどが記されている。クルザードは「担いで運ぶ」の表現から素材は木材だったと思われるが、墓地の選定や墓地を囲む壁(聖と俗の結界)、墓地の祝福(聖別)、クルザードなど、ほぼ全ての事項が約三五〇年後に造られた瀬戸山墓地などのあり方と一致している。この点からいえば、明治六年以降に築かれた近代キリスト教の墓地は、初期キリシタン時代に伝えられたキリスト教独自の墓地のあり方をそのまま継承しているように思われる。

③亡くなった順に前の墓碑に詰めて埋葬されたことが想定される。

長墓が誰の墓であるかわからないがただ祀りだけは欠かさずやっているという事実は、墓碑自体が無銘であることや、集落の中で亡くなった順に前の長墓に詰めて埋葬したことが大きな要因であったと考えられる。

垣内集落すべての住人は、禁教期にあっては非合法の潜伏キリシタン組織の仲間内であり、その関係は一八七三（明治六）年の黙認以降も昭和四〇年代まで維持された。そのため、垣内集落の全住民は、単なる共同体以上の強い結束力で繋がっており、信徒組織ひいては共同体（集落）そのものが「大家族」という意識で強く結ばれていた。だから仏教の家族墓（イエ墓）のように同一血縁ごとに埋葬地を区画して葬るのではなく、墓地全体が「大家族」の墓地として亡くなった順に前の墓地に詰めて埋葬されていったと思われる。この点は、初期キリシタン時代の埋葬のあり方を示唆しているだけでなく、近代キリスト教墓地の埋葬の仕方に通じるものである。

④垣内墓地は、今も香華を絶やすことなく祀り続けられている「生きた長墓群」である。

昭和四〇年代までカクレキリシタンであった垣内集落の性格から、在家の信徒組織が伝統的に「自分たちの先祖墓」の意識で祀ってきた。そのため誰の墓かわからないが今も香華が絶えない長墓群として存続してきたと考えられる。まさに「生きている潜伏キリシタン遺構」ということができ、そこには先祖崇拝という日本伝統の風習が影響しているように思われる。

以上述べてきたように、垣内墓地は、キリスト教文化が伝えた新たな葬法という観点から、主に四つの項目で重要である。一点目は伸展葬での埋葬、二点目は地上標識としての長方形状伏碑（長墓）、三点目は削平した墓地景観、四点目が共同体自体を「大家族」として亡くなった順に埋葬する葬法である。これら異文化の葬制が集約された墓地の典型が垣内墓地であり、しかも禁教期から現代まで人切に祀られきたという点で、その資産的価値は極めて高いといえるだろう。

3．大村藩領の潜伏・カクレキリシタン墓地

旧深堀領の潜伏キリシタン集落の墓制と対照をなすのが旧大村藩領の潜伏キリシタン集落墓地である。一五六三（永禄六）年大村純忠が日本最初のキリシタン大名となって以来、大村領では一五七四（天正二）年に全領域をキリシタン化したが、一六〇五（慶長一〇）年に起こった長崎の替地問題（外町と西浦上の交換）を発端にして一六〇六（慶長一一）年二月をもって禁教に踏み切った。ただ、一六一四（慶長一九）年の全国禁教令から一六三七（寛永一四）年の島原・天草一揆までは藩としての禁教対策は不徹底で、キリシタンの信徒組織はまだ十分に機能していたと考えられる。実際、一六一七（元和三）年のイエズス会士コーロス徴収文書では肥前国大村の代表信徒十五名が、また一六二一（元和八）年のドミニコ会士コリャードの「大村ロザリオ組中連判書付」では大村領内信徒組織の代表七七名が署名して信仰の誓いを立てている。[*16] とくに後者のコリャード徴収文書では、ここで問題にしている「たいら村」をはじめ「あぜかり村」「ミゑ村」「かしやま村」「くろさき村」「しめ村」「こうの浦村」「大野村」「ゆきの浦村」など、外海の各村々の代表信徒も署名している。

〔大村藩の禁教対策〕

このような潜伏キリシタンの存在に対し、大村藩も執拗に対策を講じている。一六二三（元和九）年の

「私領・公領ニよらすきもいりニ可申渡事」、一六二五（寛永二）年の「此中数度申触候得共、いよゝ為慥之申渡候条々の事」、一六二八（寛永五）年の「大村領分村々江申渡条々」、島原・天草一揆直後の一六三九（寛永一六）年には「諸村庄屋共誓詞之事」など、末端の各村々、きもいり、庄屋、問《とい》（海村に設置された庄屋に相当する大村藩の村役人）から村中の者に対し「キリシタンの出家」や「きりしたんのすすめ」を禁止し違反者は捕縛するなどのキリシタン対策を実施している。*17

また一六二七（寛永四）年に西高田村（現長与町）で「御経頂き申候人数」の改めで俗請けによる宗門改めを実施、同じ寛永四年には領内中山村で本常坊なる僧侶により御経頂きが行われている。さらに上記の寛永十六年「諸村庄屋共誓詞之事」では二名の宗門改め役（一瀬喜右衛門・田川三郎右衛門）が領内を廻り、村々の庄屋たちに宗門改めを相違なく実施して子細を藩に報告するよう誓詞をとっている。*18本常坊による宗門改めは証明を寺院が請け負っているところから寺請けであったと考えられるが、西高田村の事例や寛永十六年の「諸村庄屋共誓詞之事」では村役人など俗人が宗門改めの証明を請け負っていることから、大村藩とくに外海においては、一六五七（明暦三）年の郡崩れ以前までは俗請けによる宗門改めが一般的だったように思われる。実際、大村藩領三重の正林寺（浄土真宗）が創建されたのは一六六〇（万治三）年であり、一七世紀半ばから後半にかけて各地の寺院は整備される。そのため、明暦三年以前の宗旨改めによる効果は薄かったように思われる。

〔郡崩れと本格的弾圧策〕

大村藩として本格的に禁教対策を実施したのは郡崩れ以降である。郡崩れとは、一六五七（明暦三）年、大村藩のお膝元・地方（じかた）の郡川周辺を発信源にしたキリシタン大発覚事件であり、逮捕者は六〇八名、そのうち斬罪が四一一名に及ぶという衝撃的な崩れであった。一六一四（慶長一九）年の全国禁教令が出てから四三年後、天下を揺るがした島原・天草一揆からは二〇年後の大事件であり、大村藩の存亡に関わる大事であった。

この発覚事件で郡村の九人が「統領（棟梁）」として捕まっているが、この「統領（棟梁）」とは信徒組織の代表者を指していることは間違いない。[*19] ただ、九人の内訳は六〇歳以上の高齢者が六人を占め、その中には二名の老女（六左衛門祖母、九郎右衛門女房）が含まれるなど、郡崩れ発覚時の信徒組織の紐帯は非常に希薄であったことが想定される。

キリシタンの信徒組織であるコンフラリアは、前近世的な在地構造と結合するところにキリシタンのもつエネルギーの温床があったと考えられる。島原・天草一揆時におけるコンフラリアは、小農自立を前提にした近世村落がまだ未確立な段階にあり、前近世的在地構造（家父長制的農民支配）が支配的であったために一揆という強力な結合母体が出来上がったと考えられる。それに対し、郡崩れ時の大村の信徒組織は、地方（じかた）における近世村落が次第に確立化されたことにより信徒組織と在地構造が切り離され、信徒組織そのものが衰退の段階に入っていた、それが捕縛された九人の統領（棟梁）の弱体化（老齢化など）につながっていたと考えられる。そのため、これといった抵抗もなく芋づる式に六〇八名もが捕縛され、四一一名が斬罪に処されるという悲惨な結果を招いたと思われる。

郡崩れ後の大村藩は、一六五八（万治元）年から藩あげての徹底したキリシタン弾圧策をとり、末端まで厳しく検索を実施した。「踏絵損失するに依て中絶」（「見聞集四二」）していた絵踏みや五人組制などを強化する一方、この年から藩内全域で寺請けによる宗門改めが制度化され、領民はどこかの寺院の檀家になることが強制され、寺手形を受けることが義務化された。

葬制つまり葬儀、葬送、埋葬（地下遺構）、地上施設（地上標識）である墓石に関しても徹底した対策が講じられた。監督役人の検使目付や横目に領内を巡見させて墓所を調べさせ、墓所を徹底的に調査させている。一六六三（寛文三）年の「御領内切支丹御制禁并宗門御改方之儀御書立之事」（「見聞集四二」）では「明暦四年戊年ヨリ領内宗門改弥稠敷申付、先年切支丹宗門之者墓所有之候を不残掘崩、死骨有之候得

者海中ニ　捨させ候事」[20]とあり、各村の監査官である横目に検索を厳しくさせ、キリシタン墓所を暴き、死骨があれば海中に捨てさせた。同じ「見聞集四二」の「領内宗門改様之事」には「死人火葬ニ仕候事、切支丹之者嫌ひ申候由、依之火葬ニ仕候事、其様子見届させ申候事」[21]とあるように、キリシタンは火葬を嫌うから最後まで火葬にするかどうか見届けさせる徹底ぶりであった。また一七六一（宝暦一一）年にこれまでのキリシタン対策をまとめた条々（見聞集四三）に「葬候時棺を寝せ不申候哉、又ハ棺之上ニ竹木ニて十文字を拵置候儀等無之哉、見届可申事」[22]とあり、「葬候時棺を寝せ」とあることから、藩自体がキリシタンは仏教徒のような座棺ではなく伸展葬（寝棺）で葬ることを認識していたことがわかる。だから、伸展葬の地上施設である「長墓」つまり横に伏せた長方形状のキリシタン墓石（伏碑）をキリシタン墓碑として徹底して破壊している。

この時の各村の横目（監査官）や庄屋による墓地検索報告の一部が「大村彦右衛門家文書」の中に『「長墓改覺」戌九月廿日』[23]として向地十二カ村の記録が残されており、長与村で一七九基、東高田村で八七基、時津村で七七基、伊木力村で七六基など各村の長墓の合計基数と墓所ごとの基数が細かに報告されている。郡崩れ後の検索がいかに徹底していたかをよく示す資料である。

おそらく、この郡崩れ以降、大村藩領では、葬儀、葬送、埋葬（地下遺構）、地上施設（地上標識）である墓石すべての葬制に関わる事項は仏教式に統制され、キリシタンの土葬や伸展葬による埋葬は厳禁されて火葬と座棺による埋葬が原則になったと考えられる。実際、深堀領飛び地の集落以外、外海の旧大村領で潜伏からカクレのキリシタン集落であった牧野や大野などの共同墓地はすべて方郭の積み石墓のみか、またはその塚上に仏塔を伴った仏教式墓であり、地下遺構はすべて座棺に統制されている。墓地景観も、垣内墓地のように平地状の墓地に墓石を等間隔に配置するのではなく、各イエごとに小範囲で単独の区画割をなし、斜面地の場合はその小区画単独のイエ墓が階段状に積み上がっていくというごく普通の仏教墓地の景観が展開されている。

〔尾崎墓地…大村藩領の潜伏・カクレの代表的共同墓地〕

旧大村藩領外海の潜伏キリシタン集落に関わる典型的な共同墓地といえば、尾崎墓地である（「配置図Ⅱ」、画像18）。当墓地は、舌状をなす山裾部分にあり、舌状先端部は急峻な崖をもって小川に至る。墓地の開発は小川を望む最下段から始まっており、最下段のみが平地状をなし、新しい墓石になるにつれて傾斜をもった山肌を活かして築かれている。最下段の平地状部分が、垣内墓地のように意識して削平した結果なのかどうかはわからないが、傾斜面利用の墓地景観はまさに仏教墓地そのものである。

墓塔・墓碑の総数は四六三基である。[*24] そのうち約四〇〇基が仏教式の方形積石墓や方形配石墓、またその上に自然石碑や整形墓塔を立てたものである。紀年銘や法名などを刻んだ墓塔は四六基確認される。そのうち明らかに「釋」を付帯した戒名墓が三五基（画像19、図面2）、「南無阿弥陀仏」陰刻墓塔が一基あり、大村藩領の三重地区にある浄土真宗の正林寺（真宗大谷派）を檀那寺としたことを示している。[*25] 残りの約六〇基が長方形状の積石墓や配石墓のキリスト教墓であり、その上に洗礼名や十字架を刻んだ墓碑が二〇

画像18 尾崎墓地（最下段部一部）

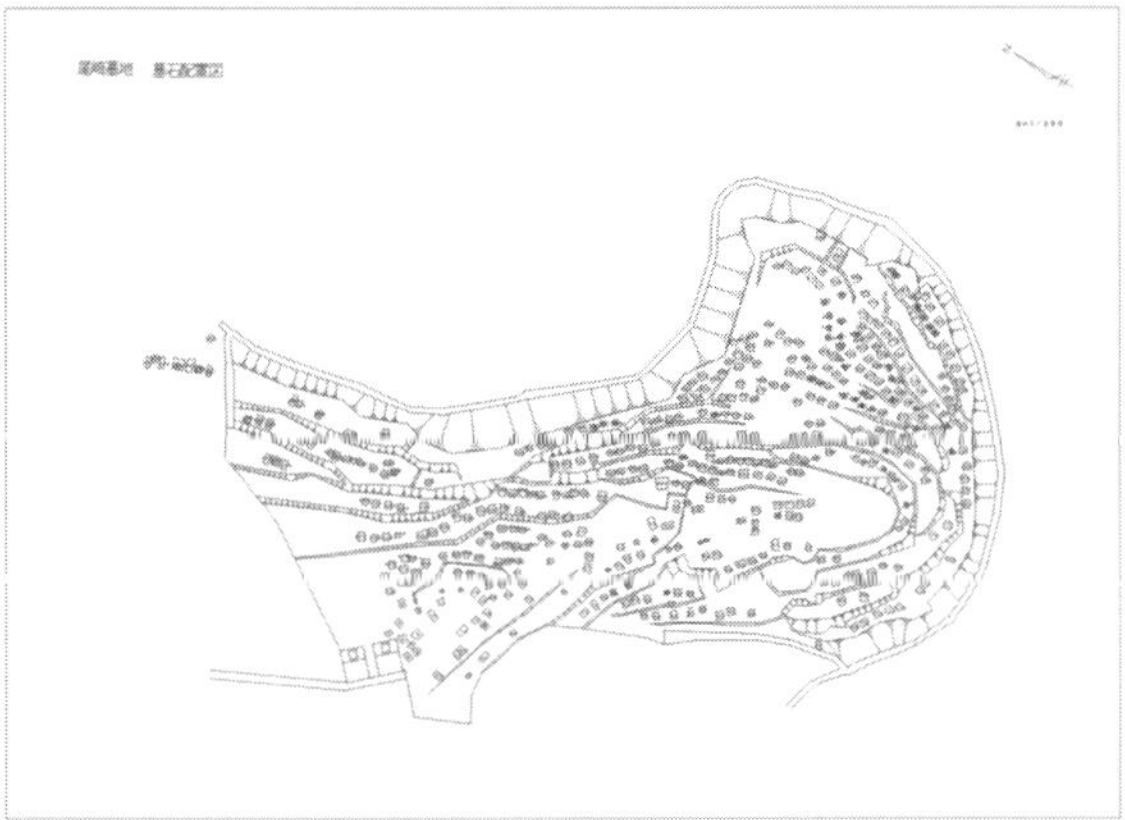

配置図Ⅱ 尾崎墓地〔大村藩領〕（長崎市提供）

基確認される。

　ところで、紀年銘に従えば、仏教墓は一七八〇（安永九）年銘が最古で、一八四八（嘉永元）年までの五五基が確認される。[*26] 内訳は一八〇〇年以前の墓塔が一三基、一八〇〇年から一八四八年までが四二基である。そのうち最古の安永九年銘墓塔を含む一八〇〇年以前の一三基と一八〇〇年以降の三六基（三四基は一八三〇年代以前、他の二基は一八四〇年代）は最下段の平地状墓地を中心に建塔され、他の六基（紀年銘は一八二六、一八三〇、一八三二、一八四六、一八四七、一八四八年）が舌状部分の中段に建塔されている。

　それに対し、洗礼銘や十字架等を刻み、また長方形状の積石墓や配石墓となっているキリスト教墓碑はすべて舌状地形の上段に築かれている。紀年銘では、高札撤去の一八七三（明治六）年以降の墓碑が一三基確認され、明治八年から昭和七年までの紀年銘をもっている。ただ、明治六年以前のキリスト教墓が三基（嘉永六年（一八五三）、元治元年（一八六四）、明治四年（一八七一））確認される。この三基は、おそらく明治六年以降に築かれた墓碑で、紀年銘のみ死亡年に従ったものと考えられる。

　また、当墓地の初源は、紀年銘に従えば一七八〇（安永九）年銘が最古である。ただ、無姓者層が整形墓塔を造立できる

画像19 潜伏キリシタンを埋葬した天保十二年銘「釋利縁信士」仏教形式墓塔。

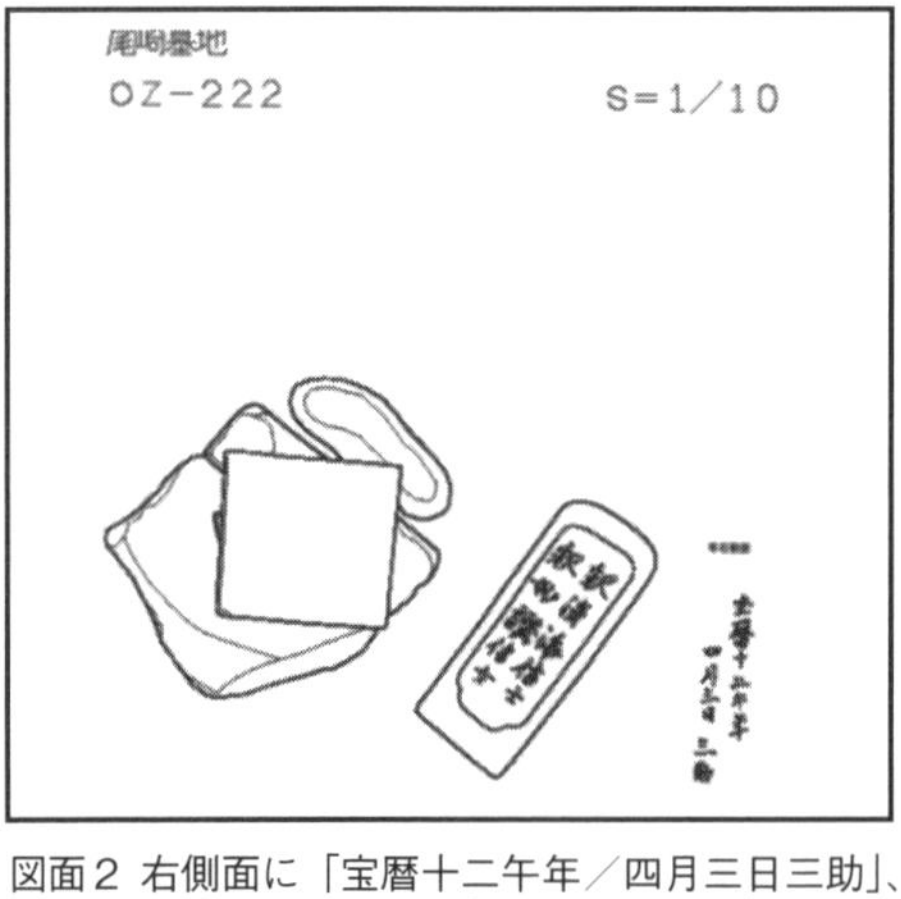

図面2 右側面に「宝暦十二午年／四月三日三助」、左側面に「天明三卯年／十一月八日ヒサ」と陰刻

時期は、九州では博多などの一部を除いて、早くて元禄年間の一六八〇～九〇年代、一般には一七〇〇年代半ば以降である。[*27]であれば、整形墓塔を伴わない方形の配石墓や積石墓は安永九年以前に遡る可能性が高く、遅くとも一七〇〇年代半ばころにはすでに墓地として機能していたものと思われる。

従って、尾崎墓地は仏教墓とキリスト教墓が混在した墓地ではあるが、時系列にみれば禁教期が仏教墓、黙認期以降がキリスト教墓に分類される。つまり、禁教期の尾崎墓地では、たとえすべての住人が潜伏キリシタンであっても伸展葬を前提にしたキリシタン長墓を築くことはできず、すべて座棺を前提にした仏教式の方形墓しか築くことができなかった。しかも、その方郭の積み石墓に整形の立石墓塔を立てる場合には、檀那寺である正林寺から頂いた戒名を刻むことを強制された。おそらく、葬儀・葬送・埋葬に至るすべての葬祭儀礼で、監督役人の検使目付や横目の厳しい監視が入ったものと思われる。このような郡崩れ以降の大村藩の厳しいキリシタン取り締まりを考えれば、尾崎墓地での仏教墓築造は当然の帰結であったと考えられる。[*28]

4. 外海南部で潜伏キリシタン組織が維持された背景

かつて西彼杵半島のほぼ全域は潜伏キリシタンだった。一六二二（元和八）年のドミニコ会士コリャードの徴収文書「大村ロザリオ組中連判書付」によれば、半島のほぼ全域の代表信徒が署名して信仰の誓いを立てている。南部の外海・内海はいうまでもなく、半島北部では「やきハら村」「おもたか村」「かきの浦村」、「なかうら村」、「さきと村」などである。つまり、元和八年ころまでは、西彼杵半島のほぼすべての集落が潜伏キリシタンだったことを示している。

ところが、江戸期を通じて信仰組織を守り通してきたのは西彼杵半島の南部、それも五島灘に面した外海南部のわずかな範囲に縮小している。具体的には、深堀領飛び地の東樫山、出津、野中、黒崎、垣内など、大村藩領では牧野、尾崎、大野などであり、同じ地理的環境の中にある西彼杵半島の大部分では潜伏組織は消滅している。ということは、地勢が険しく監視が行き届かなかったというこれまでの説は、少なくとも第一にくる理由にはなりえない。

では何故、西彼杵半島では外海南部の限られた一地域だけが潜伏キリシタンとして生き延びてこれたのか。それも大村藩・深堀領の領域を越えて存続しえたのは何故なのか。

この二点を考えたとき、深堀領飛び地における強固な信徒組織の存在が浮上してくる。つまり、外海南部にあっては、深堀領飛び地の潜伏組織が持った強力な結束が牽引力となって藩・領の境を越え非合法の信仰を維持させた。ただ、そこから外れた西彼杵半島北部や内海の潜伏組織は、大村藩の徹底した弾圧策や近世的在地構造の確立などを経て次第に弱体化し、いつしか消滅していったのではないか。要は、非合法の潜伏組織を持続できるかどうか、その鍵を握ったのは深堀領飛び地六カ村の強固な信仰組織にあったのではないかと思われるのである。

そこで最初に、深堀領飛び地における潜伏組織が近世を通じて活動を維持できたのは何故か、その背景を内的要因と外的要因に分けて考えてみる。

内的には、信仰をより強化する当地ならではの救いの教えがあった。深堀領飛び地の潜伏キリシタンは、彼ら独自の外海版創世記ともいうべき「天地始之事」を伝え、「まさん」（リンゴ）を食して神の国から追放された際、「下かいにがうじゃくと石あり。これをたづねてすみ時は。かならずふしぎあるべき。これすなはち。この世かいなり」[*29]としている（画像20　右から五行目に「下か

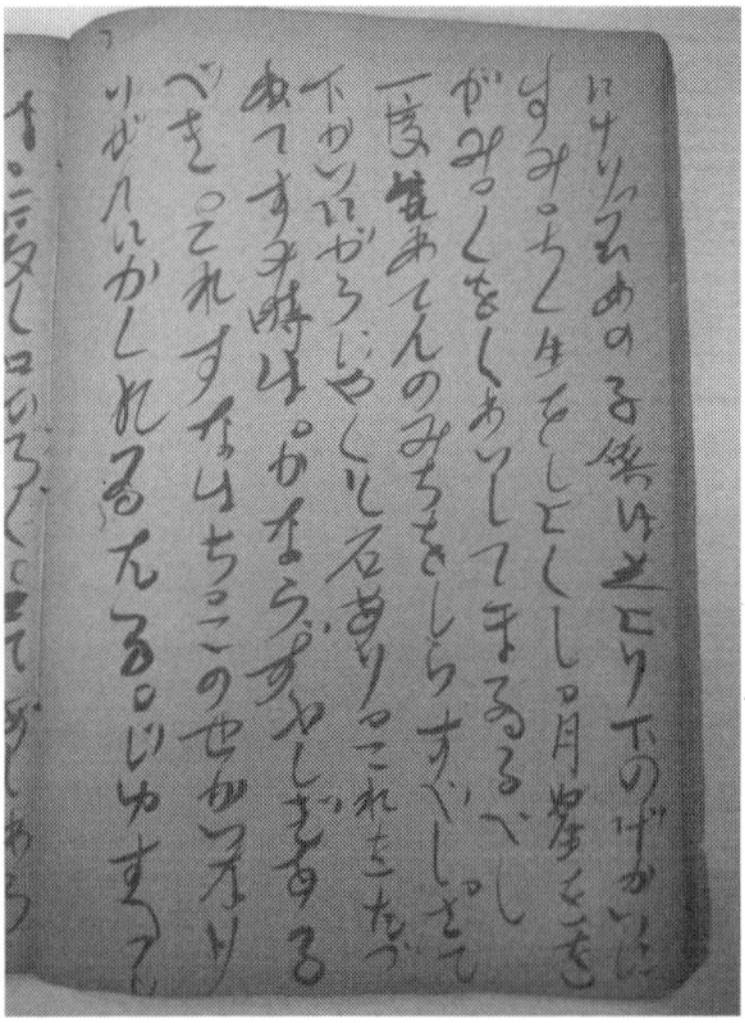

画像20 垣内版「天地始之事」（一部）

いにがうじゃくと石あり」以下の文が書かれている）。ここでいう「がうじゃく」（温石《おんじゃく》）とは西彼杵半島特有の滑石をさし、聖なる「がうじゃく」（温石）の地である自分らの住む土地・西彼杵半島を神によって選ばれた聖地と見立てている。しかも七代後にはキリシタンの時代が到来するという「バスチャンの預言」を以て日常の苦しさを将来の希望へと替え、「こんちりさんの略」というパライソ（天国）に行くための痛悔のオラショを伝えて宣教師不在時の救いとした[*30]。

このような救いの教えは精神的に彼らの信仰心を高めて結束力を強めたが、その結束力をより助長した外的要因が深堀領飛び地における緩やかなキリシタン対策にあったことはいうまでもない。そもそも飛び地集落の潜伏組織が活動を維持できた最大の要因が取り締まりの緩やかさにあったことは間違いなく、垣内墓地をはじめとする飛び地六カ村の共同墓地で御禁制のキリシタン長墓が近世を通じて築かれたのもその結果であったことはいうまでもない。また、現在日本二十六聖人記念館に収蔵されている聖母子像「雪のサンタ・マリア」（出津出土）や野中騒動の原因をなした「十五玄義図」と「聖ミカエル像」（ともに模写が長崎歴史文化博物館）もすべて深堀領飛び地から出ており、それら聖画を温存できる環境が飛び地集落にあったことがうかがえる。さらにはバスチャンの神山と称する山（赤岳）も東樫山であり、深堀領飛び地に属する。

もともと佐賀藩は、幕府に対して「幣藩内には黒宗門の徒は一人も無之候」として絵踏みも実施していなかったという[*31]。実際、一七九二（寛政四）年に熊野正紹が著した『長崎港草』によれば、長崎奉行所より踏絵を借用した藩は、肥前では島原、平戸、大村、五島、その他久留米、竹田、臼杵、府内、日田、延岡など一一カ所となっており、佐賀藩は含まれていない。

また、深堀領飛び地六カ村の檀那寺である天福寺（禅宗）の存在も大きく影響したと考えられる。本来であれば末端のキリシタン取り締まりを担う檀那寺であるのだが、それにも関わらず檀徒として迎え入れ、その保護を積極的に行っている。つまり、ここでは寺檀（寺請）制度が隠れ蓑となって、本来の目的とは逆に潜伏キリシタンの存続に一役買っているのである。

さらに深堀領飛び地では近世的な役人による在地支配が不完全で、近世を通じて庄屋による旧来の家父長制的な支配が実施されたという。であれば、集落の末端にまで監視の目が及ぶには自ずと限界があったものと考えられる。

実際、深堀領飛び地における緩やかな禁教対策を明治政府も認知していた。明治政府が実施した「耶蘇教牒者報告」(大隈文書)の中の「邪徒事情」によれば、「長崎近郷諸嶋切支丹ノ蔓延ハ、三重村ヲ根元トス。三重村ハ旧大村領、旧佐賀領犬牙相接シ、旧大村領ハ旧来宗門厳禁ナル故、踏絵ノ期ニ至リ邪徒脱走シテ平戸、五嶋ニ逃ル、所謂居付ト称スル者ナリ。当時平戸、五嶋ノ邪ヲ信スルハ皆其ノ子孫ナリ。又タ佐賀領ハ宗門厳禁ナキ故ナリ。近傍ノ小嶋ニ移住シ、即チ大明寺村、大嶋、高島等、今日邪徒アル所ハ大体皆三重ノ末孫ナリ」として大村領と深堀領における禁教対策の違いを示し、佐賀藩領は宗門対策が厳禁でなかったとしている。[*32]

また、田北耕也氏も、その著『昭和時代の潜伏キリシタン』の中で、「即ちキリシタンは黒崎村に於て最も盛んであって、南北両隣村に移るに従って希薄となり、南は三重村、北は神浦村を境として、西彼杵半島の両端には、カトリク信者が居らず、潜伏キリシタンの形跡も認められない。そこで外海地方にキリシタンを保存したのは、主として佐賀藩であったと考えられる。佐賀藩は大藩の襟度を以て、踏絵さえも励行しなかった事、及び大村藩では藩士久松氏を代々三重の本村に住せしめ、(中略)同様にキリシタンを監視させて居た。佐賀藩に保存されたこのキリシタンは、五島に現存する二万のカトリク信者、及び一万の潜伏キリシタンの祖先であり(以下略)」としている。[*33] 要するに田北氏は、佐賀藩深堀領飛び地における緩やかな禁教対策が外海南部に潜伏キリシタンを温存せしめた最大の理由であり、周辺に散在する大村藩領の潜伏組織維持にも大きく影響したとしている。このことは樫山地区での事例がよく示している。

樫山地区は、集落のほぼ中央を走る道や川を隔てて東樫山と西樫山に分かれている。ただ東樫山は深堀領、西樫山は大村藩領であった。古野清人著『隠れキリシタン』によれば、東樫山は八〇戸ほどの純粋な古キリシタン集落であり、「伝統的に外海地方の信仰的中心」でもあった。それに対し東樫山と相対している西樫山は一六四戸のうちカトリック一〇数戸と法華宗三戸を除いて他はすべてキリンタンであったが、西樫山のカクレキリシタンは「行事や信仰については東樫山ほど熱心でない。役持ちの人もいないので、東樫山から呼んでくる」[*34]という。古野氏の調査は明治六年以降のカクレキリシタンの現地調査の一端であるが、大村藩領だった西樫山の在家信徒組織に役職者が不在になったときは、もと深堀領の飛び地であった東樫山の信徒組織の助けをかりている。この両者の関係は、深堀領飛び地における強固な信徒組織が大村藩領の信徒組織維持に大いに貢献し、行事や信仰の大切さを伝えていたことを示唆している。要は、深堀領飛び地の周囲に点在する大村藩領の信徒組織は、飛び地六カ村の強固な信徒組織に頼りつつ禁教期を守り通してきたのではないかと思われる。

かつてコリャードの徴収文書が明らかにした西彼杵半島の潜伏キリシタンは、最終的に五島灘に面した外海南部だけで維持されてきた。大半の大村藩領では消滅し、一部が深堀領飛び地周辺で存続していたが、その多くは幕末以降に五島列島などに移住する歴史をもつ。それにしても深堀領飛び地がもつ頑なまでの信仰心には驚くばかりである。禁教期にあっては、いわば非合法の信仰組織である。それにも関わらず維持・継承してきたのであるから、その信仰には並々ならぬ確信と覚悟があったことは間違いない。おそらくそのような確信と覚悟がベースとなって、結果的に外海南部のみに潜伏キリシタンが存続しえたものと思われる。東樫山を中心とした深堀領飛び地六カ村の存在は、そういう意味で外海キリシタンの「信仰的中心」であったと捉えられる。

おわりに

　江戸時代ほど一般民衆の墓制にまで国家レベルで規制を加えた時代はない。その背景には、全国一律に末端まで仏教墓への統制を図ることでキリシタンを根絶しようとする幕府の意図があり、現代まで見られる立石墓塔と戒名のセットも、幕府の「墓石は立てて戒名を刻むべし」の規定に則ったものであることはいうまでもない。

　ただ、各藩、各領でもって、その実施には温度差があった。これまで述べてきた外海南部に例をとれば、一六五七（明暦三）年の郡崩れ以降、大村藩では厳しいキリシタン弾圧策をとり、その検索は徹底していた。「長墓改め」を実施して横目（監察官）や庄屋にキリシタン長墓を探索させ、地下遺構までも暴いて座棺の仏教式墓制を強制した。そのため、基本的に全住民が潜伏キリシタンである大村領・外海の集落でも全て仏教式墓を強制し、その地上標識は方形の積み石基壇に墓石または自然石立碑を築かせた。それに対し、同じ外海地区で、佐賀藩深堀領の潜伏キリシタン集落である飛び地六カ村の墓地では仏教墓はほとんど築かれてなく、江戸期を通じてキリシタン特有の自然石長墓で占められている。つまり同じ外海南部の潜伏キリシタン集落であっても、旧大村藩域と旧深堀領飛び地での墓制は全く異なっており、その対策には温度差があったことを示している。なかでも外海の深堀領飛び地での事例は極めて特殊であり、禁教期を通じてキリシタン長墓が築かれた全国で唯一の地域であったと思われる。

　これまで大村藩領の典型的な潜伏キリシタン墓地である尾崎墓地を対比資料として、垣内の潜伏キリシタン墓地を軸に深堀領飛び地の共同墓地とその特異性について述べてきた。垣内墓地は、深堀領飛び地六カ村の一事例であるが、その資産的価値は極めて高いものであり、外海キリシタン史はもちろんのこと、日本キリシタン史上特異な文化遺産と位置づけられる。とくに禁教期の遺構としては他に類例をみない遺構であり、今後は多方面からのより学際的な調査研究が進むことを期待したい。

ところで、イエと共同体との関係が希薄化している現代とは違い、かつては共同墓地への埋葬は共同体への帰属が強く意識された行為であった。つまり、共同墓地への埋葬はイエと共同体との関係をより強固にし、イエが共同体を構成する一員として認められる行為であった。と同時に、イエと共同体が同一の宗教文化を互いに確認しあい一体化する行為でもあった。とくに、ここで問題にしている外海南部の潜伏キリシタン集落にあっては共同体イコール非合法の信仰組織そのものであったから、共同墓地への埋葬は、イエと共同体がキリスト教という非合法の宗教文化をより強く共有する行為を意味していた。だから垣内墓地を典型とする深堀領飛び地六カ村の共同墓地では御禁制の長墓に最後まで拘ったし、厳しい取り締まりで築けなかった大村藩領の潜伏集落でも明治六年以降の黙認状態になるとすぐにキリシタン長墓を築き始めたものと思われる。そういう意味で墓は、個人、イエ、共同体の宗教文化が凝縮された証しといえるだろう。

【補註】

＊1　初期キリシタン時代の整形伏碑については、大石一久編『日本キリシタン墓碑総覧』（南島原市教育委員会　二〇一二年）参照

＊2　垣内墓地で使用されている結晶片岩は、墓地のすぐ上に露出している岩盤から採石したものと思われる。なお、露出岩盤の横にある家が最後の帳方・松崎源右衛門翁宅である。

＊3　大石「日本キリシタン墓碑総覧——分析と課題——」（前掲書『日本キリシタン墓碑総覧』所収）参照

＊4　潜伏からカクレのキリシタン集落で、現在までに中世石塔が確認できる集落は、深堀領飛び地では垣内と黒崎、大村藩領では牧野の集落のみである。とくに垣内と牧野では一〇基分以上の中世石塔が確認され、両集落の中世における優位性を示唆している。

＊5　拙著「地方における中世石塔造立階層の問題について」（史迹美術同攷会編『史迹と美術』第572号一九八七年所収）参照

＊6　平幸治『肥前国深堀の歴史』（二〇〇二年　長崎新聞社）など参照

＊7　片岡弥吉『日本キリシタン殉教史』（昭和五四年　時事通信社）五〇九頁など参照

＊8　キリシタン墓地の墓地景観とその異質性については、前掲書「日本キリシタン墓碑総覧――分析と課題――」（『日本キリシタン墓碑総覧』所収）参照

＊9　古野清人『隠れキリシタン』（昭和四一年　至文堂）参照

＊10　片岡弥吉『かくれキリシタン――歴史と民俗――』（NHKブックス　昭和五三年）二七八頁参照

＊11　片岡前掲書『かくれキリシタン――歴史と民俗――』参照

＊12　田北耕也『昭和時代の潜伏キリシタン』（国書刊行会　昭和五三年）、前掲書片岡弥吉『かくれキリシタン――歴史と民俗――』など参照

＊13　田中裕介「報告　御霊園クルスバ遺跡の調査」（『大分県内遺跡発掘調査概要』二〇一一年）、拙著「キリシタン受容と展開――墓碑から見た禁教期の破壊（隠蔽）と共存――」（『歴史考古学』第七一号二〇一五年）など参照

＊14　『下藤地区キリシタン墓地』（二〇一六年　臼杵市教育委員会）参照。なお、高槻城キリシタン墓地では、平地状の墓地に墓壙の長軸を南北に揃えて北群四列一六基、南群三列一一基が発掘されている（高橋公一編著『高槻城キリシタン墓地――三ノ丸跡北郭地区発掘調査報告書』（高槻市教育委員会二〇〇一年））。景観上は下藤墓地や垣内墓地に通じるものがあり、キリスト教伝播に伴う異文化の景観が展開されていたように思われる。ただ、大半が頭部を北に埋葬されているが、一部（二基）に頭部を南に埋葬している事例が見られる。これをどう解釈すべきかは今後の課題であろう。

＊15　『十六・七世紀イエズス会日本報告集第Ⅲ期第4巻』（松田毅一、同朋社）所収

＊16　イエズス会士コーロス徴収文書は松田毅一『近世初期日本関係 南蛮史料の研究』（昭和五六年風間書房）所収の第二十九文書「肥前国、大村」（一〇八七～八八頁）、ドミニコ会士コリャード徴収文書は前掲書『近世初期日本関係 南蛮史料の研究』所収の第四文書「元和八年三月大村ロザリオ組中連判書付」（一一八一～九一頁）参照

＊17　一六二三（元和九）年「私領・公領ニよらすきもいりニ可申渡事」は「見聞集十二」（藤野保・清水紘一編『大村見聞集』（一九九四 高科書店）一四九頁）、一六二五（寛永二）年の「此中数度申触候得共、いよゝ為慥之申渡候条々の事」は「見聞集十二」（前掲書『大村見聞集』一四九～一五〇頁）、一六二八（寛永五）年の「大村領分村々江申渡条々」は「見聞集十二」（前掲書『大村見聞集』一五〇～一五三頁）、一六三九（寛永一六）年の「諸村庄屋共誓詞之事」は「見聞集十二」（前掲書『大村見聞集』一六〇～一六一頁）参照

＊18　久田松和則『大村史──琴湖の日月──』（平成元年 国書刊行会）など参照

＊19　前掲書『大村見聞集』（六四四～四五頁）所収「見聞集三九」の「切支丹統領勧仕者之人数」参照

＊20　前掲書『大村見聞集』（七〇二頁）所収「見聞集四二」の「御領内切支丹御制禁并宗門御改方之儀御書立之事」参照

＊21　前掲書『大村見聞集』（七〇三頁）所収「見聞集四二」の「領内宗門改様之事」参照

＊22　前掲書『大村見聞集』（六五〇頁）所収「見聞集四三」参照

＊23　「大村彦右衛門家文書」『「長墓改覺」戌九月廿日』（大村市立史料館蔵）参照

＊24　「墓碑」とはキリスト教関係の墓石のように単なるモニュメントとして意識された墓石をさし、「墓塔」とは、たとえ一時的であれ仏教関係の墓石のように石塔自体に霊が宿ると捉えられる性格の墓石をさす。

＊25　長瀬雅彦、松川隆治両氏のご教示によれば、尾崎集落の檀那寺は、禁教期は大村藩領内の正林

寺であるが、黙認期以降、一部に深堀領東樫山の天福寺（禅宗）の檀徒もあるという。ただし、墓石からは禅宗系墓は確認できない。

＊26　方形の板状石（結晶片岩製）を基壇にした墓塔で、正面龕部内に「釋清浄信士／釋妙證信女」、右側面に「宝暦十二午年／四月三日三助」（一七六二年）銘の仏教墓が確認されるが、左側面に「天明三卯年／十一月八日ヒサ」（一七八三年）と陰刻されているため、この仏教墓は天明三年に建立された三助とヒサの夫婦墓と考えられ、宝暦十二年は追記と考えられる。そのため、当墓地で最古の墓石は一七八〇（安永九）年銘の墓塔とする。

＊27　前掲書「地方における中世石塔造立階層の問題について」参照

＊28　自然石（結晶片岩）を粗加工した方形板状石（自然石）を基壇にして、その上に整形の立石墓塔（安山岩製）を立てた墓石で、基壇と立石墓塔の基礎に「＋」印を陰刻した墓塔が数基確認される。紀年銘では文政十三（一八三〇）年、天保三（一八三二）年、弘化三（一八四六）年などの整形墓塔である。ただ、この「＋」印は十字架などではなく、自然石の粗加工基壇と立石墓塔の合わせ面を示した印だと思われる。

＊29　垣内最後の帳方・松崎玄右衛門翁が所蔵していた垣内版「天地始まりの事」（個人蔵）参照

＊30　前掲書片岡弥吉『かくれキリシタン――歴史と民俗――』、田北耕也『昭和時代の潜伏キリシタン』（国書刊行会 昭和五三年）など参照

＊31　浦川和三郎『五島キリシタン史』（国書刊行会 一九七三年）など参照

＊32　海老沢有道『維新変革期とキリスト教』（新生社 昭和四三年）参照

＊33　前掲書田北耕也『昭和時代の潜伏キリシタン』五八～五九頁参照

＊34　前掲書古野清人『隠れキリシタン』参照

コラム
4

松崎武さんのこと

松尾　潤

私が知る松崎武さんは、とても気さくな人だった。私のことを「潤くん」と呼び、聞いた事は何でも教えてくれた。取材にうかがうと、大根やみかん、かんころ餅など季節のお土産をどっさり持たせてくれるのが常だった。

松崎さんの人柄は、私が外海のかくれキリシタンに抱いていたイメージと正反対といってよかった。外海のかくれキリシタンは概して警戒心が強く、よそ者と簡単に話さないといわれる。それは取材の中でもしばしば実感していたことだった。

ただ、松崎さんが住んでいた垣内のかくれキリシタン組織は四〇年ほど前に途絶えていたというし、松崎さん自身も天福寺の檀家一本であって、かくれキリシタンではなかった。そもそも、かくれキリシタンのイメージを重ね合わせること自体が間違っていたのかもしれない。

それでも、取材の折にハッとさせられたことがあった。垣内墓地で撮影を頼んだときのことだ。おもむろに帽子を脱いだ松崎さんは、一番大きな長墓の前にひざまずき、胸の前で手を合わせて一心に祈った。その真剣さは、決してマスコミ向けのパフォーマンスではなかった。先祖の信仰は松崎さんの中で生きているのだと感じた。

垣内のかくれキリシタン組織が途絶えた後も、松崎さんの父・澄（きよし）さんは個人で熱心に信仰を続けていた。一九九九年に九〇歳で亡くなるまで、暗い納戸の祭壇に朝夕欠かさずお初穂を供え、オラショを捧げた。晩年は足腰が弱っていたが、這うように納戸へ行き祈り続けていた、と松崎さんに聞いた。

澄さんはあるとき、松崎さんに「お前たちもオラショをしてくれんか」と頼んだ。だが、松崎さんは「俺たちにはよく分からん」と断ったという。「いま思えば、おやじはあん時、寂しそうな顔をしとった」としみじみ語っていた。

かくれ信仰を現代で維持するのは至難の業だ。キリシタンの「日繰り」に従い生活すると、「悪か日」は畑に種をまいたり肥やしをやったりしてはいけないし、針仕事や大工仕事もできない。断食をしなければいけない日があれば、肉食が禁じられる日もある。これほど制限が多ければ、現代社会でまともに仕事ができないだろう。松崎さんは「昔の垣内は仕事ができない日が多かったから、隣の部落からよう遊んどるなと言われたよ」と言っていた。

垣内墓地が発見されたとき、「潜伏キリシタンの大規模墓碑群発見」と多くの報道機関が大きく取り上げた。墓地の存在が広く知られたことを松崎さんは心の底から喜んでいるようだった。二〇〇年以上に及ぶ迫害の中で、隠れ、耐え忍んで懸命につないできた先祖の信仰に光が当たったのだ。うれしくないはずがない。

松崎さんは県内各地のかくれキリシタンゆかりの地に足を運び、熱心にキリシタンのことを理解しようとしていた。どこそこのかくれキリシタンは本物の信仰じゃない、と不満も口にしていた。父が見せた信仰と比較することから出た言葉だったのだろうし、信仰というものに対する松崎さんの真摯さを感じた。

松崎さんとたびたび話すうちに、その胸の内には、先祖がつないできた信仰を自分の代でやめてしまったことに対する後悔の念が宿っているのではないか、と感じるようになった。松崎さんは、父が手書きしたオラショのノートを書写していた。いつか先祖の信仰に戻ろうと思っているのではないですか、と尋ねようと思っていたが、とうとう聞きそびれたままになった。

垣内墓地が発見された時の二〇一一年一二月二四日付の新聞記事で、私は「文化財指定が急務」と書いたが、今のところ実現していない。いつか発掘調査がなされ、貴重な禁教期の墓であると証明されれば、垣内の人々が大事に守ってきた「信仰の証」は、いずれ国レベルの文化財になるにちがいない。それどころか、世界遺産を目指す「長崎と天草地方の潜伏キリシタン関連遺産」の構成資産になる価値もあるだろう。

垣内を愛し、誇りを持ち、地域のまとめ役でもあった松崎さん。私の目には「垣内の帳方」に映っていた。あまりに早い死が悔やまれてならない。

※松崎武さんは二〇一五年六月一一日、七〇歳で亡くなりました。

10 新天地を求めて

——外海から五島、そして新田原へ

大石一久

1. 最後の新天地・新田原

そこは、祈りの新天地だった。桜舞い散るルルドの泉に、遠きふる里・五島の清らかな水は確かに息づいていた。

花開く二〇〇八年四月下旬、私は福岡県行橋市の新田原《しんでんばる》を訪れた。ある企画展で展示した十字架をお返しに来たのである。

新田原は果樹栽培が盛んな所で、桃や梨の花が咲き乱れ、辺り一面を薄桃色に染めていた。甘い香りがそよ風に溶け、一息ごとに私の気分は爽やかになる。その田園風景の真ん中に、ひときわ鮮《あざ》やかなサクラの花々で囲まれた美しい建物があった。新田原教会堂である。旧聖堂（画像1）は一九三三年鉄川与助によって建てられたというが、現在の新聖堂は信徒数の増加にともない一九七五年に献堂された。

画像1　鉄川与助による
旧新田原教会堂（福岡県行橋市）

教会堂の左横には、大きな十字架を天辺に戴くアンジェラスの鐘楼が建っている。この鐘は、フランス・ジェラール市の信者さんたちが、自分たちの指輪や銀のランプ、さらには貨幣を持ち寄って鐘にしたもので、新田原の信者さんのために当教会に寄付されたものという（『75周年記念誌』）。また教会堂の前方には、色とりどりの花々で飾られたルルドの泉があり、その奥には、ここ新田原で亡くなった信者さんたちの美しい墓碑群があった。

今回お借りした十字架は、新田原で果樹園を営む野濱幸子さんの家庭祭壇に祀《まつ》られているものである。約三〇センチほどの木製の簡素なもので、もとはといえば野濱さんがまだ久賀島《ひさか》の細石流《ざざれ》に住んでいたころの十字架（画像2）である。

細石流は、五島列島の一小島・久賀島の北西端に位置しており、急峻な山肌がそのまま荒海に突っ込んだ険しい風景の中にある（画像3）。先祖の故郷・外海を思わす地勢である。

長い迫害の時代を経た一八七三（明治六）年、キリスト教信仰はようやく黙認され、カトリックに復教した信者さんたちは、誰に咎《とが》められることなく大ぴらに信仰ができるようになった。だからといって、まだまだりっぱな教会堂を建てる余裕などあるわけがない。そこで、信者さんたちは、旧帳方《ちょうかた》など信徒リーダーの民家に祭壇を設け、仮の聖堂をしつらえた。この仮聖堂のことを家御堂《いえみどう》というのだが、野濱

画像2 家御堂時代の木製十字架。台裏に「明治の末期野浜家の座敷を順廻教会として使用したその時の祭壇の聖室の上に使用した十字架であるNR」と書かれている。

画像3 現在の細石流。かつては急峻な谷間（画像左側）に集落があった。

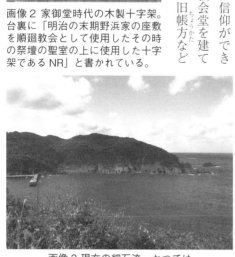

さんの家は細石流の家御堂をかねていた。今回お借りした十字架はその家御堂時代の十字架であり、当時を象徴する貴重な聖具である。

ところで、ここ新田原にお住まいの信者さんは、ほとんどが五島列島出身者で占められている。五島をそのまま移したという感覚だ。時に出てくる片言の方言も五島弁だし、各家々の表札には五島の姓が刻まれている。何も知らずに訪れた私は驚きの連続で、五島の一地区に迷い込んだ錯覚さえ覚えたほどである。

一九七五年調べの新田原小教区在籍者の出身地をみると、北は小値賀町の野首から南は五島市の玉之浦まで、五島列島のほぼすべての地区から移住されている。三五一世帯のうち、実に二二四世帯が五島をふる里にもつカトリック信徒さんなのである（『75周年記念誌』）。

新田原への旅は、大正末から昭和初期にかけて始まったという。とくにブラジルやボリビアへの移住が叫ばれた時代、五島出身の神父さんらが親戚を呼び寄せたことから、多くの五島出身者が集まった。移住当初は原野の開墾で厳しい生活を強いられたそうだが、幾多の苦難を耐え抜いて、ここ新田原で大きな信仰の花を咲かせている。

2. 祈りが消えた細石流《ざざれ》

以前、私は、野濱さんのふる里・細石流のキリスト教墓地を調査したことがある。当時はまだ近代の墓地遺構を調査対象にするなんて論外みたいな見方もあったのだが、細石流出身のシスター鳥巣孝子さんから見せられた一枚の写真が私を引きつけた。そこには、それまであまり見たこともなかった六角形状の伏碑が画面いっぱいに映し出され、しかもよく見ると、碑面上部に十字架が大きく浮き彫りされ、その上下に「天主教」の文字や「一千八百七十五年」の西暦、「畑田栄八」という実名に「ロレンショ」という洗礼名まで刻まれていた（画像4）。どれもこれも、それまで禁止されていた事項である。これぞ時代の証しと直感した。弾圧からの開放と信仰の喜びが碑面全体からあふれ出ている。貴重な遺産である。この墓碑こそ、細石流のキリシタン指導者で五島キリシタン史を代表する「ロレンショ栄八」の墓であった。

早速九名からなる調査団を組み、二〇〇七年八月、久賀島に渡った。調査では、地元の坂谷ご夫妻の協力を得ながら島内に散在する数カ所の墓地を調べた。その中でとくに印象に残ったのは、やはり「ロレンショ栄八」が眠る細石流の墓地だった。

細石流墓地は小高い山の頂上に築かれ、切り立つ崖を背後にして東シナ海の大海原が間近に迫る。かつての細石流教会堂は墓地に対面する山頂にあり、両地はともに天に向かう指向で結ばれていた（画像5）。

急斜面の山道を登り詰めると、頂部にこぼれ石と半円状の留め石をおいた石垣門が現れた。よく福江の武家屋敷などに築かれている石垣と同じものである。それだけでもこの墓地に寄せる地元信徒の厚い思いが伝わってくるのだが、さらに調査を進めていくうちにその驚きは想像を超えるものとなった。

まず驚いたのは墓地景観である。山頂部を軽く削平して平地状に整形し、そこに伏碑状の墓碑二七基を等間隔に配置していた。自然地形をそのまま利用した仏教式墓地とは異なり、まさにキリ

画像5 昭和三〇年代ころの細石流（教会堂側から写す）。段々畑が続く山頂部に墓地がある。【畑田直純氏提供】

画像4 ロレンショ栄八の墓碑（左端）と明治元年、安政二年（右端）銘の墓碑

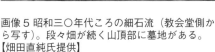

スト教という異文化が伝えた墓地景観であり、外海の垣内墓地などと同じ系譜が認められる。

ただ細石流墓地が近代以降の洗練された墓地だなと実感したのは、墓地の周囲を石垣で区切って俗界から区別している点である。しかも墓地を取り囲む石垣には、屋根を造り出した小さな石碑が並び、教会堂内部にしつらえた「道行き」（画像６）を暗示していた。それは十字架だけを彫り込んだ簡素なものだったが、キリストの受難から復活までの十四の場面をそれぞれの石碑の前で黙想したものと思われる。周囲を囲む石垣は、まさに聖と俗を分ける結界の意味を持っていたのである。

さらに驚いたのは墓地内部の構造である。通常のキリシタン墓地であれば墓域全体を平地状にし、そこに伏碑を配置するだけだが、ここでは墓地の最奥部を一段高くして大十字架碑（クルザード）を立て、手前の一般信徒さんの墓地とは明らかに区別していた（画像７）。つまり、大十字架碑が立つ壇は教会堂の祭壇部（内陣）、段差は祭壇部と会堂（祈りの場）を仕切る柵（聖体拝領台）に相当しており、とくに神聖な場所という感覚を抱かせる。実際、先述した「ロレンショ栄八」の墓碑は、大十字架碑に寄り添うかたちで祭壇の中央部に安置されている。また一八六八（明治元）年におこった牢屋《ろうや》の窄《さこ》事件、そのキリシタン迫害の犠牲者で野濱さんの先祖にあたる「方濟各沙署《フランシスコザビエル》　野濱力蔵」

画像６「十字架の道行き」石碑

画像７ かつての細石流墓地。大十字架碑が立つ最奥部を一段高くし、その周囲を取り囲む石垣の上に十四基の「道行き」碑を設置するなど、教会堂の内部を墓地に移した構造である。【畑田直純氏提供】

の墓碑も、今は掘り起こされて隅《すみ》に追いやられているが、もとは殉教者として大十字架碑の側にあったものと思われる。とくに六角形状の力蔵墓碑の表面には「為天主教信仰／死於猿浦獄中」と刻まれており、当時の迫害を今に伝える貴重な遺品でもある。また安政二（一八五五）年銘の「トマ人畑中善右衛門」や明治元年銘の「カタリナ畑中江乃」の伏碑も祭壇部分にあり、細石流キリシタンの先人として篤く祀られたのだろう。

また、一般信徒さんの墓も重要である。墓域は祭壇部の手前、教会堂でいう会堂部分にあたり、各墓碑は横に伏せる伏碑を基本として、大半が十字架碑を立てたり花十字紋を浮き彫り状に造り出したものである。問題なのはその配列で、中央祭壇部に通じる参道（教会堂でいう身廊）に平行して各墓碑がほぼ等間隔に配列されていた。つまり祭壇部（内陣）中央の大十字架碑に直列して配置されているわけで、平戸市田平町の瀬戸山墓地と同じ構造が認められる（瀬戸山墓地については、本書9「外海の潜伏キリシタン墓――佐賀藩深堀領飛び地六カ村と大村藩領の潜伏キリシタン墓の比較」参照）

埋葬はすべて土葬の伸展葬であり、墓碑の配置からして大十字架碑に足を向けて葬ったと考えられる。復活を意識した埋葬である。ただ、同じ久賀島でも永里墓地などでは大十字架碑に対して横並びに墓碑を配置し、顔を大十字架碑に向けて葬っている。故人がいつも祈りができるためというが、大十字架碑の紀年銘で約三〇年細石流より新しい永里では、復活の意識に変化が起こっていたのかもしれない。

細石流墓地がもつもう一つの特徴は、かつて潜伏キリシタンとしてあった信徒の墓碑が数多く認められる点である。当墓地では、改葬後に周囲に片づけられた墓碑を含め現在約三〇基が確認されるが、その中で江戸末まで出生が遡れる墓碑が一二基あり、全体の約四割を占めている。つまり、この一二基は、江戸期の禁教や明治の牢屋の窄事件の弾圧にも耐えて信仰を守り通した人たちの証しそのものであり、その資産的価値は高い。この点からも、細石流墓地は五島キリシタン史を語る上で欠かすことのできない貴重な遺構ということができる。

次に、墓地の聖別（祝別）については、細石流墓地も墓地自体を聖職者によって聖別（祝別）された可能性が高い。というのも、「ロレンショ栄八」墓碑に見られる特異なキリスト教墓碑や墓地の構造、また結界の石垣などから考えると、細石流墓地自体の築造に聖職者の関与が充分に想定される。であれば、墓地をどこにするかの選択を含め、聖なる墓地としての祝別が行われた可能性は極めて高い。結界の石垣の上に「道行き」の石碑をセッティングしているのも、一定のプランに基づいて墓地内部を教会堂と同じ空間に設えたものであり、おそらく聖職者の指導があったからであろう。

ただ、瀬戸山墓地のように亡くなった順に埋葬したり、性別や年齢差でもって埋葬地を区画していたかどうかはわからない。墓碑に刻まれた姓からいえば、ある一定の区画で同じ姓の墓碑がまとまって出ているため「イエ」ごとに葬った可能性もあるが、聞き取りでは空いた墓地に埋葬するため家族ごとの墓地はないという（五島・久賀島キリスト教墓碑調査報告書『復活の島』）。であれば、「イエ」に関係なく亡くなった順に葬ったとも考えられるが、墓地の狭さからみて性別や年齢差で埋葬地を区別していたとは考え憎い。

ところで両墓地の築造時期から考えれば、細石流墓地は瀬戸山墓地に先行する墓地であったことは間違いない。瀬戸山墓地が一九一八（大正七）年に長崎教区三代目コンパス司教により聖別（祝別）されたのに対し、細石流墓地は、安政二年や明治元年銘などの墓碑もあるが、実際に築かれたのは大十字架碑の紀年銘（紀元一千八百八十四年 皇國明治十七年二月下旬）にある明治一〇年代と思われる。その点は、墓碑の形態や彫出技術などからも裏付けられる。つまりキリスト教が黙認された一八七三（明治六）年直後に築かれたのが細石流墓地であり、その約四〇年ほど後に瀬戸山墓地が築造されたことになる。であれば、細石流墓地こそが近代キリスト教墓地として最初に登場した墓地であり、その構造は祭壇部（内陣・大十字架碑）と会堂（一般在家信徒の墓地）を段差（聖体拝領台）で区画し、中央祭壇部に通じる参道（身廊）に平行してほぼ等間隔に墓碑を配列、しかもその周囲を結界の石垣で囲い、その上に十四の石碑を置いて「道行き」を暗示させるという極めて特異な墓地だったことがわかる。

このように細石流墓地のコンセプトは、他のキリスト教墓地とは明らかに違っている。教会堂をそのまま墓地に移し替えた聖なる祈りの場という設定である。対面の山頂に細石流教会堂が建つのは一九二一（大正一〇）年、それに対し細石流墓地は明治一〇年代。であれば、教会堂が建つ前の一種の聖堂の役割をも果たしていたのではないか。それほど他に類例をみないほど際立った特徴をもっている。まさに天にパライソ、地上の墓地はこの世の聖地であったと思われる。

ただ、この墓地も今は藪《やぶ》に被われ、その姿は無惨《むざん》である。ちょうどこの墓地の対面の山に建てられていた細石流教会堂がその美しい姿をこの世から消したのと同じように、時の流れに追い立てられるように今まさに朽《く》ち果てようとしている。細石流から、信者さんの姿はすべて消え去った。狭い急斜面の谷間に軒をぶっつけ合うように建てられていた家屋は鬱蒼《うっそう》と茂った雑木に埋もれ、かつての賑《にぎ》わいは、そこに咲く藪椿《やぶつばき》の赤い花に空《うつ》ろな吐息さえ吐かせている。

3. 五島灘を超えて

現在、新田原（福岡県）にお住まいの野濱さんの故郷は久賀島の細石流であるが、その先祖は外海からの移住者である（画像8）。

外海から五島への移住、とりわけその大部分を占める大村藩民の移住は一七七二（明和九）年に遡《さかのぼ》るが、本格的には一七九七（寛政九）年の福江藩と大村藩との協議をうけ、黒崎・三重より一〇八名の百姓が移住したことに始まる（『安永五年人別改日記』、『公譜別録拾遺』、岩崎義則「18～19世紀における潜伏キリシタンの移住」など）。実際、

画像８ 五島灘。大海原の向こうに五島の島影がかすかに見える。

大村藩民の五島移住については「年代不明福江掛居付百姓帳（部分）」（文政四年推定）で家長四二名、全家族数一八八名の報告がなされている（『新編大村市史』第三巻近世編）。

先に居着いた者の手引きで移った人々もいたそうだが、そこには「五島へ五島へと皆行きたがる」彼らなりの事情もあった。瘦せた狭い土地での人口増加と苦しい生活、大村藩による厳しいキリシタン検索、とくに跡継ぎの長男だけを残し他の子供の間引《まび》きを強要する産児制限策は潜伏キリシタンには耐え難き苦痛そのものであったといわれている（人口問題については岩崎前掲書、熊野道雄「大村藩の人口問題を考える——人口抑制策を中心に——」）。黒崎の「子捨川《こすてごう》」（大村藩領）は、その断崖から我が子を投げ捨てたという哀話を今に伝えている。

ただ、キリシタン禁制の世の中、あくまでも仏教徒として移ったのであるから、移住者は、自分が属す宗派を明記した「修切手《しゅうきって》」（宗切手）と呼ばれる証明書を持参したという。「修切手」の実物は見たことがないが、一七九九（寛政一一）年の「修切手」が浦川和三郎氏の『五島キリシタン史』の中に収められている。それによれば、宗派として「真宗」、「幸作五十八才」を筆頭に一家五名を列記したあと「右男女五人之者共此度渡世のため、その御領え罷越候《まかりこしそうろう》、仍て修切手一札件《くだん》の如し」と記し、「五島御領人御役」宛《あ》てに、「横目《よこめ》」と呼ばれる地域の警察業務を担当する大村藩の役人が署名している。この「修切手」を持参した幸作一家は、現在の新上五島町の福見（旧奈良尾町）に移住したという（『奈良尾町郷土史』）。

ところで、当時の五島への移住は大村藩からだけではなかったらしい。とくに外海南部の潜伏キリシタン集落の中核をなす深堀領飛地からも、五島への移民流入があったと思われる。

外海版創世記ともいうべき「天地始之事」は現在八本確認されているが、そのうち三本が五島（奈留島二本、五島観音平一本）で確認され、その原本は旧深堀領飛地の下黒崎と考えられる。かつて「天地始之事」を調査された田北耕也氏は、その著『昭和時代の潜伏キリシタン』の中で「五島から三本を得たが、原本又は出所が黒崎であり、下黒崎には全部暗唱できる紋助爺という人が、昭和六年九一歳で生存していたが、五島にはそんな人がなく、この物語は内容から云っても、より多く黒崎的である」としている。また八本のうち四本は黒崎村永田で二本、三重村畝刈（垣内）、三重村東樫山でそれぞれ一本づつ発見されており、すべて深堀領飛地の集落である。それほど「天地始之事」と深堀領飛び地の潜伏キリシタンとの関係は深い。その「天地始之事」が移住先の五島列島で確認されたとなれば、幕末の五島への移民は深堀領飛び地からもあった可能性がある。

これに関連して、「天地始之事」が発見された観音平の墓制を見てみたい。観音平は五島・福江島の北部に位置する小さな集落で、かつては潜伏キリシタンの里として知られていた。墓地は、集落入り口の急峻な山肌を帯状に開削して築かれている。観音平の潜伏信徒は、高札が撤去された一八七三（明治六）年以降、カトリックには入らず神道に移ったという。このことは現在の墓地を見たら一目瞭然で、洗礼名や十字架碑などは一切なく、すべて実名を刻んだ方形墓である。ところが、地元でいう「昔の墓」はすべて自然石のキリシタン長墓であり、古老からの聞き取りではかつては全てが伸展葬であったという。であれば、近世を通じキリシタン長墓を築いてきた唯一の地域・深堀領飛び地での墓制をそのまま継承していたものと思われる。観音平の潜伏キリシタンは二クルワ（信仰組織）に分かれ、その一つは大村領神浦から移ったといわれている。ただ、もう一つのクルワが「天地始之事」の継承も含めて、観音平への移民が外海深堀領飛び地をルーツにしていた可能性を高くしている。

また、奈留島から久賀島の折紙に移住した畠田惣右衛門は、その子孫にあたる畑田秀夫氏の証言で、「私たちの先祖は大村藩ではなく、熊本藩だと聞いている」といい、熊本藩領から島原、外海を経て五島列島の奈留島へ渡ったと伝えられている（シスター鳥巣孝子『キリシタンたちの五島への移住』）。

その伝承を裏付けるようなオラショが、二〇一六年、奈留島（五島市）で発見された。実物は拝見していないが、その写しによれば、「松山地方に伝わった絹に書いたオラショ」というタイトルで、集会の始めなどで唱えられる「神寄せ」のオラショと思われる。「今日能御志きの御やしない、呂うま能国ゑき連しや能寺の御あるし里うすの御母びるぢん三太丸や得御ささけ上ケ奉る」から始まり、聖人、殉教者、「野山の御志はい人」などさまざまに擬人化された神々が続く。問題なのは最後の六番目に連なる神々で、「止見おか」（富岡）の御役人様、「大江のたいら川か御能御有るじ様」、「さし能川」（崎津？）弐本松の御役人様、「今止見」（今富）のある志様などと続き、最後に「神浦」と「池嶋」の御あるじ様で締められる。

ここに登場する地名の順番から考えると、天草（富岡、大江、崎津？、今富）から大村領（神浦、池嶋）、そして奈留島への移動が示唆されており、「私たちの先祖は大村藩ではなく、熊本藩だと聞いている」という伝承に近い内容を持っている（近世、天草は熊本藩ではない）。

野濱さんの先祖も、この時期に五島灘を渡ったものと思われる。ただ、幸作一家と同じように仏教の一信徒として「修切手」を携えて移り住んだかどうかはわからないが、大多数の大村藩移民と同じように、大海原の向こうに新天地を求めて移ったことは確かである。

4．三代書き

久賀島の大開《おおびらき》で「三代書き」（画像9）と呼ばれる出生地入りの家系図が見つかった。父親が「教え方」をしていたという畑田肇《はじめ》さんが保管していたもので、現在のところ七枚見つかっている。「教え方」とは、信徒を指導し教理解説を行うために平信徒の中から選ばれた者をいい、キリシタン時代の「同宿《どうじゅく》」にあたる。父親がその役にあったから畑田氏宅にまとまって残ったものと思われるが、七枚はすべて手書きであり、作成時期は高札撤去後の明治時代と思われる。

そもそもこの「三代書き」は、島内での血族結婚や仏教徒との結婚を避けるために作成されたもので、結婚する際、神父さんに提出して結婚の認可をいただき、また教会堂に掲示して信者さんからの同意も得ていたという。外海町出津のド・ロ神父記念館にはその版木があり、そこでは「四代届《とどけ》」となっている。

要するに結婚に際し身上を明らかにするための家系図、それが「三代書き」なのである。

この「三代書き」は、いろんな面で貴重な情報を提供している。とくに畑田さんの六世代前から三世代前までを記した系図では、大村藩から移住があったとされる一八〇〇年前後まで先祖が遡《さかのぼ》れ、しかもその出生地が外海地方であったことを明記している。六世代前の「さへい」は「こーのうらうまれ」（神浦生まれ）、「はんへ」は「いけ志まうまれ」（池島生まれ）、「よごろ」は「まきのうまれ」（牧野生まれ）などとなっており、現在の外海地方、それも旧大村藩領の地名が記されている。

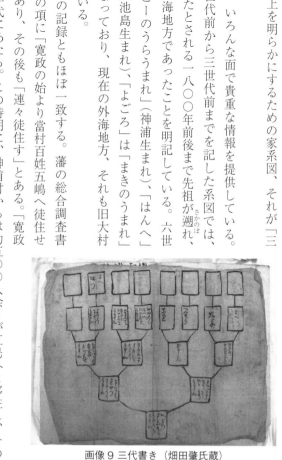

この記述は、大村藩の記録ともほぼ一致する。藩の総合調査書『郷村記』、その神浦村の項に「寛政の始より當村百姓五嶋へ徒住せしもの凡五百人余」とあり、その後も「連々徒住す」とある。「寛政の始」だから一七九〇年代にあたる。この時期に、神浦村からは約五〇〇人余りが五島へと移住し、その後も引き続き移住したという。

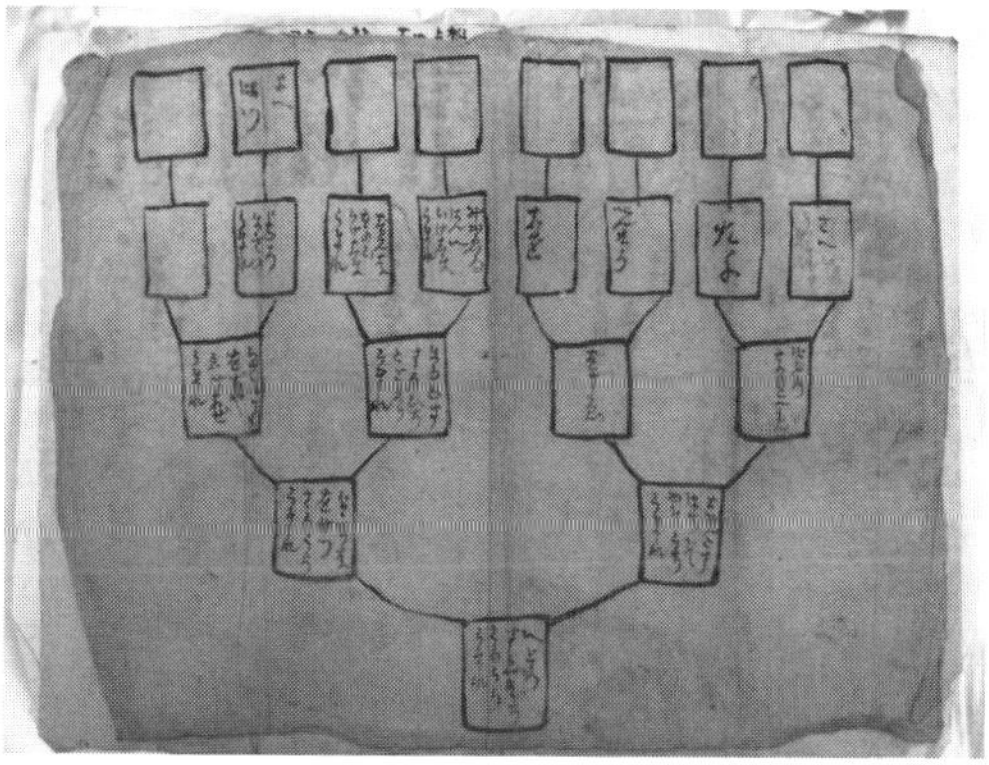
画像９ 三代書き（畑田肇氏蔵）

畑田さんの六代前の先祖で神浦出身の「さへい」は、移住時期といい出身地といい、おそらくこの『郷村記』神浦村の項に記載された移住者の一人にあたるものと思われる。また「池島」「牧野」も江戸期は神浦村（『外海町誌』）に含まれており、「さへい」同様、「はんへ」や「よごろ」も『郷村記』記載の移住者であったことがうかがえる。このように、一般在家側の資料から個別に移住時期と出身地が裏付けられる点は重要である。

もう一つ、この「三代書き」の特筆すべき点は、この時移住して五島の各地に居着いた人たちが潜伏のキリシタンであったことを明らかにしていることである。移住者は潜伏キリシタンだったと当たり前のように思っているが、いざ考えてみると、この部分を明確に示す資料はない。キリシタン禁令時代だから当然といえばそれまでだが、発覚事件など何らかの事件が起こらない限り、彼らが潜伏のキリシタンだったことは表立って出てこない。基本的に皆どこかの寺院の檀家になっているのだから、外海時代の移住者は形の上では仏教徒である。先ほど挙げた「修切手」の幸作一家は「真宗」となっていた。

ところが、この「三代書き」には、「はんへ」の洗礼名は「みかゑる」（ミカエル）、その他「ぱふろ」（パウロ）、「どみんこす」（ドミンコス）、「いさべりな」（イザベリナ）、「まるこす」（マルコス）などそれぞれの人名の前に洗礼名が付記されており、禁教時代の先祖が潜伏のキリシタンであったことを個別的に裏付けている。

「三代書き」は明治になってからの作成なので同時代資料ではないが、後追《あとお》いながらも先祖が潜伏キリシタンだったことを明示している点で重要である。明治の「お水帳」（洗礼台帳）同様、この「三代書き」もまた、貴重なキリシタン資料ということができる。

さらにもう一つ、この「三代書き」がもたらした重要な点は、それまでの日本社会における婚姻観に社会倫理的な理念を持ち込んだということである。当時、他村との交流がほとんどなく閉鎖的な社会であった村々では、現代からは考えられないような近親結婚による弊害がおこっている。当人はもちろんその家族にとっても大変な問題であったことは想像に難くないが、ここに、その弊害から逃れるための具体的な方策が持ち込まれた。それが「三代書き」で、近親者同志の婚姻を避けるため、結婚の当事者に一種の証明書を提示させた。つまり、教会法で定められた直系の家族、姻戚（結婚でできる親類）、また三従兄弟《いとこ》までの婚姻を禁じたもので、結婚当事者は四代までの親族を調べ届けでる必要があった（一九一七〔大正六〕年以降は二従兄弟まで）。おそらく「三代書き」を習慣化した集落（キリスト教集落）とそうでない集落とでは、その後の近親結婚による弊害という点では大きな開きが出たのではないだろうか。家族構成や村落構成を考える上で、この「三代書き」のもつ意義は大きい。

なにはともあれ、現代のキリスト教徒につながる五島キリシタンの先祖が禁教時代の一八〇〇年前後に外海地方から移って来、しかも居着いた五島でもその信仰の灯を守り続けてきたことを個別的に、しかも一般信徒の生の声で語る点で、この「三代書き」は貴重な資料ということができる。

5.「合石《ごうじゃく》」を携えて

五島灘の荒波を越えて新天地・五島に渡ったキリシタン、彼らはふる里を離れる際、聖地・外海の「合石（ごうじゃく）」を携《たずさ》えていくことを忘れていなかった。この「合石」は、代々外海に伝えられた「天地始之事」という物語の中で、神によって選ばれた下界を外海地方と限定したシンボルであり、自分たちが住む外海を象徴する、まさに「聖なる石」である。具体的には白色ですべすべした滑石《かっせき》（温石）や緑色した緑色片岩（結晶片岩）などをさすが、そこには舟の安定を保つための単なるバラスト（重し）という意味以上の深い思い入れがあったものと思われる。

かつて黒崎出身の田中千代吉神父は、「昔五島へ移住するキリシタンは、（合石を）舟に積んで持って行った。地質の新しい五島に古生層のこの石を見るのはそのためである」と述べ、合石の分布図を作成して、五島列島におけるキリシタンの動きを調べたという（『キリシタン書・排耶書』補注）。

以前、筆者が久賀島の近代キリスト教墓を調査した際には、民家の庭先などで緑色片岩を数点確認はした。ただその状況はといえば、庭先の片隅に放置されたものを見つけただけで、これが果たして信徒が「合石」という意識で外海から持ってきたものかどうか判断できずにいた。確かに田中神父がおっしゃるように、地質の新しい五島列島に古生代の「合石」があるわけがないのだから、五島に「合石」があれば人為的な移動としか考えられない。ましてやキリスト教墓地内であれば信者さんが「合石」の意識で外海から持ってきた可能性が高いのだが、民家の庭先では確証までにはいたらなかった。

ところが、二〇〇八年三月、新上五島町の頭が島を訪れた際、これぞ合石ではないかという光景に出くわした。そこは、頭が島教会堂の前方にあたる白浜カトリック墓地で、砂丘をそのまま墓地にした海岸墓地であった。墓地自体は長年の波浪で揺り上げられたやや高所部に築かれ、昭和に入って海側部分に石壁を築き暴風雨からの防御を施している。

問題の石は、墓域内の墓石前方に敷石としてあった（画像10−1、2）。まさに西彼杵半島産の結晶片岩、やはり外海の石がはるばるこの上五島の一集落まで運ばれていたのだ。現在は踏み石みたいに墓碑前方に敷かれているが、民家の庭先などとは意味が異なる。おそらくかつては「聖なる合石」として被葬者のふる里・外海の石を大切に供えていたように思われた。

ただ現在、そのことはすべて忘れ去られている。潜伏信徒を先祖にもつ当地の信者さんに尋ねても「聞いたことがない」との返事だけで、「合石」そのものの話が伝えられていない。先祖が外海を離れたのが今から約二〇〇年前、過ぎ去る時の淀《よど》みは「合石」の意味さえも記憶の彼方に葬り去ったに違いない。だから、あらたに墓碑を立て替える際、「合石」は単なる石として片隅に置き去りにされたのだろう。

画像 10-1 砂丘上に築かれた白浜カトリック墓地

画像 10-2 白浜墓地内で見つかった結晶片岩

6.「修切手」と「合石」の狭間で

片手に仏教徒の「修切手」(宗切手)、もう片手にキリシタンの「合石」、この相反する二つのものを携えて移住してきた五島キリシタンの先祖たち、その時、彼らの胸中を去来したものは一体何だったのだろうか。宗教という手で触《さわ》ることができないものだからこそ、その思いは複雑に絡《から》む。希望なのか痛みなのか、それとも憎しみか。次第に遠ざかる外海の山影を後にして、舟の舳先《へさき》は五島灘の荒波を越え、新たな天地・五島をめざして突き進む。「修切手」と「合石」、その狭間《はざま》でうごめく葛藤《かっとう》にどれはどの痛みがともなっていたのか、今となっては知る由もないが、消え去る聖地・外海の風景は彼ら潜伏信徒の心に確実に刻まれていたに違いない。

ただ問題なのは、彼ら三〇〇〇人余は、何故に相反する二つのものを携えて五島灘を超えて行かねばならなかったかである。教えられるままに信心をし、教えられるままにオラショ(祈り)を捧げてきた信徒たち。どんな些細《ささい》な行いでも、みんな宣教師の判断を仰《あお》ぎ、宣教師の教えに従って生きてきた。疑いを持つことなく上に立つ者の教えに従い、上の指示通りに考え行動することが、りっぱな信徒になれる最大の勤《つと》めである点は、今も昔もどんな宗教教団であっても変わらない。極端な話、戦えといえば戦うだろうし、命だって惜しまない。要するに、教えであればなんだってやるのが、りっぱな信徒の勤めなのである。だから弾圧が厳しくなり指導する宣教師がいなくなっても、彼らは彼らなりに教えを守り続けてきた。「帳方」や「爺役《じいやく》」をリーダーに信徒の組織を維持し、「日繰《ひぐ》り」と呼ばれる教会暦にのっとってオラショをあげてきた。キリストやマリアの生涯また聖人の記念日(太陽暦)を陰暦の和暦にあてたのが「日繰り」であるが、この典礼暦はキリシタンがキリシタンであるための信心の要《かなめ》である。教えられた通りのけなげな信心である。潜伏のつらい日々ではあったが、自分たちの住むこの外海は神から与えられた聖地(「合石のほとり」)という誇りを糧《かて》に生きてきた。そして七代経ったらコンヘソーロ(告白を聞く神父）がやってきて、自分たちの時代が来ることも確信していた。

　常日頃は、お役人のいう通り「踏絵」も踏んだし、お寺さんの檀家にもなった。だから家にはちゃんとした仏壇をこしらえて祀《まつ》ったし、神棚も設けた。神に対する「ご大切」（愛）に背《そむ》く罪ではあったが、「コンチリサン」のオラショをとなえて罪を悔いゆるしを求めた。

　明暦の郡崩れ以降、大村藩ではキリシタンを取り締まるために「村々制法」というお触れを出し、「鎮守さまにはその大小に関わらず注連《しめ》をはり、掃除も怠《おこた》ることなくきちんとやりなさい。祭りの日には、お触《ふ》れ通りに仕事をやめて社《やしろ》に参拝しなさい」（『大村見聞集』）とした。非常に細やかな部分まで強要したこの法令でさえ、その後当地では何ら問題が発生していないことを考えると、彼らは文句一ついわずにしたがったに違いない。荒れた土地を切り開き、刃向《はむ》かうどころかお役人の指図《さしず》通りにやってきたのだ。天子や将軍、政府の役人にも、父母への気持ちと同じように孝を尽《つ》くして敬ってきた（『聖教要理問答』）。抗議なんてもってのほかだ。一般の人々が嫌《いや》がるような重労働で荒地を開墾し嫌な職にもついたのだから、むしろ藩や明治政府の表彰ものである。

　彼ら一般信徒には、迫害される理由など微塵《みじん》もない。自らの意志と自らの判断で何かを決めるなどということは遠の昔に消し去り、言われるまま為されるままに暮らしてきた。だから、外海から久賀島、そして新田原（福岡県）で祈り続ける多くの信者さんの姿からは、かつての政権が何故キリシタンを迫害したのか全くわからない。

　しかし、それでもキリシタンは弾圧され、多くの犠牲者をだした。このことは、紛《まぎ》れもない歴史的事実である。そもそも特定の宗教を信じてはいけないということ自体、信心とは別次元の政治上の問題としておこっている。禁止する側と禁止される側、そのどちらにも言い分があると思うが、互いに偏《かたよ》った見方だけは慎むべきであろう。ただ、その中ではっきりと断言できるのは、一般の信徒さんには全く非がないということである。

【主な参考文献】

＊『75周年記念誌』（二〇〇六年 カトリック新田原教会）
＊『復活の島 五島・久賀島キリスト教墓碑調査報告書』（二〇〇七年 長崎文献社）
＊『昭和六年 畑田惣次日記』（二〇〇九年 編集・発行 畑田直純）
＊中田武次郎『キリシタンのルーツ――最後の殉教者とその一族――』（一九九四年 日本図書刊行会）
＊岩崎義則「18～19世紀における潜伏キリシタンの移住」（平成二四年「長崎の教会群とキリスト教関連遺産」世界遺産フォーラムレジュメ）
＊熊野道雄「大村藩の人口問題を考える――人口抑制策を中心に――」（平成二二年『大村史談』第六十一号）
＊浦川和三郎『五島キリシタン史』（一九七三年 国書刊行会）
＊『奈良尾町郷土史』（一九七三年 奈良尾町郷土史編纂委員会）
＊『大村郷村記』第六巻（一九八二年 藤野保編 国書刊行会）
＊『大村見聞集』（一九九四年 藤野保・清水紘一編 高科書店）
＊『外海町誌』（一九七四年 外海町）
＊「キリシタン書・排耶書」（一九七〇年『日本思想体系25』岩波書店）
＊田北耕也『昭和時代の潜伏キリシタン』（国書刊行会 一九七八年）
＊『新編大村市史』第三巻近世編（大村市史編さん委員会 大村市、二〇一五年）

特別再録　隠れキリシタン発見余聞

皆川達夫・田北耕也

隠れキリシタンの存在、そしてその特異な信仰のあり様が世にひろく知られるようになったのは、それほど遠いことではない。

二世紀半にもわたる徳川幕府の詮議の目をくぐりぬけて信仰を守ってきた潜伏キリシタンたちは、明治開国の直前、正確にいうと一八六五（慶応元）年にはじめてその信仰を公にした。今日長崎の大浦天主堂の一隅に、昔ふうの髷をゆった老若のキリシタンたちがマリア像の前にひざまずいている碑がすえられて、次のような説明文が付されている。

「一八六五年二月十九日仏人宣教師プチジャン神父により大浦天主堂が建立されたが、同年三月十七日天主堂参観の浦上の住民等十数名が同神父に近づき〝私たちもあなた様と同じ心の者でございます。サンタ・マリアの御像はどこ〟と言った。彼らは三百年に亘る迫害を堪え忍び、ひそかに守り伝えたカトリックの信仰を表明した。…」

しかし潜伏キリシタンの発見は、明治新政府によるはげしい弾圧「浦上崩れ」を結果し、やっと頭をもたげかけたキリシタンたちはふたたび貝のようにその殻をとじてしまった。キリシタン内部での紛争もからんで、再興されたキリスト教会に復帰する者と、しない者との対立にまでいたったのである。

今日隠れキリシタンたちはキリスト教会に復帰することもなく、もはやキリスト教とは認められない特異な土俗化した信仰を守っている。今なお秘匿を建て前とし、外来者に対してはことのほか警戒的である。生月島の人々だけは多少開放的な面もあるが、それでもその信仰がひろく世に知られるようになったのは第二次大戦が終わってからのことであった。

戦前から隠れキリシタンにふかい関心を抱いておられた前南山大学教授田北耕也氏は積極的に各地域の隠れキリシタンたちの生活と心のなかにとびこんでいかれ、一九五四年に『昭和時代の潜伏キリシタン』（一九七九年再版）という大著を公にされた。この書によってはじめて隠れキリシタンの信仰、行事、習慣が細部にわたって明らかにされたのである。

この対談で、本年（一九八〇年）八四歳、なおお元気で名古屋にお住いの田北氏から当時の御苦労をうかがうことができたのは望外の幸せであった。

（皆川達夫）

隠れキリシタン発見の背景

田北　わざわざ名古屋までお越しいただいたんですね。御用は？

皆川　先生の『昭和時代の潜伏キリシタン』を読んで、どうしてあの研究を始められたのかその動機を知りたいのです。

田北　発見は全く偶然です。私は大阪で宮川経輝先生に出会って、「貧しき者は幸いなり」という言葉に一生を賭けてみようと思って、この先生の教会に入りました。大阪教会は貧乏人は少ないようでしたが、のちに禅宗とキリスト教を「不二」だと称して貧乏生活をすすめている西田天香さんの一灯園を見つけたんです。

皆川　それはいつ頃のことですか。

田北　一九一九（大正八）年に大阪教会、一九三〇（昭和五）年に一灯園。この一九三〇年が私にとって大きな節です。キリシタン研究に思いがけなくも、当時の帝国学士院から研究費が来たのが、この一九三〇年の一月であり、天香さんに会ったのが同じ年の八月でした。

皆川　その間に十一年ありますね。

田北　ええ、一九一九（大正八）年に父が死んで、「死」を考え始めたのが宗教への出発でした。その出発点で、仏教にも神道にも行かず、キリスト教に出会ったわけですが、天香さんの基盤は禅でした。そこで、禅宗とキリスト教とが一つにならないものか、と思って天香さんに尋ねたんです。そうしたら「あなたが一灯園に入れば、そうなる」と天香さんは即答しました。彼は「儲けず、盗まず、乞食せず、それでも食べる術がある」と言われる。その天香さんの背後にある「不二」の哲学は、アッシジのフランシスカンの実践に通ずるところがあると思ったんですね。話を簡単にしますが、私は、一灯園同人として、長崎の仕事をつづけつつ、当時日本に来たばかりのポーランド人コルベ神父の影響を受けることになったんです。仏教研究者でありながら、カトリックの修道院の内部に入って、修道者でなければできない生活を、共にさせていただくという、珍しいことが実現したんですね。

皆川　長崎での仕事とおっしゃるのは隠れキリシタン研究のことですか。

田北　隠れキリシタンに結びつく前の段階があるのです。帝国学士院の研究費は私から請求したのではなく、姉崎正治先生が御自分で決めた題は「切支丹部落の社会的研究」でした。

黒崎村へお百度

皆川　姉崎先生との出会いにはどういう経緯があったのですか。

田北　私が九州大学を出て、活水女子専門学校で働き始めた年の夏休みに、長崎郊外の伊王島で遊びました。その島は三つの集落に分かれていて、両端がカトリック信者の集落で、真ん中が昔からの仏教徒の集落なのです。その三集落の五〇年間の生活を調査しました。調査の動機はその島の松岡孫四郎神父（後の名古屋司教）に対する私の関心です。淡々と話すこの田舎司祭の長崎弁から、私は仏僧にも活水女子専門学校の牧師にも見られない、カトリックの宗教味を興味深く感じ始め、その夏そこに留まってカトリックと仏教との生活を調べ、その結果を九州大学宗教学教授の佐野勝也先生に知らせたところ、論文としてまとめてみなさい、とおっしゃるので、後日、青山学院発行の「神学研究」誌に発表したのです。あとで知ったことですが、雑誌に載る前にその文が姉崎先生の目にとまったんですね。そして、私は突然、それまで一度もお目にかかったことのない姉崎先生から、「研究費を与える」という通知をいただきました。しかも三年間とあるのです。

皆川　それが、どうして隠れキリシタンの発見に発展するのですか。

田北　全く偶然、ハプニングの連続です。そして今日もなおつづいているという感じです。皆川先生の「洋楽事始」の出現もその一つです。

皆川　その隠れキリシタンの発見のお話をおつづけ下さい。

田北　最初は黒崎村でのハプニング、姉崎先生の研究テーマの横すべりが五島地方から、生月、平戸へとすべりつづけました。そしてその内容がわかればわかるほど、四百年の昔にさかのぼり、迫害の理由、追放の思想的根拠等を考え直すことになります。そのことに学界の注意を向けるため、まず現存する隠れキリシタンの実状報告としてあの一書を出版したのです。皆川先生はそれを音楽に活かして、他の人のできない業績をあげて下さいましたが、布教学界で活かされるのは、これからです。

皆川　先生の御著作をごらんになって姉崎先生は喜ばれたでしょう。

田北　拙著のまとまった時は、姉崎先生はもうこの世におられませんでしたが、珍しい資料を発見するたびに持参して、私は一九三〇年から個人的に指導を受けました。先生から最も強く印象づけられたのは、宗教学にとって本質的な、私見を肯定されたことです。私見とは信仰と実践が大切で、著述は第二義だということです。だから私の著作の遅延をとがめず、私の一灯園における仏教修行や、コルベ神父との仮修道院生活を高く評価してくださいました。

皆川　ではまず黒崎村のハプニングからうけたまわりましょう。

田北　黒崎地方では仏教徒とカトリックがいりまざっているのです。だから、伊王島でしたような調査はとても面倒なんですが、たくさんの研究費をいただいているし、私も調査が好きでしたから、とうとう、黒崎地方の家を一軒一軒片っ端から「どの家が仏教で、どの家がカトリックか調べて分類しよう」と村の俯瞰写真で始めたんですが、容易な仕事ではありませんでした。

皆川　あの写真には隠れキリシタンも出ていますね。

田北　わかってから書き入れたのです。仏教でなし、カトリックでない家があるとわかると、姉崎先生のテーマ「切支丹部落の社会的研究」からずれていないことになるでしょ。

皆川　横すべりではありませんね。

田北　研究費もテーマも私から頼んだのではありませんから、私は横すべりしてもよいと思って、ハプニングの連続を楽しみました。

皆川　第一のハプニングを話して下さい。

田北　ある日、川原菊市という小学校の先生にしつこく、一軒一軒を指さして、「この家は仏教徒なのか、カトリックなのか」と聞いてもはっきり答えてくれない。それで、これはおかしいと思って、何回も何回も喰い下がっていくうちに、「言ってもらっちゃこまるけども、この家は本当は仏教徒じゃないんです。表面は禅宗の檀家、内実はカトリック教徒にもならない昔のままのキリシタンなんです」と事実をはじめて言ってくれたんです。川原さんでさえ、人に言うな、という程ですから、どういう方法で分類すべきか、全く行き詰まってしまいました。

その頃、今は原爆でやられて変わってしまいましたが、長崎の家野《よの》にキリシタンがいるということを、岩永正己というカトリックの信者さんから聞きました。岩永さんは、浦川和三郎神父（後の仙台司教）の書かれた『切支丹の復活』の資料を集めた隠れた功労者です。

皆川　それでは、隠れキリシタンとのはじめての出会いは、岩永さんのお蔭なんですか。

田北　いいえ、直接に隠れキリシタンと出会うのは全く偶然でした。

皆川　では岩永さんはどういう意味で——。

田北　キリシタン研究における「足」の重要性を悟らせてくれたことです。生きた人との交わりから得られるものは、活字になった他人の研究結果から得られない尊い価値があるということは、皆川先生が生月で御経験なさったとおりです。それは浦川師の『切支丹の復活』にもよくあらわれています。あれには岩永さんの足が活躍していますが、そのことは岩永さんの控え目な話から、うかがわれるのでした。

皆川　私も生月で様々な経験をいたしましたが、どうぞ黒崎での御苦労話をおつづけ下さい。

田北　黒崎には宿屋がないので、たびたび川原先生の所に泊めていただきました。ところが、同じ黒崎小学校の先生で「川原さんの所ばかり泊らずに私の所にも来て下さい」という方が現われ、私は喜んでその人の下宿している本田さんというお百姓さんの家に行きました。その先生は熱心に私の経歴を聞くので、結局、一灯園とフランシスカンの話になってしまったのです。夜遅くまで話し、翌朝、私が去ろうとして、ズックの靴のひもを結んでいると、宿主の本田さんが、「すまなかったが、昨夜あなたがたの話を隣の部屋ですっかり聞かせてもらった。あなたは大学まで出ておられるのに、そんな粗末な身なりで何遍もこの村に来ておられる。今日はあなたにいい人を紹介しましょう」と言って、連れて行ってくれたのが、なんと、それまでにたびたび寄ったことのある峠の茶屋でした。本田さんはその茶屋の前に私を待たせておいて、家に入って行ったまま、なかなかでてこない。やっと出てきて私に紹介してくれたのが、よく知っている助爺さんでした。その助爺さんに「この人には何を話してもよかケン」と言って本田さんは去りました。

皆川　それはいつ頃のことですか。

田北　本田さんの所に泊ったのは一九三一（昭和六）年二月七日でした。初めて訪れた時から一年以上たっています。初訪ではカトリック信者か仏教徒かを知るのが目的ですから、助爺さんが私の問いに答えて「神道サイ」と言うので、神道の信者もいるのだナと思い、キリシタンはこのあたりにおらんか、と尋ねると「キリシタンのゴタおらんバイ」。今から思えば、この答え方に少々匂うものがあったはずですが、気づきませんでした。

皆川　その助爺さんが隠れキリシタンだったのですね。

田北　そうです。その前に別の村で太郎八爺さんに会っているのですが、この人は行くと会ってはくれましたが、熱心に質問すると、言葉を濁すのです。そして村の人には私のことを「長崎のサイバン（裁判所）から来た」など言って警戒したことが、あとでわかりました。ですから「何でも話せ」と言われたこの助爺さんを、私は大切にし、まずその安心感を増幅するため、老人の好きな義太夫を聞いてあげたり、このあたりで狐が化けて出たという、バカゲた話に耳を傾けたりしたものです。峠の茶店に一人で住み始めた時、本当に白狐が出たと爺さんが話すのです。

そのほか、私は床下の芋を取り出すのを手伝ったり、水を運んであげたりもしました。ある時、夜まで話しこんで、そこに泊めてもらいましたところ、「あいにく油が切れてノー」と言うので、坂下の永田の浜まで灯油を買いに行ったこともあります。実は油が切れたのではなく、たいていの日が油のない生活でした。貧しい生活への同情から、だんだん親しくなり、珍書の発見に発展していったのです。

峠の茶屋で『天地始之事』発見

皆川　その頃、隠れキリシタンの方々は自分のことをどう呼んでいたんですか。

田北　隠れているものには名のないのが本当ですね。それでも助爺さんは自分たちの仲間のことを、「こっちの者」、新たにカトリックに戻った者は「あっちの者」と言っていました。カトリック側は平素区別を避けていますが、陰では「離れ」と言っていました。五島では「元帳《もと》」とか「古帳《ふっ》」とか、教会暦（日繰り帳）に由来する名ができています。

皆川　現地の習慣の中からの聞き憶えですね。

田北　皆川先生も現地で苦労されたから、それがおわかりいただけるのですね。耳だけでなく目で見るものも出てきました。助爺さんが神棚から十枚ほど半紙を閉じた綴じるものを持って来て、「これっくらいの（と親指の爪を出して）活版にしてくれまっせ」と言うんです。見ると手製の折り本なのです。私にとっては思いがけない大発見ですが、喜びの色をかくし、京都大学に持って帰って、『広辞苑』を編集した新村出先生に見せました。

あの頃、キリシタンに関心をもっておられたのは、姉崎先生のほかに新村出先生があり、たびたびお目にかかりました。新村先生は言語学の立場から入り、姉崎先生はキリシタン史を本格的に宗教学にのせられた方で、今では周知の事実です。

京都大学で折り本のコピーを百冊作って爺さんのところへ持って行き、「一冊三十銭だよ、あんたが売ってくれるなら、半分分け前をあげるよ」と言ったら、爺さんは喜んで売り歩いたんです。次に行った時、「何冊売れた？」と聞いたら、「よく売れるわ、よか本ば作ってくれたっチュウてノウ」と言うので、売りに行った先を尋ね、大野《うつの》とか、畝刈《あぜかり》とかの地名を聞き出し、こっそり足をのばして行ったんです。

その本には「パーテル・ノステル」、「アヴェ・マリア」が彼らの言葉で書いてあります。私はそれを爺さんの口調で暗記しました。その熱心さを見て爺さんは「お前もキリシタンの子孫か」と尋ねるほどになりました。親しさの増してきた証拠ですね。私は、あるいはそうかもしれん、と思い始めましたので、「関西地方にもキリシタンのヨーケおったケンノー」と答えておきました。

皆川　その百冊作られたというのはオラショ本だったのですね。

田北　黒崎地方で得たのは内容も生月地方のオラショより、ずっと簡単です。黒崎地方にはいろいろの「お帳」があって、それが生月のオラショや納戸神に代わってキリシタン信仰持続の大役をつとめています。

皆川　先生の御本には「オラショ」という言葉が黒崎の頃から出て来ますが。

田北　その御質問は、私の仕事の根本に触れます。テーマそれ自身が発見の同意語のようになってしまったのです。発見されるまでは名のないのが当然です。発見するに従い名をつけていくことが私の一つの仕事だったのです。拙著の第一二頁には「潜伏キリシタンの祈りの言葉」と忠実な表現で始めております。厳密にいえば第一頁で「オラショ（oratio　祈り言葉）」と記しておき、第九頁で潜伏キリシタンという用語の説明につづいて「カトリック教のオラショ」、「転訛されたオラショ」などを経て、読者がわかるようにしておいてからオラショとした配慮にお気づき下さったことと思います。

皆川　御書の第六章の五島における新形式の説明には、「ラテン語の oratio」の第一音が「御」となって「御らつしよ」という新語が生まれ、「きとう文」との関係も説明しておられますね。

田北　「御尊書」と書いたオラショ本のこともねえ。こうした言葉の変わり方に捨て難いものがありますね。生月で、とうとう「後生《ごしょう》」となったのは、エキュメニズムの好例として活用したいです。

皆川　黒崎の「祈り本」にお話を戻して下さいますか。

田北　その助爺さんがその内「まだよか本のあるばってん」と言って例の神棚からとり出したのが、厚い二冊の小学ノート本、それが『天地始之事』上下二冊でした。あとでだんだんわかってきたんですが、当時九十一歳の紋助爺さんが全部暗唱していました。二万字ぐらいのものを暗唱しているのですから、びっくりしました。

「そもそもてうす《デウス》と、うやまい奉るは、天地の御あるじ、人間万もつの御おやにて、ましますなり。弐百そうの御くらい、四十二そうの御よそをい、もと御一たいの御ひかりを、わけさせたまふ所すなはち日天也」

と、リズムをつけて流れるように唱えるんです。私もたびたび繰り返すうち暗唱できるようになりました。この思いがけない大収穫のあった晩は、川原菊市さんの家の隣の戸籍吏M氏のお宅に泊めていただき、川原さんもまじえて、この本を読み、語りつつ寝たものです。このカトリック信者の川原さんも、隠れキリシタンのMさんも全然知らない物語でした。

本の表紙裏には、

「天地始メノ事、是れヲ書ク頃ハ大正捨五年旧十一月中頃デアリマス、此本ムヤミニ貸シマセン」

と書かれてありました。内容はこの地方の農業のことや、生まれてはじめて見る珍談奇談に溢れています。それに、仏教語とキリシタン語が渾然と入り雑ざっているんです。

私は一体この本がどうして作られたのか、その原本を捜したくなり、それがきっかけで隠れキリシタン村をことごとく歩きまわりました。研究費をもらっているので歩くには十分お金も時間もあるのですが、でも交通機関がないから、仕方なく錆びた自転車に乗ってまわりました。どうせ辺鄙な村や島にしか残っていないと思ったので、山坂を越え荒海を渡って探しました。結局、西彼杵半島と五島列島の各地で、七年間に八冊の写本を入手しましたけれど、原本はとうとう見つかりませんでした。この『天地始之事』はベルナルド・プチジャン司教も発見したようで、彼の日記に一八六五年四月十四日付でこのように書かれています。

「彼(浦上のドミンゴ又一)は、浦上にあった只一冊のキリスト教の教理本を渡した。『天地始りの事』と題し次の言葉で始っている。『我々が尊ばねばならぬ天の御主デウスは人間万物の御親にてましまス云々』と。それは一八二二年か一八二三年の頃口伝のままを書き取ったものらしく、創造説、天使、人祖の堕落、救世の約束などを記してあった。あちこちに、書写、翻訳中に生じた誤りがあるが、一見する所大した事ではないようである」。

ところが「よく見ると取るに足らぬ俗説だ」として、捨てられていたのです。神様が私のために残して下さったかのようです。

私は東京に出かけ、姉崎正治先生と柳田國男先生にお目にかかって、これらの話をしていました。『天地始之事』については柳田先生が特に興味を示されました。先生は「物語」と「語り物」を区別されますが、「これは語り物だ」つまり、平家物語を琵琶にのせて門付《かどづ》けして歩いたように、地方をまわったのだろう、という御解釈でした。物話と語り物の区別について、考え始めたのは柳田先生のお蔭です。

皆川　語り歩けば、隠れキリシタンだということがわかってしまいますよね。

田北　その御判断の正否は潜伏の内容に触れる興味がありますね。柳田先生が興味をもたれたのはそのことよりも、民俗行事でした。長崎には今でも「ペーロン」というボート・レースがありますが、この物語本にはそのオリジナルが書いてあることでした。ノアの洪水を連想させる話で、万里もある島国の帝王「はつは丸次」(Papa Martyr) という人が獅子駒の目が赤くなる時には津波が来て、島は陥没するとの「でうす」のお告げを受けて、大きな高山に「くり船」を作った。ある日「獅了駒の目が赤くなっでいるので、帝王は驚いて、六人の子供を船にのせて逃げる。間もなく「大なみ天地をおどろかし、片時の間にたた一面の大うみにぞなりけり」。獅子駒はのりおくれた帝王の息子を背負って、『ありおふ島」に着く。こういう物語なんです。このペーロン発端伝説は、古賀十二郎さんが『長崎市史風俗篇』に書いてますが、それによると、台湾の近くの、ある島の国王ペイルーンが陥没の予言を受け、一族は臣下とともに福州に渡った、それを記念する祭礼がペーロンというわけです。思うにキリシタンが、この話とノアの洪水をむすびつけたんですね。この伝説を裏づけるかのように、獅子駒がたどりついたという五島列島の久賀島の「わらび」という集落に高麗地蔵が現存しています。

皆川 聖書の物語の中に民間伝承みたいなものが入ってしまっているんですね。

田北 そうなんです。民間の仏教がきわめて自然にこの『天地始之事』に入りこんでいる点と、カトリックのロザリオの影響との両方が考えられる点に注目したいです。

皆川 『天地始之事』が本になったのは、明治になってからで、徳川時代には、語ることだけで伝えられたものなのですか。

田北 手書のものには徳川時代と思われる立派な筆跡のものもあります。ごく最近になってひそかに手書し始めた生月のオラショの場合とは違う、と思うんです。

皆川 では、明治以前にも文書で残されていたわけですか。

田北 ええ、「文政十歳亥九月吉日」と明記した筆跡の美しいものがあります。六冊は明治、大正の頃の手書本です。

皆川 江戸時代にそういうものを持っていれば、見つかって殺される恐れもあるでしょうに。

田北 ごもっともです。ところが「……弐百そうの御くらい、四十二そうの御よそをい、もと御一たいの御ひかりを、わけさせたもふ所すなわち日天也」。これは全部仏教用語で御釈迦さんを連想させるでしょ。それと同時にキリシタンだけが教理に関係づけられるようになっているんです。御釈迦さんは「弐百そうの御くらい、四十二そうの御よそをい」ではないので、ここでは数を多くしてキリスト教の優越性を示したともとれますね。「御一たいの御ひかりを、わけさせたもふ所」というのは三位一体の神様と解釈できますね。そういうものを「日天」という仏教語を混ぜて唱えていれば、外からは、キリシタンとわからないとも思えます。どうもいろいろに考えられるので、四百年にわたる潜伏という事実の解釈は、単純でないと思います。でも、これを、どういうふうに使ったんですかね。紋助爺さんは暗唱していたんですが、語り歩いたことはなかったようです。

皆川　暗唱すると御利益があるということでしょうか。

田北　それも考えられますね。ところが話の内容にはむしろ信心を離れた面白味があります。「さんた丸屋」、すなわちマリア様は美人で、「ろそん国のていおふ」（ルソンの国王）にプロポーズされて、それに肘鉄をくらわすという話とか、（笑）マリア様の処女降誕の話は、はっきり出ていないで、ただ、親父《おやじ》の大工が非常に怒って「いづくいかなるものの子をくわいたい《懐胎》し、そのていたらくがてん《合点》ゆかず……身をふるわしてしかりけり」とかね。

皆川　義太夫みたいな言いまわしですね。

田北　そういう話があったり、馬小屋でキリストの御誕生の時に奇跡が行われたりします。まあ、これは聖書外典の中にある話、どの宗教にもありそうな治病御利益譚で、だからキリシタンだということは、外部から気づかれなかったのかもしれません。

　それに、キリシタンの弾圧はあれだけ徹底的にやっても全滅しなかったところに、いわゆるめこぼしがあったのでしょう。外海《そとめ》地方は大村領と肥前領とが狭い土地に入り雑ざっていて、そして、キリシタンの攻め方がゆるかったのは、肥前領つまり佐賀藩でしたからね。官民ともに見て見ぬふりをする。そこまでキリシタンは粘りぬいた、と言えますね。

皆川　『天地始之事』については谷川健一さんがあたたかい分析をしておられます。

生月のキリシタンへの接近

皆川　さて、黒崎地方から遠い生月島にも隠れキリシタンがいると知られたのは、どうしたきっかけからですか。

田北　黒崎の研究以前から、全く別の動機があるのです。九州大学在学中のこと、某教授の、地方でする講演を聞きたくて、ある年の夏、平戸まで聞きに行ったんです。その帰りに、平戸港で先生が「どうしようかな」って考えこんいるんです。何を考えているのかな、と思って尋ねると、「平戸の沖に、生月という島があって、ここには古い形のキリシタンがいるので行きたいのだが、こう波が高くては」と言って躊躇しておられたのです。その時は、学者というのは、この程度の波でも行かないのかな、と思ったものでした。そんなことで、生月の存在を知っていましたから、『天地始之事』を捜す延長として生月島にも行ってみようと思ったのがはじまりですね。

皆川　生月の人達はすぐ打ちとけてくれましたか。

田北　島全体がキリシタンだし、そう外部から来る人もいないので、黒崎などより、隠れるという意識が少なくて、かえって楽でしたよ。それに、私がすでに隠れキリシタンに入りこむ心理的なテクニックを心得ていましたからね。

皆川　先生が薬屋や写真屋に扮して入りこんだのは、生月島でしたね。それだけの御苦労があったわけですね。

田北　いや、あれはあそこの人々が私を写真屋にしてしまったんです。最初は、おいちにの薬屋でした。

私が写真機を入れていた四角いカバンが、「おいちにの薬を買いたまえ」の薬屋さんに似ていたのでしょうね。「薬屋さん、薬屋さん」と言って追い駆けてくるものだから、何を言ってるか、と思いましたが、薬は全然持っていないので、薬屋には化けられませんでしたが、写真屋に化けることは、天与の明案、次からは、進んで写真屋を標榜しました。でも、もうけるつもりはありませんから、よくはやって貴重な写真がたくさん私の手に集まって来る結果になったのです。

皆川　そのために、島の人々の心の中に入って行けたんでしょうね。

田北　ええ。本当にいろいろなことがありました。一人の青年が酒を飲んでこまる、というので、親父さんの相談にのっているうちに老婆の写真をとって気に入られオラショの手書が、その青年から入手できたんです。書き残しては罰があたるという老人の言うことなど問題にしない現代的青年のお蔭です。

皆川　いきなりそんな相談をもちかける親父さんに会われたのですか。

田北　生月でも第一回目の訪問は例によって村の小学校でした。第一訪は私を警戒して、全然受けつけてくれませんでした。それは、この人たちが不親切だからでなく、この宗教の自然的な潜伏性にあったんですね。小学校には、校長も含めて四人の旧キリシタンがいることは、島に渡る船の中で聞いていたんです。でも、校長の第一声が「この島には何も珍しい風習はありません」でした。まず予防線を張られてしまったわけです。それで宗教的な年中行事のことで追及すると、仏教的なものをあげる。そのうちベルが鳴って、授業をもたないはずの校長さんまで、「ちょっと用事があるので」と言って出て行ってしまった。私はさびしい思いで学校を出て、今度は役場に行ったところが、「あなたが戸別に訪ね回っても、誰も話してはくれますまい」と、同情的な話しぶりなので、翌日その人のお宅を訪ね、写真のことから一層親しくなり、また貧しい私の身なりから、黒崎の永田の峠下の本田さんから受けたような質問となり、その結果、人生相談に発展したわけです。

皆川　貧しき者は幸いなり、ですね。

田北　あれこれ、やっているうちに、鳥山万蔵さんという生月島の有力者が酒好きだということがわかったので、酒を持って行って話しこみました。機を見て、「ちょっと納戸神を拝ましてくれないだろうか」と言ってみたら、案外やすやすと成功し、そのほかいろいろのことをこの鳥山万蔵さんから聞きました。

皆川　納戸神を隠さなかったのですね。

田北　この人の社会的地位と、自家に伝わっている納戸神の優越性を語りたかったのです。生月は水利が悪くて米がとれなかったのを、政府の補助をもらって池を作ったんです。その時の係が鳥山さんでね。お上の役人がやって来て、現地視察をした際に、「納戸神を見せてくれろ」と言ったそうです。ところが「あなたは見せてくれでなくて、拝ませてくれと言うから」、と私を持ちあげておいて、この家の聖母像が「お産の神様」として、島中の人に信仰されている話を聞かせてくれました。

皆川　鳥山さん方で、はじめてオラショをお聞きになったのですね。

田北　かもしれません。後日この家で集会の全貌を録音しましたのが残っています。

皆川　もう少し生月での発見に関することを聞かせてください。

田北　黒崎のような「日繰り帳」があるかどうかを、まず問題にしました。そんなものはないが、祝祭日の決定には、「じびりやさま」という変な名の祭があると聞いたので、なんとかして集会に入りこもうとしていると、ジロジロ私を眺める人がありました。それでも、せっかくその日にあわせて、生月に出かけたのですから、隠れて写真をとったものです。「じびりやさま」の祭が何を意味するのかいろいろと研究したのですが、そのことは、はっきりわからないままに、私の書物に書いてあります。「じびりやさま」は黒崎地方に伝わっている「日繰り」つまり教会暦日を決める日だったのですが、この決定には黒崎の日繰りに似た権威があるのです。黒崎では帳方という個人が権威者ですが、生月では山田集落の人が決めて、それを隣の里《さと》集落、一部《いちぶ》集落と順に伝えていくのです。

「こよみ」がない代わりに、そういう集会があったということは、キリスト数の伝統にとっては大切で、キリスト教は春夏秋冬というふうに分けないけど、キリストの生誕と復活を中心として、教会暦が守られているでしょう。

これは俳句の季語と似て、人間の生活を豊かにする大切な要素ですね。私は教会暦がキリストの生涯と結びつくと同時に、季節感がともなう点を重視し、日本では、それが俳句となって庶民の芸術心をうるおしている点を重視します。

地理・歴史・宗教的考察

皆川　明治になってからも、生月の隠れキリシタンの方々がキリシタンであることを秘したということは、江戸時代の弾圧の記憶が生々しく残っているということが理由なのでしょうか。生月には浦上や五島のような幕末期の悲劇はなかったわけですが——。

田北　そうした歴史的な理由も十分あると思いますが、地理的な理由もあります。たとえば、中江ノ島はこの島のどこからも見えますね。一六二二年と二四年に、ジュアン坂本左衛門とダミアン出口らが中江ノ島に連れて行かれて斬首されました。これは、パジェスが『日本切支丹宗門史』に書いています。この悲惨事は、現地で当時目撃した人々によっぽど深く印象づけられたに違いない。その中江ノ島を朝夕見ているのです。そして、この島は信者でない者によって汚されてはいけない、というので、毎年おわびの集いがあります。そういう事実が重なって、今日まで伝わったのでしょう。これは現場にちょっと行っただけではわかりません。中江ノ島は生月のどこからも見えるということは、私も俳句を作るようになって気がつきました。祖先が殺されたという史実と、当時の印象をいつまでもつきまとわせる地形、これは現状を忠実に捉える俳句の手法でわかったのです。

もう一つ、日本の宗教では、先祖からのものを捨ててはいけないということがありますね。今ではもう上からの弾圧などあるはずないとわかっているが、こうした民族的・歴史的・地理的理由が強く作用しているのだと思います。

皆川　では、どうして隠すんでしょうか。

田北　それは、「この神様は隠れるのを好む」というように、神様の性格のほうに移って行ったという事実があるのです。宗教の神秘性とはそういうものでしょう。キリスト教だけでなく、仏教にも密教があるわけで、この神秘性と理性との関係が、宗教の中心問題です。

皆川　それでも生月島ではまだ隠すという意識は比較的少ないほうですね。たとえば対岸の根獅子《ねしこ》に行きますと、もう本当におし黙って、よそ者を絶対受けつけない。黒崎もそうでしょ。それは神様が隠れたがるだけなのでしょうか。

田北　獅子、根獅子についての御質問は、重要な点に触れます。もともと生月と根獅子との違いは、たいしたものでなかったらしいです。ところが、名前は差し控えますけれど、ある外国人を絶対に私のいうとおりにする、という約束で生月に連れて行ったんです。はじめの間は約束を守っていましたが、納戸神を見た時、彼は堪らなくなったのか、あるいは、はるかヨーロッパから来ているので、もう二度と見られないと思ったらしく、とんでもないことをしでかしたんです。で、私は「約束が違う」と怒ったんです。そしたら「もう要領はわかったから単独で行こう」と思ったらしく、さっさと根獅子に渡って勝手なことをやったんです。あとでそのことを村の人が私に話しました。「この間外人が来て、こうだった、ああだった」と。それから、現地の人々は外来者を警戒するようになった。まあ、これは理由のすべてだとは言わないけれど、私の非常に強く感じたことは、歴史家としては無理もないけど、隠れる理由の中に宗教の本質のあることを認め、島の人たちに同情してもらいたいものです。その同情から出発して、この人たちを教会につれもどすのが私の最大の関心事です。

皆川　その外人の問題については、具体的に何があったかはうかがわないでおきましょう。私にもある程度の想像はつきますが――。

社会的・経済的考察

皆川　五島ではあまり苦労なさいませんでしたか。

田北　福江島ではやはり隠していましたが、奈留島では道脇増太郎さんなどは、隠す必要がないと割り切っていて、何でも話してくれました。

皆川　所によって違うのですね。

田北　生月と違って歴史が浅いのです。初期の信者は全滅してしまいまして、今存在しているのは一七九七年以来、二、三家族ずつが黒崎方面から、あっちの島、こっちの島というふうに移住して行って、前から住んでいる人（島の人の言う「地下者《じげ》」）の住まない不便な所に「居付いた」わけです。「居付きもん」と言われながら、母郷のキリシタン伝統は捨てられない。その点で生月と社会的な環境の差があるんですね。生まれた土地で豊かに暮しておれば、移住しなかったでしょう。社会的事情と経済的事情とが、宗教に影響している事実が島の各地に見られます。道脇さんの息子の久君とは五十年にわたり文通がつづいていますので、昔の信仰に立ち直っていく方法を考え昨今の面談となっています。

皆川　でも助爺さんも、最初は隠していたんですね。

田北　五十年前だったからです。それに私の場合は学界への義務感からの熱心も伴っていたので、警戒されたのです。私がしたようにして捜しに行った者は誰もなかったんですね。だから、はじめは助爺さんも「神道サイ」ぐらいで私を軽くあしらったんです。探そうとするから隠し方が目立つので、はたから問題にしなければ、隠していることに触れないんですね。

皆川　改宗してカトリックとなった隣人たちに対して、隠れつづけているのはどうしてでしょう。

田北　明治になって、神父さんが行って、当時の約半数の潜伏キリシタンがカトリックに戻りましたね。あの復活は宗教的に誇り得るけれども、社会心理的な理由が大きく作用しています。浦上のキリシタンが西日本の二二ケ所に分けられて、ひどい目に会ったでしょう。「非国民」とまで言われたんです。だから外国の神父は味方だが、日本の政府は敵ですよ。政府だけでなく、近所の人々も敵ですよ。流罪にあったことを「旅」と言います。「旅」の牢から帰って見ると、家屋敷は奪われ、行商で暮しを立てようとして、野菜などを売りに行っても差別され、本当に苦労しましたからね。

　ところが隠れ通して「旅」の苦労をしなかった生月では「私たちは新教（カトリック）になるほど貧乏じゃない」といった調子でした。黒崎では私の行き始めた頃はカトリックのほうが劣勢で、村長なども出ていませんでした。今では逆転しましたけれど。

皆川　隠れキリシタンのほうが金持ちだったわけですね。

田北　そうです。「寺があったお蔭でわれわれはそれに隠れて生き延びてこられたのだから、寺を大事にしなければいけない」というので、余裕のある人は寺に寄付していました。寺のほうでも手離したくないから、その相互作用もあって、いよいよカトリックにならないんです。

皆川　たしかに生月島では、隠れキリシタンが富裕階級で、かなり余裕ある生活をしておられますね。

田北　先生もそうお気づきになりましたか。ところが、黒崎では変わってきました。今は、逆転しました。カトリックにしていただいたフランス人のド・ロ神父を非常に尊敬しています。

皆川　他方、根獅子では、私が行きました頃は、隠れキリシタンのほうが貧乏で、それだけにまわりに気をつかっているような暗さを感じました。それにたいして生月は明るくて、人を拒むことがない。だからオラショを口に出して唱えるということが残ったんだと思いますが。その理由は、離れ島だということがあるでしょうが、もう一つは鯨とりの集団技術があったことも大きいのではないでしょうか。

田北　その経済的理由も大切です。経済との関係を考えていくと、現在の日本の文化的繁栄と宗教との関係に結びつき、私の仕事はキリシタンを超え、日本を超えます。

皆川　もちろん、それだけの理由じゃないでしょうが。

田北　生月で「がわばり」という言葉が残っていますね。集まってキリシタンのお祭をやることをそう言うんですが、元をただせば、漁夫が網を張ることなのです。このことと、皆川先生のおっしゃった鯨のことはつながりますね。

もう少し観点を変えると、監視の役人はたくさんいたはずはないし、お説のような理由でおめこぼしがあったことは考えられます。おめこぼしがなかったら、日中に、納戸神の宿替えのため、今でも盛んにやっているあのプロセッションなどできるわけがないですよね。私もフィルムにたくさん撮りましたが、黒崎では、戸外でフィルムに撮れるものなど何もありません。家の内では棺桶の造りが違っていることは、はっきり見ましたけど。

音楽の貢献

皆川　先生はオラショをテープに録音されて、早くから復元されておられるわけですが、それ以前にはそういう努力をなさった方はいらっしゃらなかったんですか。

田北　誰もありませんでした。戦前はまだ、テープレコーダーは私の手に入るはずはなかったしね。戦後、天理教の中山親柱さんが持っておられたレコーダーを使わせていただいて、はじめて録音ができたのです。

皆川　ＮＨＫが一九五〇年頃にとったオラショのレコードは若干ありますが、それはただ録音するだけでした。オラショの中に、ラテン語やポルトガル語が入っていることを、先生がはじめて御指摘なされたんですね。

田北　語学に弱い私はあれには苦労しました。だけど皆川先生も御覧の『サカラメンタ提要』があるのでできたんですね。私には聖母の騎士の神学生の一人、のちに日本人として最初の管区長になったS神父が助力してくれました。

皆川　歌オラショの復元は大変でしたよ。しかしまあ、私のしたことは先生が文字のうえに明確にされたものを、その後に音符とレコードで埋めさせていただいただけのことです。

田北　先生には、私の及ばなかったものを加えていただけてまことに幸いです。その中で特に私が気がついていながらやらなかったことを加えていただきましたね。それは、山田集落と一部集落との間の小さい相違を指摘して下さったことです。というのは、小さい相違は耳を働かす場合にのみ必要となってくるので、全般的に隠れキリシタンについて記述する書物には、音の表現は不可能ですから、私自身、努力しなかったのです。先生は、その差を示せる機械を活用され、専門家の使命を果たして下さいました。私には、細かいところを調べるということより、どうしたら隠れキリシタンの人々がカトリックに戻れるか、に心がいってしまいます。日本では先祖に対する崇敬が強い。それとクリスチャンの信仰とがバラバラであってはいけないと思います。その点を考えつつ、隠れキリシタンの人たちを納得させられるほどに、カトリックの布教方法が変わらなくてはいけないのではないですか。カトリックに限らず、宗教を外国の文化と混同して日本に伝えようとする態度には、日本人として全面的に賛成しかねるものがあるのです。文化と宗教との混同がいけないのですね。文化は民族のもの、宗教は神と人類とを関係づけるもの、言語的表現を超えた神秘ですからね。

皆川　音楽ではメロディは一つ、そして歌詞はどの国語にも訳せます。（笑）

田北　うまくもっていかれましたね。その方向に道がありそうです。

＊初出：皆川達夫『対談と随想　オラショ紀行』（日本基督教団出版局、一九八一年）

あとがきにかえて――長崎と河内をつなぐキリシタン世界――

小林義孝

1. 河内と長崎をつなぐ

二〇一六年夏、大阪から仲間数人と長崎を訪れ、大石一久さん（本来、共編者なので敬称を使うのはおかしいが、ご容赦いただきたい）の案内ではじめて外海のキリシタン世界をのぞかせていただいた。垣内キリシタン墓をかわきりに黒崎教会、枯松神社、天福寺などなど、潜伏かくれキリシタンの世界に圧倒され魅了された。

そして近代の外海でキリスト教の布教とともに貧しい人々の社会福祉に力を尽くしたカトリックのド・ロ神父の記念館。そこに展示されている神父の遺品である聖骨箱をみたときひとつの因縁を感じた。二十六聖人のヨハネ五島、ディエゴ喜斎とともにパウロ三木の遺骨が納められていたのである。

パウロ三木の父親、三木半太夫は一五六四年、河内飯盛城で洗礼を受けた三好長慶の配下七三人の武士の一人である。阿波の出身といわれる半太夫はのちに織田信長に仕え…。その活躍の姿は神田宏大牧師の「河内キリシタン人物伝」に活写されている（『戦国河内キリシタンの世界』所収）。半太夫の息子がパウロ三木である。安土のセミナリヨで学び、イエズス会の宣教師となって活躍。そして二十六聖人の一人として長崎西坂の地で一五九七年に殉教。西坂の地に建てられた二十六聖人記念館には美しいパウロ三木の彫像が飾られ、記念館に隣接する聖フィリッポ教会にもパウロ三木の遺骨が納められている。

二十六聖人の大部分は関西で布教活動を行っていたキリシタンである。それが殉教の旅を強いられて長崎へ。

そして、二十六聖人だけでなく河内や畿内のキリシタンが長崎や天草で戦国時代の終わり頃におおいに活躍したという。数百キロの距離を越えてふたつの関係は深い。

大石さんの案内によるキリシタン見学ツアーの二日目は島原と天草。島原では原城で島原・天草のキリシタン一揆を思い、キリシタン墓碑の多さを実感した。有馬のセミナリヨで学んだ河内キリシタンの子弟のことも…。天草では河内長野の烏帽子形城の城主の一人伊地知文太夫が討ち死にした富岡や河内飯盛城の外港であった三箇の領主三箇マンショが拠した上津浦に立ち、遠く河内と天草の関係に想いをはせる。小西行長に組織された河内キリシタンたちの天草における活動は近年やっとわたしたちの意識にのぼるようになったところである。

わたしが住まいする大阪府大東市は〈天下人〉三好長慶が拠点とした故にその時の〈政治的首都〉となった飯盛城跡を擁する。そして飯盛城にはじまるキリシタンの歴史は遥か長崎、天草の地に及んでいる。

2. 本書の目指すもの

この長崎外海、島原、天草をめぐる旅のなかで大石さんから本書の編集と出版の提案がなされた。『戦国河内キリシタンの世界』の続編として出したいと…。

帰阪してすぐに外海の潜伏かくれキリシタンについてにわか勉強。そのなかで圧倒されたのが田北耕也著の『昭和時代の潜伏キリシタン』であった。「天地始之事」では、外海を「合石の地」としてみずからの空間を規定していること、「バスチャンの日繰り」によって独自の時間をもっていること、さらにオラショや信仰のための品々と儀礼の体系。帳方、水役を中心とする信仰の組織。ここはまさしく「神の共和国」ではないかという思いを強くもった。

田北耕也さんは晩年、名古屋の南山大学で教鞭をとられている。わたしよりかなり年長の友人は、大学の人類学研究室で静かに勉強されていた黒い背広姿の田北先生の姿をよく憶えているという。その話に血の通った田北さんの後ろ姿を見たような気持ちに。田北さんが外海の潜伏キリシタンの世界を発見した過程には多くのドラマが秘められている。オラショの研究をされた音楽家皆川達夫氏がつくられた『オラショ紀行　対談と随想』には、田北氏との「隠れキリシタン発見余聞」が収録されている。淡々とした語り口で外海の人々との邂逅、そして「天地始之事」とのめぐり逢いなど、フィールドで研究する者の誠実さと調査の醍醐味が語られている。巻末にこの対談を収録した。外海の世界の入口として本書はまずはここから読み始めるのも一つの手かもしれない。ともかくも一読を!!

しかし田北さん以後の潜伏かくれキリシタンの研究のなかでは「天地始之事」にはふれられるけれども、あまり評価されていないように感じる。さらに最近出版された長崎県内に所在する大学の潜伏キリシタンの代表的研究者の書物をみて驚いた。「天地始之事」の世界など「キリスト教ではない」という旨が記述されているのである。確かにカトリックの教説から見たら潜伏かくれキリシタンの世界は土俗的でキリスト教とは無縁かもしれない。しかし特定宗派の教説の立場ではなく、歴史学の立場でみれば、日本の社会のなかで生まれたすばらしい宗教的世界であるとわたしは思う。

そこで思い出したのが民俗学者谷川健一さんの『わたしの「天地始之事」』。自宅の本の堆積層からは発掘できず、『谷川健一全集』第一一巻を購入し、あらためて精読。さらに同書には東京新聞に連載された「かくれキリシタン紀行」も収録されていた。この二つの著作の基調となっているのが、「あらゆる思想は、それを受け入れる風土に「受肉」されてはじめて、思想の名に値する実を結ぶことができる」ということである。さらに「昔から今に日本にやってきた外来思想のうち、それだけが「受肉」されたであろうか」、と重ねる。これはマルクス主義を含めて述べているのであろうか。そして、それらをみるとき「かくれキリシタンの信仰にみられる土着化と変容を私は笑う気にはなれない」と谷川さんは「天地始之事」の世界に身を寄せる。

外海の潜伏かくれキリシタンの世界が、どのように風土に「受肉」されていたかを明らかにする、それが本書の目指すものである。

谷川健一氏の「かくれキリシタン紀行」を巻頭に再録した。これを導きの糸にして外海の潜伏かくれキリシタンの世界に踏み込んでいただきたい。

3. 本書のなりたち

先に述べたように昨年、外海を訪れたときのこと、わたしが本書に関わったきっかけである。しかしもう一〇年近く前であろうか、大石さんから〈長崎の外海で潜伏期のキリシタン墓とおもわれるものが見つかった〉と連絡をいただいた。これが本書の「主役」のひとつである垣内の潜伏かくれキリシタンの墓地であった。墓坑の上に平らな石を置いた墓が整然と並んでいる写真が送られてきて、「ビノクリするだろう」とは大石さんの言。大石さんは大著『日本キリシタン墓碑総覧』をまとめられ、大分県臼杵市の下藤キリシタン墓地にかかわられている頃のことである。『墓碑総覧』のための資料調査の段階で平らな石材の墓碑らしいものをいくつも見たが、確証がなかったので『墓碑総覧』には掲載しなかったとのことであった。

その当時、長崎市の世界遺産推進室におられた長瀬雅彦さん、西田奈都さんが資料調査の過程で確認した垣内墓地の調査を大石さんに求めたことがそもそものはじまりであった。その後、外海の潜伏かくれキリシタンの末裔である松川隆治さんを中心に長崎外海キリシタン研究会が組織され、垣内キリシタン墓地を起点として、長崎県内の研究者のみならず県外の専門研究者とも連携して外海の潜伏かくれキリシタンの世界を明らかにしたのである。

大村藩領に佐賀藩堀溝領の六つの村が飛び地として散在しており、堀溝領こそが外海の潜伏キリシタンの中心である。その飛び地の範囲を近世の絵図によって明らかにしたことなど、地域の中での研究ならではの成果であると思う。

大石さんによる垣内墓地をはじめとする外海の潜伏かくれキリシタン墓地の調査成果は、かくれキリシタンのムラの集団墓地の様子を明らかにした。「神の共和国」にふさわしい墓地である。

また「天地始之事」や「バスチャンの日繰り」の構造、伝えられた信仰にかかわる遺物の検討、外海の文化的景観など多角的に外海の世界を検討した。

これらの成果を『戦国河内キリシタンの世界』の続編として刊行したら、と大石さんは考えられた。同書とおなじように新しいキリシタン研究の流れのなかで外海の潜伏かくれキリシタンの世界像を更新しようという思いをこめいっしょに編集した。

4. キリシタン史研究の新潮流

当初、今回掲載した外海の世界を第Ⅰ編「天地始まりの聖地」とし、第Ⅱ編では垣内墓地をはじめとする潜伏期のキリシタン墓の様相を整理しようと準備していた。しかし第Ⅰ編だけで十分一冊とすることのできる分量の原稿があり、第Ⅱ編は別巻で、ということに落ち着いた。

そして『戦国河内キリシタンの世界』から数えて三冊目になる「キリシタン墓」についての本を作るなら、より広く近年のキリシタン史の研究成果を体系的にまとめようということに。

摂河泉地域文化研究所が開催する河内飯盛城のシンポジウム（二〇一〇年から、二〇一七年に第八回を迎えた）の成果などをもとに新しいキリシタン史の叢書を作ろうという相談がまとまった。名づけて「キリシタン史研究の新潮流」叢書。全五巻のタイトルなどは以下のとおり（一部は予定）。
第一巻『戦国河内キリシタンの世界』（神田宏大・大石一久・小林義孝・摂河泉地域文化研究所、二〇一六年発行）
第二巻『天地始まりの聖地　長崎外海の潜伏かくれキリシタンの世界』（松川隆治・大石一久・小林義孝・長崎外海キリシタン研究会編、本書）
第三巻『キリシタンの墓』（谷川章雄・大石一久・小林義孝・摂河泉地域文化研究所編）
第四巻『河内キリシタン人物伝』（天野忠幸・大石一久・小林義孝・摂河泉地域文化研究所編）
第五巻『キリシタン史研究の新潮流』（未定）

この叢書において河内と外海をつなぐキリシタンの世界を軸に、キリシタン史研究の次のステージに展開できればと思う。乞ご期待。

さらに本年四月、大浦天主堂キリシタン博物館が創立された。長崎の大浦天主堂と近接する旧羅典神学校、旧大司教館などの文化財建造物を展示施設として活用して、キリシタンについて専門博物館である。日本の社会においてキリスト教をさらに広く理解してもらうということが目的であるという。大浦天主堂を冠にしているが、「日本キリシタン博物館」を志向するとのことである。

わが共編者の大石一久さんが学芸部長に就任された。この博物館からもキリシタン史研究の新潮流が生まれることをおおいに期待したい。

本書の大石一久さん執筆の「外海の潜伏キリシタン墓」は、前著『戦国河内キリシタンの世界』（神田宏大・大石一久・小林義孝・摂河泉地域文化研究所編、批評社、二〇一六年）に掲載した論文を一部加筆修正したものです。先に述べたように、前著の刊行の後に本書の企画が生まれました。大石さんがこの論文に記されように垣内キリシタン墓地を発見し、それをめぐる世界を明らかにされたことが、本書にいたる外海の潜伏・かくれキリシタン研究のひとつのはじまりです。このような経過を踏まえると、本書にとって大石さんの論文は不可欠なものと考えました。

今後、「キリシタン史研究の新潮流叢書」としてキリシタン史研究の成果を継続して刊行することを目論んでいます。その第一冊と第二冊に同じ論文が載ることになりますが、それぞれの本をひとつの完結したものとするために必要であると考えました。読者のみなさまにもご理解いただければと思います。

本書に再録するにあたって、谷川健一氏「特別再録 かくれキリシタン紀行」については谷川章雄さんから、「特別再録 隠れキリシタン発見余聞」については、著者の皆川達夫先生と田北耕也氏の長女黒崎京さんからご承諾いただきました。あつくお礼申し上げます。

執筆者略歴

（執筆順）

谷川健一（たにがわ・けんいち）

1921年熊本県水俣生まれ。民俗学者、地名学者。在野の学者として、日本文学や民俗学研究の世界で多くの優れた研究書を著した。はじめ平凡社の編集者として『風土記日本』『日本残酷物語』の編集を担当し、雑誌『太陽』の創刊にも携わる。『最後の攘夷党』が第55回直木賞の候補となる。1970年以降、独自な民俗学を構築。日本文学の源流を表した「南島文学発生論」は高い評価を得る。2007年に文化功労者。『谷川健一全集』全24巻（冨山房インターナショナル）2013年没。

西田奈都（にしだ・なつ）

長崎市職員（事務職）。世界遺産登録業務に携わったことをきっかけに、松川隆治氏・大石一久氏の指導を受け、外海の潜伏・かくれキリシタンの世界の調査にかかわる。長崎外海キリシタン研究会会員。

児島康子（こじま・やすこ）

熊本大学大学院社会文化科学研究科博士後期課程修了。博士（文学）。熊本県天草地方、長崎県外海地方における潜伏キリシタン・カクレキリシタンを中心に研究。「天草異宗事件おける対処方針――「天草吟味方扣」を通して――」、「外海のカクレキリシタンにおける信仰組織の変遷」等、十数本の論文を執筆。

中園成生（なかぞの・しげお）

熊本大学で民俗学を専攻、佐賀県教育委員会、呼子町を経て現在、平戸市生月町博物館・島の館学芸員。おもな研究テーマは漁労民俗、捕鯨史、かくれキリシタン信仰など。主要著作は『生月島のかくれキリシタン』（島の館）、『くじら取りの系譜』（長崎新聞社）、『鯨取り絵物語』（共著）『かくれキリシタンとは何か』『かくれキリシタンの起源』（以上、弦書房）など。

長瀬雅彦（ながせ・まさひこ）

長崎市役所勤務（土木職）。まちづくり部門等を歴任した後、世界遺産登録推進業務に携わる。土木術としての知識を活用し、古地図と現代の地図を重ね、土地利用の変遷を視角化した。長崎外海キリシタン研究会会員。

執筆者略歴

浅野ひとみ（あさの・ひとみ）

東京生まれ。名古屋大学文学研究科博士課程前期修了、サンティアゴ・デ・コンポステーラ大学博士課程単位取得修了、お茶の水女子大学人間文化研究科修了、人文科学博士。専門は主にスペイン語圏中近世キリスト教美術史。単著『スペイン・ロマネスク彫刻研究』九州大学出版会(2003)、共編著『千提寺・下音羽のキリシタン遺物研究（科研:23652026）』長崎純心大学(2014)など。2000年より長崎純心大学人文学部比較文化学科に着任、美術史、西洋文化史（キリスト教巡礼）、世界遺産学などを講じる。サンティアゴ巡礼を始めとして、中世のキリスト教巡礼、聖地と信仰具に関心があり、毎年、ヨーロッパなどで研究調査を行っている。

岡　美穂子（おか・みほこ）

東京大学史料編纂所准教授。16・17世紀の日本人のキリスト教受容と幕末・明治期のキリシタン信仰の相関性について研究を進める。著書に『商人と宣教師　南蛮貿易の世界』（東京大学出版会）、『大航海時代の日本人奴隷』（共著、中央公論新社）等がある。

柳澤礼子（やなぎさわ・あやこ）

株式会社文化財保存計画協会に勤務。日本各地の文化財整備や計画作成のコンサルティングを行なう。平成二十三年から始まった外海の文化的景観の調査、および文化的景観選定後の整備活用計画に従事する。

松尾　潤（まつお・じゅん）

1968年、長崎市生まれ。早稲田大学教育学部卒。1993年、長崎新聞社に入社。報道部、運動部、大瀬戸支局、整理部、生活文化部勤務を経て、現在報道部次長。2014年から世界遺産担当としてキリシタン遺産や近代化遺産を中心に取材している。

皆川達夫（みながわ・たつお）

1921年東京生まれ。音楽学者、合唱指揮者。中世・ルネサンス音楽の研究で知られる。立教大学名誉教授。また四半世紀にわたって日本の潜伏・かくれキリシタンに歌い継がれてきた宗教音楽「オラショ」の研究を行う。「バロック音楽の楽しみ」「音楽の泉」などラジオ番組を担当し、西洋音楽に普及につとめる。『バロック音楽』『洋楽渡来考』『オラショ紀行』など著書多数。

執筆者略歴

田北耕也（たきた・こうや）

1896年奈良県で生まれる。大阪高等工業学校採鉱冶金科（現大阪大学工学部）卒業後、熊本市で教員に。30歳の時に九州帝国大学法文学部に入学。卒業後、長崎の伊王島のカトリック集落の調査が契機となり、長崎外海、五島、平戸、生月島などのかくれキリシタンの集落調査を行い、「天地始之事」をはじめ多くの発見をし、潜伏・かくれキリシタンの実態を明らかにした。その成果の集大成として1954年に『昭和時代の潜伏キリシタン』（日本学術振興会）を刊行。戦後は名古屋の南山大学教授をつとめる。1994年没。

編者略歴

松川隆治（まつかわ・たかはる）

長崎県長崎市在住、長崎県立高校教諭、長崎巡礼センター在籍外海潜伏キリシタン調査に従事、地元やテレビ、講演会で潜伏キリシタンの理解と検証を行っている。

枯松神社保存会会長、外海潜伏キリシタン文化資料館館長。長崎外海キリシタン研究会代表。

大石一久（おおいし・かずひさ）

長崎県立高校教諭、長崎県文化振興課、長崎歴史文化博物館に勤務。日本石造物研究会副代表。現在、大浦天主堂キリシタン博物館研究部長。中世の日引石塔研究を通して近畿から九州・東北に至る中世の海道・日本海ルートを解明するなど中世石塔研究を専門とする。近年はキリシタン墓碑の全国的な調査を行い『日本キリシタン墓碑総覧』（南島原市発行）、『戦国河内キリシタンの世界』（共編著、批評社）を編集・執筆するなどキリシタン墓碑研究を精力的に行っている。

小林義孝（こばやし・よしたか）

大阪府大東市市在住。摂河泉地域文化研究所理事、歴史民俗学研究会会員。古代から近世の葬墓制研究を行う。近年は河内を中心とする地域の歴史の解明につとめる。主な著作に『西国巡礼三十三度行者の研究』（共著、岩田書院）、『六道銭の考古学』（共編著、高志書院）、『戦国河内キリシタンの世界』（共編著、批評社）。また『陰陽師の末裔たち』『河内文化のおもちゃ箱』『ニッポン猪飼野ものがたり』（以上、批評社）などの編集を担当する。

天地始まりの聖地——
長崎外海の潜伏・かくれキリシタンの世界

2018年 5月10日　初版第1刷発行

編　集……松川隆治・大石一久・小林義孝・長崎外海キリシタン研究会

装　幀……臼井新太郎

発行所……批評社
〒113-0033　東京都文京区本郷1-28-36　鳳明ビル201
電話……03-3813-6344　　fax.……03-3813-8990
郵便振替……00180-2-84363
Eメール……book@hihyosya.co.jp
ホームページ……http://hihyosya.co.jp

印刷・製本……モリモト印刷(株)

ISBN978-4-8265-0680-9 C0016